2008年

中国十大宪法事例评析

ZHONGGUO SHIDA XIANFA SHILI PINGXI

中国人民大学宪政与行政法治研究中心

主　编／胡锦光
副主编／王　锴

法律出版社
LAW PRESS·CHINA

主　编　胡锦光
副主编　王　锴
撰稿人　（以撰写章节先后为序）
胡锦光　徐振东　胡超宏
上官丕亮　张步峰　秦奥雷
沈跃东　张献勇　王　锴
尤晓红　陈　雄

目录

Catalogue

目录 Catalogue

目录 Catalogue

目录 Catalogue

目录 *Catalogue*

序论:宪法是怎样影响我们的生活的

近代以来,绝大多数国家都制定了宪法,并将宪法奉为在某一个特定社会、特定国家中地位最高之法,或称为"根本法"、"高级法"、"最高法",赋予其最高的效力。人类自愿选择生活在宪法之下,其中的规律性何在?宪法又是如何影响我们的生活的?

一、人类为什么会选择生活在宪法之下

人类无论自愿与否,都必然地生活在某一个社会共同体之中。任何一个社会共同体都必须要有秩序,人们只有生活在一种有秩序的社会共同体之中,才能求得生存和发展,并且才有可能追求更多、更大的幸福,以实现自己心中所怀有着的美好之理想,甚至美妙之梦想。而任何社会秩序的形成与维持,都必须依赖于某种规则。这种规则可能是某个人的意志,可能是宗教教义,可能是道德伦理说教,可能是家族宗族族规,可能是法,也可能是所谓的"潜规则";在选择"法"这种规则时,既可以将其作为一种形成与维持社会秩序的工具,也可以将其作为一种信仰而置于所有国家权力之上和所有社会成员之上,特别是置于所有掌握国家权力的人之上。

近代以来,人类在多种选项中不仅选择了"法"这种规则,而同时选择将法作为一种信仰,选择在法之下的生活。即将"法治"这一规则作为国家之治理方式,作为形成和维持社会秩序的依据。法治的要义在于"人的尊严",即承认和尊重人作为人的自由和权利。此处的"人"首先是一个生物学上的概念,当然并不局限于生物学意义上的"人",其次还是社会意义上的"人"、法律意义上的"人"。社会意义上和法律意义上的"人"是一个发展的概念。近代的"人"主要是相对于奴隶制社会的奴隶和封建制社会的农民而言的。奴隶没有自由,因此奴隶不是"人"。要成为真正意义上的"人"就必须要有自由。为了获得真正意义上的自由,生命和财产必须有所保障。故此,生命权、财产权和自由被资产阶级思想家认为是人的三大基本自由。封建制社会的农民和封建主之间存在一定的人身依附关系,同时,处于等级社会之中,人与人之间处于一种不平等的状态。因此,生而平等是成为人的基本前提。近代资产阶级基

于资本主义政治和经济的需要，衍生出其他的作为人的自由。现代以来，在近代对于“人”的基本认识的基础上，扩张到一系列的社会权利，如生存权、受教育权、劳动权和休息权等，即所谓的“第二代人权”。当代以来，在现代对于“人”的认识的基础上，又发展到环境权、发展权等，即所谓的“第三代人权”。

以近代为分野，近代以前，人与人之间在形式上并不平等，而近代以后，强调人与人之间的平等性；近代以前，人所具有的权利是王权或者皇权所赋予的，而近代以后，人所具有的作为人的自由和权利是与生俱来的，换言之，是作为人所固有的；近代以前，人所具有的权利既然是王权或者皇权所赋予的，也就是可以随意剥夺和限制的，而近代以后，人所具有的作为道德形态的权利是不可以受到剥夺和限制的，只有法律所规定的自由和权利才可以剥夺和限制，而剥夺和限制权利必须受到剥夺和限制的正当性、主体、程序的限制，即使在剥夺和限制时，仍然可以获得救济；近代以前，人所具有的权利是没有法律保障的，而近代以后，人所具有的自由和权利受到宪法和法律的保障，而保障的基本方法是通过宪法和法律以控制国家权力，等等。总之，近代以前，人并不具有主体性，而近代以后人才具有主体性。换言之，近代以前，社会并不具有人权的基本理念，或者说，人权并没有成为社会普遍的基本理念；而近代以后，人权成为了社会所普遍接受的基本理念和价值观。

“人权”存在之假设，以及人权基本理念的形成和确立，都是为了证明和说明国家权力存在的正当性、基本目的、来源及范围，并在此基础上证明需要对国家权力加以控制的必要性。从实证的意义上，国家权力之于人权，人们的基本心情和基本判断可以“爱恨交加”作形容。国家权力作为一种特殊的分配社会资源的强制力，在处理社会公共事务的能力上，是其他任何社会力量都无法比拟的；行使国家权力的国家机关，作为一种组织严密并成体系的特殊社会组织，也是其他任何社会组织所无法比拟的。因此，国家机关通过行使国家权力，以处理社会之公共事务，而有效地维持社会秩序，使人权获得有效保障和实现。从这一意义上说，国家权力仍然是人类社会发展到今天保障人权的最有效的力量。

同时，强大的、特殊的国家权力又具有两个消极性：一是滥用之特性。人类之国家生活经验反复证明，国家权力必然被滥用而没有任何侥幸之可能，即“绝对权力导致绝对腐败”。二是扩张之特性。国家权力必然会在行使过程中逐渐扩张，一直扩张直至遇到其边界，即“国家权力一直会行使到遇到界限为止”。在滥用和扩张的情况下，国家权力便出现异化，也就必然成为侵犯人权的最大祸害。

国家权力之于人权是一把“双刃剑”，其既是保障人权之最有效力量，同时也是侵犯人权之最大祸害。那么，能否设想由人民通过选择自己所信任之优秀代表行使国家权力以避免国家权力之消极性？人民之优秀代表当然也是人，这就需要对人性作出基本的判断，即人性是善的还是恶的，换言之，人是天使还是魔鬼？假定人是天使，社会秩序的形成和维持也就无须依赖于法律；人民之优秀代表当然是天使中的天使，那么,人民就无须监督自己选择的优秀代表,无须制定法律以控制国家权力。而社会实践却告诉我们,社会秩序的形成和维持必须依赖于法律,人民之优秀代表也必须依赖法律进行监督。因此,假定人是魔鬼,在此基础上,制定法律并执行法律更有利于形成和维持社会秩序,通过法律以监督人民之优秀代表,有利于防止国家权力的滥用和扩张。

法治即是人类在上述判断的基础上所作出的选择。在法治之中,宪法无疑是核心。换言之,法治的核心是宪法之治。宪法在维护"人的尊严"这一最高价值或根本精神之下,确立了控制国家权力的基本原则、基本制度和基本规范,同时也确立了保障国家权力有效运行的基本原则、基本制度和基本规范。除宪法之外,其他法律也控制和保障着国家权力的运行,但这些法律均是依据宪法的基本原则、基本制度和基本规范而展开的。

人类选择宪法,即是选择了保障作为人的自由和权利,选择了维护人的尊严。换言之,没有宪法,即没有作为人的自由和权利、没有作为人的尊严。

可是,生活在一个社会中的人们更多地感受到刑法、民法、婚姻法、继承法等法律的存在和作用,而似乎感受不到宪法的存在,感觉不到宪法与自己的生活之间的关系,至少是对宪法的感受和感觉没有对法律那么强烈。那么,在我们的社会生活中,宪法的身影在何处呢?

二、宪法透过法律而影响我们的生活

宪法不过是纸面上的东西,只有通过实施才能对我们的生活产生实际的影响。在宪法实施中,国家立法机关依据宪法制定法律,行政机关依据法律实施行政管理,司法机关依据法律裁判案件,是不可或缺的、主要的途径。因此,人们在社会生活中,更多地、直接地体验到法律的存在和运行,应该说是非常正常的感觉和感受。

作为我国行使国家立法权的全国人大和全国人大常委会制定法律及制定法律的过程,必须体现宪法的最高价值。法律的制定必须依据宪法并符合宪法,即所谓"依据宪法并符合宪法",首先必须依据和符合宪法的最高价值,其次必须依据和符合由宪法的这一最高价值所决定的基本原则、基本制度。法律必须依据并符合宪法才具有效力,违反宪法的法律是无效的。我国绝大多数法律在第1条明确规定:"本法依据中华人民共和国宪法而制定",即便法律未明确规定依据宪法而制定,实际上,其也必须是依据宪法而制定的。

宪法的规定比较原则和抽象,而立法机关的基本职责就是依据宪法而制定具体的、具有可操作性的法律,这就要求立法机关必须依据宪法积极地进行立法,使得宪法的实施获得制度性支持。立法机关如果不立法即构成立法不作为,必然使得宪法无法得以实施。因此,研究何者为立法不作为,在立法不作为的背景下,立法机关应当承担何种宪法责任，社会成员可以获得何种宪法救济等问题，对于判断立法不作为、促使立法机关积极地进行立法活动，以保证宪法能够获得真正的实施，是一项非常必要的研究工作。

同时，立法机关在进行立法以后，判断其所制定之法律是否体现了宪法的最高价值及由这一最高价值所决定的基本原则、基本制度，同样是非常重要的研究工作。进行这项研究活动，应当是宪法学者的一项基本的研究工作。在进行此项研究工作时，必须首先研究宪法所确定的基本原则、基本制度和基本规范的基本内涵，其次还要研究法律规范所体现的基本内涵，只有在这一基础上，才能够判断法律是否体现了宪法的最高价值和由这一最高价值所决定的基本原则、基本制度，才能够保证宪法的真正的实施。因而在理解法律的基本内涵时，必须依据宪法的最高价值及由这一价值所决定的基本原则、基本制度和基本规范的真正内涵。倘若仅仅从法律规范层面去理解法律规范的内涵，而不从宪法层面去理解法律规范的内涵，是无法准确理解法律规范的真正内涵的。

不仅立法机关在制定法律时，需要依据宪法的最高价值，以及由这一最高价值所决定的基本原则、基本制度和基本规范，行政机关在实施行政管理过程中，司法机关在裁判案件过程中，虽然其直接的依据是法律，但在理解法律的基本含义时，也必须领会宪法的最高价值，以及由这一最高价值所决定的基本原则、基本制度和基本规范。

依据国家权力之公定力原理，法律在通过以后和在被有权机关撤销之前，即被推定为合宪，合宪的法律当然是具有法律效力的，亦当然是要实施和遵守的。因此，法律的实施和遵守当然意味着宪法的实施和遵守。只不过在此时，宪法“隐藏”在法律的背后而不是直接表现在调整社会关系的“前台”，实际上也可以说，此时，宪法蕴涵在法律之中。因此，社会成员当然不会直观地感受到宪法的存在和宪法的作用，而只看到在调整社会关系的舞台上“表演”的法律的存在和作用。这是宪法影响社会生活的一种典型的和基本的方式。

三、宪法通过违宪审查而影响我们的生活

社会成员能够直接体会到宪法存在和作用的是违宪审查。这是宪法影响社会生活的第二种方式，实际上，这是宪法发挥作用的非典型方式。但是，人们通常以为这是宪法发挥作用的唯一方式。宪法作用的这一方式，只是在某一个社会生活中的问题无法在法律范畴之内获得解决时才能够进行。所谓“在法律范畴之内无法获得解决”，是指作为解决该法律问题所依据的法律的合宪性遇到了挑战或者仅仅只有宪法的规定而没有法律上的规定、公权力又侵犯了公民的基本权利之情形。换言之，某一社会生活中所发生的问题已不再是法律层面上的问题，而构成了一个宪法层面上的

问题。违宪审查使得宪法站到了调整社会关系和解决社会矛盾的“前台”，而不再如第一种作用方式那样隐身于法律之后。

其实，宪法的这种作用方式只是一种不得已的选择和最后的方法，而并不是宪法影响社会生活的首要选择和方法。这种方式当然是重要的和必不可少的。试想，如果宪法缺失了这一影响社会的方式，国家权力的行使者还会主动去思考并实现宪法的最高价值及由这一最高价值所决定的基本原则和基本制度吗？宪法缺乏一种“该出手时就出手”的保障机制，宪法影响社会生活的第一种方式之效能必然要降低。

我们既要防止将宪法的作用虚置化，也要防止将宪法的作用泛化。宪法问题与法律问题存在一定的界限，只有当一个社会问题成为宪法问题时，才需要直接依据宪法予以解决，才需要作出宪法上的判断，当一个问题仍然属于法律问题时，只需要直接依据法律予以解决，作出法律上的判断，而无须直接依据宪法去解决和判断。在社会生活出现任何一个问题时，如果不问法律上是否已有明确的规定，认为都必须直接依据宪法去解决、判断，这就造成了宪法作用的泛化，而在社会生活出现一个问题，并且这一问题已经成为宪法上的问题、无法依据法律予以解决、判断时，仍然不去适用宪法予以解决、判断，这就造成了宪法作用的虚置化。

如前所述，法律是依据宪法而制定的，可以说，任何一个社会关系和社会问题中都包含着宪法因素，同样，任何一个法律问题中也都包含着宪法因素。宪法学者研究社会关系和社会问题是研究其中的宪法因素，研究这些宪法因素的目的并不意味着都必须直接依据宪法去解决、判断这些社会关系和社会问题。宪法学者研究这些宪法因素的目的，是要把他们作为专家的意见、观点表达出来，以使社会大众、立法者、执法者、司法者了解和理解宪法的最高价值、宪法原理，给他们提供参考。特别是期盼给立法者在制定法律的过程中理解宪法时提供参考，给执法者和司法者在理解法律时提供参考。本书的编写目的即在于此。

中国人民大学法学院宪政与行政法治研究中心于每年的年末在中国宪政网上发布评选当年度“中国十大宪法事例”的公告，先由网民推荐自己心目中发生在当年度的“中国十大宪法事例”，再由专家集中网民们的意见，最终确定“中国十大宪法事例”。本书即是依据2008年年末确定并向社会公开发布的“中国十大宪法事例”编写而成的。

胡锦光

2009年9月16日

事例1:电影《苹果》遭禁事件

——表达自由与艺术自由的界限

徐振东

事例1:一、电影《苹果》遭禁事件始末

(一)事件

2007年2月,由李玉导演,梁家辉、范冰冰、佟大为主演的都市题材影片《苹果》在柏林电影节举行首映式,并未放映经电影局审查通过的删减版,而是放映了完整版,其中包括范冰冰和佟大为的全裸镜头及赌博场景。制片人方励曾在接受采访时称,这是由于时间紧迫,德语和英语字幕的删节版拷贝未能及时制作出来导致的。

2007年11月30日,《苹果》在北京举行首映式,内容引起争议。该片在香港被定为三级片,在内地上映时剪除了露点戏份。

2007年12月29日,国家广电总局发出《关于重申禁止制作和播映色情电影的通知》,称一些带有色情内容的电影,对于广大青少年观众产生了极大的危害。

2008年1月3日,国家广电总局向各省、自治区、直辖市广播影视局、新疆生产建设兵团广播电视局、各电影制片单位、电影发行公司、院线公司和在京电影直属单位发出《广电总局关于处理影片〈苹果〉违规问题的情况通报》的通报。通报说,由北京劳雷影视文化有限责任公司、北京保利博纳电影发行有限公司、北京中鸿房地产开发集团有限公司联合出品的影片《苹果》,在电影制作、参加国际电影节、互联网传播及音像制品制作等方面,严重违反《中华人民共和国电影管理条例》(以下简称《条例》)及相关法规,造成了不良影响。为加强和规范电影制片及发行放映的管理,确保电影及各种媒体的传播健康有序,国家广电总局决定吊销该片的《电影片公映许可证》,停止该片在影院发行、放映及网络传播。

通报指出,由北京劳雷影视文化有限责任公司等联合出品的影片《苹果》违规制作色情内容的片段(未经审查通过),并擅自将未经审查通过的含有色情内容的影片

在互联网上传播及制作音像制品,违反了《条例》第25条的规定;将未经审查通过的电影版本,送第57届柏林电影节参赛,违反了《条例》第24条和第35条的规定;在影片发行放映中进行不健康、不正当的广告宣传,违反了《条例》第3条和《广告法》的相关规定。根据《条例》等相关法规,并按照《广电总局关于重申禁止制作和播映色情电影的通知》、《广电总局关于加强互联网传播影视剧管理的通知》等要求,广电总局决定吊销影片《苹果》的《电影片公映许可证》,没收未经审查通过的影片拷贝及相关素材,制片单位15天内将拷贝等送达总局电影局;停止该片在影院发行、放映;停止其网络传播;建议有关行政部门停止其音像制品的发行。与此同时,对负有主要责任的北京劳雷影视文化有限责任公司,取消其两年内摄制电影的资格;该公司的法定代表人方励,两年内不得从事相关电影业务;对负有相关责任、参与投资拍摄的两家公司,进行通报批评,责令其限期整改。对参与该片拍摄的制片人、导演及相关演员,则进行严肃的批评教育,并要求其作出深刻检查。

对此,方励表示接受广电总局的处罚,并积极配合。但他说有一点需要澄清:"网络上流传的'色情内容'是盗版商从该片的台湾地区音像版本中盗录下来传播的。"他表示会协助有关部门,与院线协调,积极追讨影片拷贝。

(二)事件所涉及的法规条款

《条例》第3条规定:"从事电影片的制片、进口、出口、发行和放映等活动,应当遵守宪法和有关法律、法规,坚持为人民服务、为社会主义服务的方向。"

第24条规定:"国家实行电影审查制度。未经国务院广播电影电视行政部门的电影审查机构审查通过的电影片,不得发行、放映、进口、出口。供科学研究、教学参考的专题片进口和中国电影资料馆进口电影资料片,依照本条例第32条的规定办理。"

第25条规定:"电影片禁止载有下列内容:(一)反对宪法确定的基本原则的;(二)危害国家统一、主权和领土完整的;(三)泄露国家秘密、危害国家安全或者损害国家荣誉和利益的;(四)煽动民族仇恨、民族歧视,破坏民族团结,或者侵害民族风俗、习惯的;(五)宣扬邪教、迷信的;(六)扰乱社会秩序,破坏社会稳定的;(七)宣扬淫秽、赌博、暴力或者教唆犯罪的;(八)侮辱或者诽谤他人,侵害他人合法权益的;(九)危害社会公德或者民族优秀文化传统的;(十)有法律、行政法规和国家规定禁止的其他内容的。电影技术质量应当符合国家标准。"

第26条规定:"电影制片单位应当依照本条例第25条的规定,负责电影剧本投拍和电影片出厂前的审查。电影制片单位依照前款规定对其准备投拍的电影剧本审查后,应当报电影审查机构备案;电影审查机构可以对报备案的电影剧本进行审查,发现有本条例第25条禁止内容的,应当及时通知电影制片单位不得投拍。具体办法由国务院广播电影电视行政部门制定。"

第 35 条规定："举办中外电影展、国际电影节，提供电影片参加境外电影展、电影节等，应当报国务院广播电影电视行政部门批准。参加前款规定的电影展、电影节的电影片，须报国务院广播电影电视行政部门审查批准。参加境外电影展、电影节的电影片经批准后，参展者应当持国务院广播电影电视行政部门的批准文件到海关办理电影片临时出口手续。参加在中国境内举办的中外电影展、国际电影节的境外电影片经批准后，举办者应当持国务院广播电影电视行政部门的批准文件到海关办理临时进口手续。"

《中华人民共和国广告法》第 7 条规定："广告内容应当有利于人民的身心健康，促进商品和服务质量的提高，保护消费者的合法权益，遵守社会公德和职业道德，维护国家的尊严和利益。广告不得有下列情形：（一）使用中华人民共和国国旗、国徽、国歌；（二）使用国家机关和国家机关工作人员的名义；（三）使用国家级、最高级、最佳等用语；（四）妨碍社会安定和危害人身、财产安全，损害社会公共利益；（五）妨碍社会公共秩序和违背社会良好风尚；（六）含有淫秽、迷信、恐怖、暴力、丑恶的内容；（七）含有民族、种族、宗教、性别歧视的内容；（八）妨碍环境和自然资源保护；（九）法律、行政法规规定禁止的其他情形。"

《中华人民共和国广告法》第 8 条规定："广告不得损害未成年人和残疾人的身心健康。"

（三）法律问题

本案是关于表达自由、艺术自由和青少年身心健康发展权利的宪法事例。表达自由和艺术自由都属于宪法所保障的基本权利，具有自我统治、自我实现价值的意义，因此经常被视为"绝对权利"（Absolute rights）或"优先自由权"（Preferred freedom），属于宪法权利体系中的上位阶权利。但是任何自由和权利的行使都不是毫无约束的，根据我国《宪法》第 51 条规定："中华人民共和国公民在行使自由和权利的时候，不得损害国家的、社会的、集体的利益和其他公民的合法的自由和权利。"表达自由、艺术自由是一种将内心的精神公之于外部的活动或行为，存在着与他人的自由权和社会公共利益发生冲突的可能性，因此必然有着一定的界限。电影《苹果》遭禁事件就反映了表达自由、艺术自由与社会公共利益和青少年健康发展权之间的冲突，国家广电总局认为《苹果》包含了某些色情内容的片段，对于广大青少年的身心健康产生了极大的危害，同时也冲击了中国的社会道德伦理，基于社会利益和青少年健康发展权的考量，对于《苹果》导演和相关演员的表达自由、艺术自由进行了限制。由于《苹果》的制作单位意在通过该片的放映获得票房收入，且在拍摄过程中耗资巨大，因此《苹果》遭禁还涉及制作单位的财产权和经营权受到限制。此外，由于电影被禁止放映，也在一定程度上限制了观众的选择自由。

国家广电总局对表达自由、艺术自由进行限制的正当性依据则是社会利益和青少年的健康发展权。社会利益即公共利益,公共利益是一个价值判断的概念,极具抽象性,是指一定社会、一定地域或空间内关系大多数人的利益。公共利益既可能是经济利益,也可能是一种社会秩序、公共伦理或良善风俗等价值概念。具体就本案来说,公共利益主要是指公共伦理、良善风俗。当然,青少年身心的健康发展也可以被视为公共利益的一部分。为了维护国家利益、社会公共利益和道德准则,维护文艺市场的秩序,我国由国务院于2001年12月通过了《条例》,建立了针对影视作品的电影审查制度。实际上,在西方法治较为发达的国家,基于青少年身心健康之保护、道德伦理或良善风俗的考虑,实行对影视作品的审查制度是一种较为普遍的做法。但是,电影审查毕竟涉及人民在宪法上的表达自由、艺术自由和选择自由,为了兼顾个人自由和权利与社会公共利益之间的平衡,大多通过电影分级制度来解决此一问题。电影分级制维护了影视业者的表达自由、艺术自由和成年观众的选择自由,同时也保护了青少年的身心健康发展,防止其受淫秽、色情、暴力、赌博等有害因素的影响。因此,国外较为成熟的电影分级制度可以作为我国未来影视法律制度改革的方向。以下将就本案中所涉及的法律问题进行详细的分析。

二、为什么表达自由值得保护

所谓表达自由(Freedom of expression)是指人们可以无拘无束地把内心的想法,以各种形式表达于外的自由。从表达的内容来说,它是人们将自己内心的感觉、心理、情感、观点、意见和意识向外展现的行为。我国《宪法》第35条规定:"中华人民共和国有言论、出版、集会、结社、游行、示威的自由"。第47条规定:"中华人民共和国公民有进行科学研究、文学艺术创作和其他文化活动的自由。"就其内涵而言,这些自由都属于表达自由的范畴。表达的形式最初主要是口语和书面文字,因此人们习惯上以言论自由予以称呼。但是,言论自由一词,可能会让一般人误解为宪法只保障以口语或书面文字表达的自由。表达自由的内容包罗万象,实非言论自由所能涵盖。而随着社会的不断发展和现代科技的进步,表达的形式与媒介日益丰富,从言论、出版、集会、结社、游行、示威、传单、宣传小册子的发行、横幅与标语牌的展示,到广播、电视、电影、录像,乃至多媒体电子技术。根据各国相关判例,为宪法和法律保护的表达形式还包括服装展示、涂画、绘画展览、街头音乐家的音乐表演和在财产上做记号等。本案中的电影《苹果》,实际上就是制作者、导演和演员通过视听工具展示自己对社会现象或社会问题的理解,无疑属于表达自由的范畴。

现今世界,各国宪法均对表达自由给予明确的保护,并进而成为国际人权规范的重要内容。美国宪法第一修正案规定:"国会不得制定关于下列事项的法律:确立国教或禁止信教自由;剥夺言论自由或出版自由;或剥夺人民和平集会和向政府请愿伸冤的权利。"日本宪法第21条规定:"集会、结社、言论、出版及其他一切表现自由应保障之。"德国基本法第4条第1款规定:"信仰与良心之自由及宗教与世界观表达之自由不可侵犯。"第5条规定:"一、人人有以语言、文字及图画自由表示及传布其意见之权利,并有自一般公开之来源接受知识而不受阻碍之权利。出版自由及广播与电影之报道自由应保障之。检查制度不得设置。二、此等权利,得依一般法律之规定、保护少年之法规及因个人名誉之权利,加以限制。三、艺术与科学、研究与讲学均属自由,讲学自由不得免除对宪法之忠诚。" 第8条规定:"一、所有德国人均有和平及不携带武器集会之权利,无须事前报告或许可。二、露天集会之权利得以立法或根据法律限制之。"第9条规定:"一、所有德国人均有结社之权利。二、结社之目的或其活动与刑法抵触或违反宪法秩序或国际谅解之思想者,应禁止之。" 联合国《公民权利和政治权利国际公约》第19条规定:"一、人人有权持有主张,不受干涉。二、人人有自由发表意见的权利;此项权利包括寻求、接受和传递各种消息和思想的自由,而不论国界,也不论口头的、书写的、印刷的、采取艺术形式的或通过他所选择的任何其他媒介。"以上条文足可以看出表达自由在人权体系中的重要价值和地位。目前关于宪法保障表达自由的理论基础和价值的探讨,通常有以下三种理论:

1. 追求真理说。英国哲学家密尔认为"对真理的追求"就是提倡表达自由最原始与最恰当的理由。密尔认为若要了解真理,就必须容纳与结合不同的意见,而且这是一个艰辛并且充满了各种有敌意的意见的过程。密尔也指出如果政府限制了沟通的管道,它也可能压制了真理或含有部分真理的理念。① 因此,为了让追求真理的通道畅行无阻,表达自由也就是最好的方法之一。通过倾听不同的意见以及不限制的理性辩论,人们才能找到真理。美国联邦最高法院法官霍姆斯更进一步地提出以真理的追求为基础的"思想的自由市场"的观念。② 霍姆斯认为在竞争激烈的思想自由市场上,到最后能留下来被人们所接受的思想,就是最接近真理的思想。因此,追求真理说将彼此之间互有差异、互相竞逐的多个意见或见解并立的情况,比拟为一个"思想的自由市场",到底是哪一个意见或见解的内涵比较接近真理,将此判断难题交给市场竞争法则去进行检验,胜出者即属比较接近真理的意见或见解。但是,该理论强调必须以容许各种不同的意见都能够进入市场为前提。换言之,国家和政府不得有任何防止或限制观点、意见进入市场,从而妨碍市场竞争的作为,否则就可能出现原本应该很具有说服力而胜出机会的意见或观念遭到事前封杀的结果。

2. 民主程序说。该理论认为,表达自由为民众提供了参与公共决策的机会。根据现代民主理论,政府正当的统治权源自于被统治者的同意,而被统治者要行使这项

---

① John M. Robson, ed., John Stuart Mill: A Selection of His Works, (Indianapolis: The Odyssey Press, 1966), p. 63.

② 250 U.S. 616(1919).

同意权,必须有充分的表达自由,以形成其个人的判断及社会的共同意见。民主政治的程序实际上就是不同政治势力之间的相互竞争,并由人民根据其自主意志作出最后的判断,要让不同政治势力在公平的基础上进行相互竞争,就不得任意限制任何一方的意见和质疑。而且,如果对任何有关民主程序健全运作的意见加以限制,民众能够获取的信息便极可能不够充分,从而导致民众作出的判断和决策不周延。社会大众通过表达自由对公共决策的参与原则,此原则也适用于政治以外的领域。根据该原则,个人也有权参与建立整个社会文化的建设;个人可自由表达其对宗教信仰、文学、艺术、科学以及对其他所有人类知性领域之各类事务的个人意见。

3. 自我实现说。该理论认为宪法保障个人表达自由,其主要的目的在于保障每一个人可以独立自主发展的尊严,以及实现自我与成就自我的机会。人是独立自主的个体,其存在的意义就在于实现其个人之人格和潜能。为达此目的,其心智必须是自由的。因此,对信念、意见或其他表达的压制,乃是对人类尊严之冒犯及对人类基本天性的否定。尤其是人作为社会的一分子,有权利决定和自身有关的一切事务,有权自由地表达自己的意念和想法而不受干涉。否则,个人存在的意义就会受到威胁。一言以蔽之,表达自由之价值即在保障个人独立自主地自我实现,藉此肯定个人自主存在之尊严,进而实现自我、成就自我。

三、猥亵性或色情影视作品是否属于表达自由保护领域

如前所述,表达自由的内涵非常丰富,但是否可以从其中抽绎出核心价值给予特别保护呢?抑或无论何种表现形式或表现内容都受宪法上表达自由的保障呢?一种观点认为,有关政治意见的表达,由于其与立宪主义基本原理密切相关,因此其作为表达自由的核心,应受最严格的保障,而对于非政治性的表达则不受宪法表达自由的保障。如美国学者米克尔约翰就认为,表达自由乃是限于帮助人民参与统治的表现而已,对于与此无关的意志表达,则不认为是表达自由条款所欲保护之对象。① 孙斯坦也认为,与政治治理过程有关的表现,应当受到最高级别的宪法保护,与公共事务无关和关联性不强的表现,应当受到较弱的宪法保护,甚至不受宪法保护。但另一种观点则认为,在现今社会中,表达自由的重要性并非仅限于表达政治意见的场合,因其作为个人自我实现、人格独立存在的基础,应该在多方面得到承认,如果依据表达内容的不同而认为存在价值上的差异,则有违于表达自由作为自我实现、自我存在基础的宪法理念。前一种观点的瑕疵较为明显,因为如果依据其理论,非政治性的意志表达即不受表达自由的保障,那么有关文学艺术、科学及教育之意志表现,即不在保

① Alexander Meiklejohn, Free Speech and Its Relation to Self-Government, New York: Harper Brothers Publishers(1948),p. 94.

障的范围之内,这种观点与社会的普遍认知大异其趣。后一种观点则将所有表达形式都等同看待,忽略了表达自由中有不同利益的存在,而将表达自由的保障范围无限扩大。

综合以上两种观点的利弊,学者们提出了“双阶理论”的看法,用以区分保障范围的宽松程度。所谓的双阶理论指各种类型的意志表现之间,并不是全然受到宪法相同程度的保护,应该要区分高价值的表现与低价值的表现,高价值的表现应受最强的保护,低价值的表现则受较弱的保护。所谓高价值的表现,一般包括政治性表现、宗教性表现、文学艺术、科学及教育之表现,乃至象征性的表现(包括在特定时空脉络之下的行为或动作,如参与游行、集会、焚烧国旗)等,应受宪法最强的保护,在高价值的表现之外,不存在更重要的利益。对于高价值的表现,国家一般不得以立法予以限制,也不得制定任何的事先规制机制。即使国家基于公共利益的需要,可对此类表现予以制约,但是对于限制高价值表现的法令与措施,司法机关多会以严格的审查标准去检验其合宪与否。所谓低价值的表现,包括煽动表意、攻击言论、事实错误的表现、猥亵性表现、淫秽性表现及儿童色情等受宪法较弱保护,商业性表现的保护与文化艺术或其他价值较高之表现自由也无法相提并论。“双阶理论”的基础在于其将表达自由本身分成不同的等级,当低价值的表现自由与其他高价值的基本权利冲突时,低价值的表达自由是不受保护的,或者说,即使受到保护,其程度也相当宽松。根据“双阶理论”,当低价值的表现与其他基本权利和法益(国家利益、公共利益)相冲突时,应该采用利益衡量的方式予以解决。因此,为防止低价值的表现侵害到国家利益、公共利益和他人利益,国家有权通过立法对其进行限制。换言之,青少年身心发展权利以及作为公共利益范畴的良善风俗可以作为限制和取缔猥亵性表现、色情影视的正当性依据,而司法上对于国家的限制措施则采取较为宽松的标准,甚至允许对猥亵性表现和色情信息进行事先的审查。从各国法律实务来看,各国最初对于淫秽性、猥亵性表现的定位问题,由早期的不属于表达自由的范畴,被法律完全限制或禁止,到后来注意到并非所有淫秽性、猥亵性表现都必然具有社会危害性,将其归类为低价值的表现而受法律弱度保护,并允许法律对其行使进行一定规范。

猥亵性表现应该如何判定呢?在探讨淫秽性、猥亵性表现的定义前,我们应该首先就其核心“猥亵”一词的含义进行说明。“猥亵”与“性”两者关系密切,难以精确区分。长期以来,“猥亵”一词不但是法律上的不确定概念,而且在社会生活上也是一样,此从“辞海”找不到其定义之事实,可见一斑。就其文义而言,所谓“猥亵”是一切在客观上足以刺激或满足性欲,并引起一般人羞耻或厌恶感而侵害性的道德感情,有碍于社会良善风俗的行为;而有关社会良善风俗的观念则是随着社会发展和良善风俗的变迁而有所不同,因此猥亵的定义也非一成不变的。就其法律内涵来说,“猥亵”则是一个不确定的概念,其内涵和意义常常须依赖于法律适用者主观的价值判断,法律适用者应该基于尊重宪法保障表达自由之本质,兼顾社会善良风俗及青少年身心健康之维护,予以综合判断。有些学者认为,对于猥亵性表现的法律界定应该就具体情形进行通盘考察,必须考虑如下事项:性作品在性方面露骨且详细描写论述的程度及手法;上述所描写论述性的部分所占整部作品的比重;性描写论述的部分与整部作品所表现思想之间的关联性;因其艺术性与思想性,而使性的刺激受到缓和的程度;最主要的是否被认为在诉求读者好色的兴趣等。这样可以使得猥亵性表现的概念有更明确具体化的判断标准。① 如果性作品在性方面的描述并不露骨、程度较低,且在整部作品中的比重较低,性描述部分是整部作品所表现思想之必需,其表现出的艺术性和思想性优于性的刺激,作品的目的并不在于诉求受众性方面的兴趣,那么就不构成猥亵性表现;反之,则应归入淫秽性、猥亵性表现,受法律的规制。

日本最高法院在 1957 年的"查泰莱事件案"中表示,"猥亵"是指"徒然使性欲兴奋或刺激,危害一般人正常的性羞耻心,违反善良性的道德观念。" 在这里,法院对猥亵以"行之于一般社会的良识,亦即社会通念"为判断基准,因此将《查泰莱夫人的情人》视为猥亵性图书而不受保护。在 1969 年"恶德之荣案"中,日本最高法院认为,文学艺术作品等是否具有猥亵性,应从与其科学性、思想性、艺术性的关联性上,相对地予以判断。在 1980 年"四叠半糊纸拉门之下"事件判决中,法院认为,猥亵性的判断基准包括以下几个方面:作品对性描写的露骨程度及手法;性描述在作品中的比重;性描述与作品中所表达思想的关联性;作品的目的是否主要在于激起受众的色欲。如果依据此种标准,作为 1957 年"查泰莱事件案"判决、1969 年"恶德之荣案"对象的《查泰莱夫人的情人》和《恶德之荣》将不再被视为猥亵性图书。对猥亵性表现的规制仅限于淫书和色情电影。②

美国联邦地区法院曾经在 1930 年的案件中认为,"淫秽"乃是激起不纯洁思想和色欲,败坏社会风俗和未成年人道德的行为,并不受宪法第一修正案表达自由的保护。1944 年纽约州法院的判决强调,判断一部作品是否淫秽、猥亵的标准是:整部作品的效果是否淫秽,是否违反道德法,是否有推翻尊重体面和道德的倾向。法院根据这一原则,认定英国作家劳伦斯的《查泰莱夫人的情人》一书淫秽,因为该书不能被视为是描述爱情,女主人和其丈夫的马夫的一系列性行为没有任何道德考虑而言,整部作品的整体效果都强调,要求一个身心健康的年轻妇女节欲是危险的,对于年轻妇女而言,生命中最重要的东西就是满足其性欲,这比法治和道德都更为重要。因此,该作品无疑是淫秽、猥亵性的。③

早期的美国法院判决对"淫秽性"、"猥亵性"表现采取较为宽松的界定,认定"淫秽"或"猥亵"主要只考虑了三个因素,即令人厌恶,不维护道德伦理和刺激色欲,不纯

① 许福生:"性表现自由与刑法散布猥亵物品罪",载《中央警察大学法学论集》第 3 期。

② 阿部照哉等著:《宪法》,周宗宪译,中国政法大学出版社 2006 年版,第 163 ~ 164 页。

③ Sumner v. Dial Press, 182 Misc. 416(1944).

洁思想并可能导致不道德行为。由于对猥亵性表现采取较为宽松的界定,这样很容易将那些包含性内容的文艺创作作品(影视、书籍等)简单地认定为猥亵性言论,而被排除在宪法保护的范围之外,从而伤害文学艺术创作的自由。有人对此提出了批评,这种一味地维护当代的社区标准,不触犯读者,不刺激性思想和性欲望,会使社会最终干涉到文学艺术的创作自由。

在1957年Roth v. U. S.及Alberts v. California①两案中,联邦最高法院认为,"性"与"猥亵"、"淫秽"并非同义词,猥亵性作品描述性的方式只是为了激起色欲,而文学、艺术或科学著作中对性行为的描述,除非涉及猥亵,否则即应受宪法的完全保障。法院认为,判断猥亵的宪法基准包括:猥亵性作品的目的只在于激起色欲;作品不仅影响到了未成年人在内的特别容易受到影响的人,而且影响了平常人,才能被认定为猥亵或淫秽。

在1973年"Miller v. California"②一案中,联邦最高法院重新定位"猥亵"的司法解释,认为猥亵或淫秽作品的标准是:适用当代社区标准(即一个人是否会发现作品从整体上看激起色欲);以明显令人厌恶的方式描述性行为(如令人厌恶地描述或展现手淫、排泄功能和淫荡地展现生殖器);作品从整体上看是否缺乏严肃的文学艺术、政治或科学价值。一部作品必须同时具备以上要件才能被判定为"淫秽性"、"猥亵性"作品。与Roth案比较,Miller案中的标准"没有严肃社会价值"比"毫无补偿的价值"显然降低了"猥亵性"的门槛,减轻执行取缔者的举证责任,使得更多的作品被纳入不受表达自由保护的猥亵性作品的范畴。然而,法院将"猥亵"、"淫秽"界定为"赤裸裸的色情",如果没有明显着重性活动地描述裸体,或仅仅包括一些性活动的语言,都不再被认定为淫秽。这样,很大一批性表达就不至于受到指控。

事实上,几十年来,美国联邦最高法院一直试图给"猥亵"下一个明确的定义,最终都没有成功,因此也始终无法解决直接压制淫秽作品与宪法第一修正案中表达自由之间的矛盾,也无法明确区分哪些作品受表达自由的保护或哪些作品不受其保护。但有一点是确定的,无论实务上如何发展,鉴于猥亵性表现属于低价值言论,原则上不具有社会价值而难以为较高程度的保障,因此排除"明显而立即的危险"原则的适用。③

通过以上梳理,我们可以从美国司法实务来看,在20世纪30年代以前,法院通常认为法律对于猥亵性、淫秽性表达并不涉及表达自由保护问题,法律对其进行限制不

---

① Roth v. United States, 354 U. S. 476 (1957).

② Miller v. California, 413 U. S. 15 (1973).

③ 所谓"明显而即刻危险"原则(Clear and present danger),是指如果政府要通过法律来压制某种言论,那么就必须证明这种言论一旦表达出来,就会立刻造成显而易见的危害如暴乱或恐慌,以至于我们没有时间通过理性的辩论去解决问题;否则,政府针对表达自由的限制措施就侵犯了第一修正案保障的表达自由。

会产生违宪问题，而且法院对猥亵性认定门槛极低，只要违背社会道德法的性描述就可能被认定为“猥亵性表现”，这样很难将关于性方面的文学艺术创作与猥亵性表现区分开来。但是随着社会的发展，美国法院逐渐改变了观念，对“猥亵”、“淫秽”采取相对严格的界定标准，一定程度上扩大了表达自由的保护范围，将性表达与猥亵进行了区分，将“猥亵性表现”归为低价值的表现，受宪法上较弱的保护，法律对其进行限制被宣告违宪的可能性较低，并通过利益衡量来解决猥亵性表现与其他宪法利益之间的冲突问题。在此必须说明的是，猥亵物品虽不在美国宪法第一修正案明文的保护范畴内，但这并不表示猥亵物品当然被排除于宪法的保护伞（投影）（Penumbra）之外，政府立法机关或行政机关部门仍不得恣意、毫无限制地管制猥亵物品，如果国家要明文立法管制猥亵物品仍应谨慎行事。晚近时期，美国联邦最高法院在处理猥亵性表现自由的理念发生了比较大的变化，越来越强调尊重个人的表达自由和选择自由，限制或禁止猥亵性读物只是保护未成年人或不同意的成年人，而不是原来的以抽象的社会道德原则来立论及限制个人的性表达自由。

在我国，淫秽性、亵渎性言论或表达被视为违反传统道德伦理、良善风俗，影响青少年身心健康以及妇女的人格，是被法律严格禁止的。1985年国务院《关于严禁淫秽物品的规定》对任何形式的淫秽物品都予以明确禁止，包括具体描写性行为或露骨宣扬色情淫荡形象的录像带、录音带、影片、电视片、幻灯片、照片、图画、书籍、报刊和抄本，印有这类图照的玩具、用品，以及淫药、淫具等；而对于夹杂淫秽内容的有艺术价值的文艺作品，表现人体美的美术作品，有关人体的生理、医学知识和其他自然科学作品，则不能被认定属于淫秽物品的范围，并不在查禁之列。在我国法学理论和司法实务中，并没有如美、日等国家那样形成有关表达自由保障的双阶理论，由于淫秽性、亵渎性表现是对社会具有负面价值，因此不能诉求宪法上的表达自由的予以保障，采取的是“零容忍”的态度。关于淫秽性表现的界定，1988年国务院《关于认定淫秽及色情出版物的暂行规定》第2条确定了如下基准：“淫秽出版物是指在整体上宣扬淫秽行为，具有下列内容之一，挑动人们的性欲，足以导致普通人腐化堕落，而又没有艺术价值或者科学价值的出版物：（一）淫亵性地具体描写性行为、性交及其心理感受；（二）公然宣扬色情淫荡形象；（三）淫亵性地描述或者传授性技巧；（四）具体描写乱伦、强奸或者其他性犯罪的手段、过程或者细节，足以诱发犯罪的；（五）具体描写少年儿童的性行为；（六）淫亵性地具体描写同性恋的性行为或者其他性变态行为，或者具体描写与性变态有关的暴力、虐待、侮辱行为；（七）其他令普通人不能容忍的对性行为淫亵性描写。”第3条规定：“色情出版物是指在整体上不是淫秽的，但其中一部分有第2条（一）至（七）项规定的内容，对普通人特别是未成年人的身心健康有毒害，而缺乏艺术价值或者科学价值的出版物。”

四、艺术创作自由与猥亵性表现

艺术自由(Kunstfreiheit)肇始于1919年德国魏玛宪法第142条:“艺术、科学及其讲学是自由的。国家应予保障并奖励之。”后来,1949年德国基本法延续了魏玛宪法的做法,并在第5条第3项规定“艺术与学术、研究、讲学的自由受宪法保护”。德国立宪者鉴于纳粹时期政治与艺术的结合、艺术与艺术家完全隶属于政治意识形态之下,并成为纳粹政权的御用工具的教训,而特别规定了保障艺术领域的独立与自律。我国《宪法》第47条规定对艺术自由给予了明确的保护:“中华人民共和国公民有进行科学研究、文学艺术创作和其他文化活动的自由。国家对于从事教育、科学、技术、文学、艺术和其他文化事业的公民的有益于人民的创造性工作,给以鼓励和帮助。”

那么何为“艺术”?因为如果不能对艺术进行界定,则我们无法对其予以保护。因此要准确把握艺术自由的内涵,我们必须对于“艺术”这一概念进行分析。艺术是人们为了更好地满足自己对主观缺憾的慰藉需求和情感器官的行为需求而创造出的一种文化现象,它是人的知识、情感、理想、意念综合心理活动的有机产物,是人们现实生活和精神世界的形象表现,包括文学、绘画、雕塑、建筑、音乐、舞蹈、戏剧、电影、电视剧、曲艺和工艺等,甚至还包括今日许多非典型的艺术活动类型,如街舞或临时海报等。一般来说,艺术是人们自我意识的表现,艺术创作是人们以直觉的、整体的方式把握客观对象,并在此基础上以象征性符号形式创造某种艺术形象的精神性实践活动。它最终以艺术品的形式出现,这种艺术品既有艺术家对客观世界的认识和反映,也有艺术家本人的情感、理想和价值观等主体性因素,它是一种精神产品。从上述分析可以看出,虽然艺术是如此的抽象与多义,以致几乎不可能将它予以概括定义。在司法实务中,德国联邦宪法法院曾经就艺术与非艺术的区别,作出较广义的定义。在“Mephisto-Beschluβ”案中,德国联邦宪法法院认为,“艺术活动的本质在于其自由创作,艺术家通过一种特定形式的语言,将其印象、经验与感受直接展现出来。所有艺术活动均是无法从理性观点去分析的,是意识与潜意识过程的融合。在艺术的创作中,直觉、幻想和艺术理解相互交错影响;因此它不是一项告知,而是艺术家本身人格的最直接的表达。”① 宪法法院的上述见解虽然在面对困难案件(Hard case),能够作出较有弹性的适合于艺术的判断,但是该项艺术概念的界定过于强调艺术作品的实质内涵,因而超越了价值概念中立的界限。德国学者分析了“艺术”的结构,对艺术自由的内涵作出了如下的解释:德国学者认为从艺术的结构的共同特征可以得出:首先,艺术行为的本质绝对是自由创作;其次,所有的艺术行为或活动是一种有意识或无意识的交互关联性的过程,但不以是否有理性为限;最后,艺术行为或活动不

① BVerfGE 30,173(188f).

是一成不变的,而是具有变动性,具有发展潜力。艺术自由保护领域包含艺术行为和艺术活动,还有艺术品的表达、展示与传播,前者称为作品领域,是一种根本的创作行为,应受到最大限度的保障;后者称为作用领域,因为其影响他人的可能性较大,所受保障程度较前者为小。①

艺术创作是艺术家或创作者对精神性的内在价值(诸如自由、尊严、自我超越、情感等)之直接肯定或否定的直感外化活动,而艺术自由是艺术家或创作者通过一种特定形式的语言,将其印象、经验与感受直接表达出来的自由,因此艺术自由与表达自由有共通之处,表达自由所保障的客体是"人们所想要表达的意念或事实",以及"传播方式、地点、时间等",而艺术自由则是特别保障人们以艺术方式去创作、表达和传播作品,两者之不同只在于表达自由保障的内容,除了言论、文字外,还包括运用各种的表现方法,例如电影、戏剧、歌曲等使用语言,以及绘画、写真、雕刻、音乐、舞蹈等不使用语言,而是诉诸人的听觉及视觉的方法,或是动作那种透过触觉的表现方法,而艺术自由保障的则必须是"艺术作品",强调必须是"艺术"。所以,艺术自由可以完全涵盖于表达自由之中。

淫秽性、猥亵性作品受宪法较弱的保护,甚至完全不受保护,而文学艺术创作或艺术作品则是受宪法高度的保护,所以认定一部作品属于淫秽性、猥亵性作品还是属于艺术创作或艺术作品,最后的保障效果截然不同。然而,猥亵性作品和艺术创作之间的界限经常是很模糊的、不确定的,如判断包含了性描述的《金瓶梅》、《查泰莱夫人的情人》属于淫秽性作品还是艺术作品的基准是什么?禁止淫秽性作品或色情电影是否限制了创作者、导演、演员的艺术自由呢?要解决以上所提出的问题,就必须对"猥亵"和"艺术"进行区分。学者们根据两者所保障的特殊法益总结出了以下几种判断基准:(一)相对性猥亵作品理论。该理论由德国学者宾丁赫(Binding)提出,认为科学、文学艺术作品原非猥亵性作品,但是如果该作品只散布其下流、淫秽部分,那么该作品即可认定为猥亵性作品。换言之,猥亵性可因其性表达的"目的"以及发表的形式而相对化。(二)比较衡量论。该理论认为两者可以根据两方面的因素加以判断:第一种为极端猥亵性作品,如果将其公开供公众阅读和观看,将会造成社会上健全的性秩序有腐化和堕落的危险,而无任何可资弥补的社会价值的作品;第二种为虽然具有猥亵性但不属于色情的娱乐作品或文艺作品,这类作品虽以性为题材,包含了有关性行为的描述,但不以引起色欲、淫荡的兴趣为作品的主要目的,其本质上或多或少具有社会价值,对于此类作品不得因其具有猥亵性就加以禁止,而应该就其所具有的负面价值和社会价值进行比较衡量。换言之,"极端猥亵性作品"不具有社会价值,而被排除在宪法艺术自由、表达自由的保障范围之外,而对于虽然具有猥亵性但不属于色情文艺作品,则因其包含艺术性、思想性要素,具有社会价值,而应属于艺术

① 转自陈慈阳著:《宪法学》,台湾元照出版有限公司2004年版,第506页。

自由、表达自由保障的艺术作品。

在英国,1868年"Hicklin"①一案中科伯恩法官提出了著名的认定"猥亵"的基准:作品是否会让那些思想容易受到这种不道德影响的人堕落与腐化;作品是否属于淫秽、猥亵,不是根据整个内容,而是根据其部分内容,如果作品部分内容被认定为淫秽,则整部作品即被认定为淫秽性、猥亵性作品。这一基准对于后来的英美法司法实务造成了深远的影响,并一直为美国联邦最高法院的判决所遵循。然而,该基准在其后的适用中产生了广泛的争议,包括《尤利西斯》、《洛丽塔》、《幸福之源》等著名小说以及很多描述人体的医学教科书在内的一些本不属于猥亵范畴的作品亦难逃被禁命运。美国联邦最高法院在1957年"Roth"案中,对"Hicklin"案的原则进行了调整,确定了"艺术"与"猥亵"的基准:淫秽性作品只是为了激起色欲;作品影响到了包括未成年人在内的特别容易受到影响的人,甚至影响了平常人、正常人,才能认定为淫秽;被认为是淫秽的出版物必须触犯当代社区的道德标准。在"Miller"案中,联邦最高法院对Roth案的原则进行了发展,提出了新的判断基准:一个平常人是否会发现作品从整体上看起来激起色欲;作品是否以明显令人厌恶的方式,描述或者展现州已经明确定义的性活动;作品从整体上看是否缺乏严肃的文学艺术、政治或者科学价值。

在我国,1988年国务院《关于认定淫秽及色情出版物的暂行规定》对"艺术"与"猥亵"进行了区分。根据该项规定,淫秽作品是指在整体上宣扬淫秽行为,具有挑动人们的性欲,足以导致普通人腐化堕落,而又没有艺术价值或者科学价值的作品,而对于夹杂淫秽、色情内容而具有艺术价值的文艺作品,表现人体美的美术作品,有关人体的解剖生理知识、生育知识、疾病防治和其他有关性知识、性道德、性社会学等自然科学和社会科学作品,则不属于淫秽、猥亵性作品的范围。

五、对猥亵性作品进行管制的正当性理由

综观世界各国法律和司法实践,表达自由并非在任何时候、任何情况下都是一种受到绝对保障的权利,由于淫秽、猥亵性作品这类表达形式对于追求真理、健全民主程序和个人人格的自我实现没有促进的功能,因此通常被认为是没有任何社会价值。即使这些表达形式可能给社会带来某些利益,但这些利益也明显小于限制这些表现所欲维护的社会秩序、道德伦理、良善风俗和青少年的健康发展等公共利益,因此在各国均受管制。

(一)维护社会的良善风俗

在世界各国法律和司法实践中,维护社会良善风俗是法律管制猥亵性言论的根

① Queen (Regina) v. Hicklin (1868 L. R. 3 Q. B. 360).

据之一。根据1950年《欧洲人权公约》第10条的规定，为了保护健康或者道德，得对言论自由的行使予以约束。根据《公民权利与政治权利国际公约》第19条的规定，“人人有发表自由之权利；此种权利包括以语言、文字或出版物、艺术或自己选择的其他方式，不分国界，寻求、接受及传播各种消息及思想之自由，此项权利之行使，附有特别责任及义务，故得予以某种限制，但此种限制以经法律规定，且为下列各项所必要者为限：a. 尊重他人权利或名誉；b. 保障国家安全或公共秩序，或公共健康或道德。”

通过法律上限制那些违反公共道德标准的涉及性描述的表达行为在英国历时已久。在1868年“Hicklin”案中，英国法官科伯恩采用了公共道德作为限制猥亵性作品的根据，认为一本含有性描述内容的反天主教书籍因其内容具有腐蚀那些头脑容易受到这些不道德思想侵蚀的人的倾向，而应予以禁止和惩罚。日本宪法第12条规定：“受本宪法保障的国民的自由与权利，国民必须以不断的努力保持之。又，国民不得滥用此种自由与权利，而应经常负起用以增进公共福祉的责任。”

在第二次世界大战后几十年中，日本最高法院也一直将“公共福祉”作为限制表达自由的依据，那么何谓“公共福祉”呢？最高法院在1957年“查泰莱事件”判决中指出，“保护性秩序，维持最低限度的性道德，乃是公共福祉的内容，为了维护公共利益而限制创作自由是合乎宪法的，”并最终判决《查泰莱夫人的情人》一书“徒然使性欲兴奋或刺激，危害一般人正常的性羞耻心，违反善良性的道德观念”而被禁止。在后来的判决中，法院一直以猥亵性作品违反“一般社会的良识”为由予以限制。

在1992年“Butler v. the Queen”①案中，加拿大最高法院判决，“那些严重侵害我们社会的基本价值观的性题材的肆意泛滥，使我们根本上具有充分理由来限制表达自由权利的行使。”

如前所述，美国联邦最高法院也一直采用“社区道德标准”来判断猥亵性作品，并强调猥亵性作品违背“尊重体面和道德”而不受宪法上言论自由的保护。在我国，公共利益一直作为法律限制公民权利和自由的正当性考虑。

在我国法律中，公共利益经常与社会公共秩序、公共道德、良善风俗和公序良俗等概念相联系。根据1997年国务院《出版管理条例》第26条的规定，宣扬淫秽、迷信或者渲染暴力的、危害社会公德或者民族优秀文化传统的出版物受法律禁止。《民法通则》第7条规定，“民事活动应当尊重社会公德，不得损害社会公共利益”。一言以蔽之，如果出版物或影视录像有破坏社会安宁、公共秩序，妨害中国传统道德文化、善良风俗时，国家当然得立法加以规范或禁止。一般认为，我国刑法处罚淫秽物品罪所保护的法益就在于社会良善风俗、公共伦理和中国传统道德文化。

---

① Butler v. the Queen，(1992) 1 SCR 452.

(二)保护未成年人身心健康发展

未成年人是国家和社会未来发展的依靠,因此对于未成年人的保护一直是一个国家和社会政治和法律关注的重心。未成年人尚处于成长期,心智远未成熟,很容易受到外界事务的影响,认知能力和分析能力缺乏,也缺少与性有关的背景经历,少有自律控制能力,淫秽性、猥亵性物品可能导致生理上的压力与混淆,因此表达自由的行使界限,除了必须考虑良善风俗外,还需要兼顾未成年人身心健康发展之保护。保护青少年身心健康发展也是各国共同一致所持的限制猥亵性言论而毫无争议的理由。

1868年"Hicklin"案中所确立的原则中,强调保护"那些思想容易受到这种不道德影响的人堕落与腐化"不受"低俗"、"淫秽"的出版物的影响,其中未成年人显然是其中的首选。1959年英国通过了《淫秽出版物法》再次强调淫秽出版物因其"整体上试图使那些思想容易受到这种不道德影响的人堕落与腐化"而应受禁止。在1970年"Handyside"案中,一家英国公司打算出版发行《学龄儿童小红教科书》,该书主要涉及教育教学,但其内容有10%涉及性,英国政府根据《淫秽出版物法》将其视为淫秽物而查封、没收并销毁,后该公司诉诸欧洲人权法院,法院判决指出,该教科书是以未成年人作为对象的,书中某些涉及性的部分可能会怂恿他们沉溺于对他们有害的早熟行为中,甚至犯罪。因此,英国政府出于保障未成年人的良好风尚对其予以禁止是合乎《欧洲人权公约》的。[①]

日本最高法院在1989年"岐阜县青少年保护条例"[②]案中,指出淫秽性写真、图书、刊物等会允许或助长未成年人性越轨行为,妨碍未成年人的健康成长,因此,岐阜县政府出于健全培育未成年人之目的而对表达自由进行"必要而不得已的限制措施"是合乎宪法的。

在美国,早期通常把保护未成年人免受猥亵性言论的影响的任务交给州法,如纽约州州法明确禁止向17岁以下的未成年人销售淫秽性读物,以保护未成年人的福祉;密歇根州州法也规定,向普通大众散播可能引起青少年暴力行为或不道德行为的书籍,应为刑事犯罪。1977年,美国国会立法以保护未成年人的身心健康。后来美国各州纷纷制定类似的法律。在1982年"Ferber"[③]案中,美国联邦最高法院指出,对未成年人的性描述不会具有任何严肃的文学艺术、政治或科学价值,即使在一书上有描述未成年人性活动的必要,为了避免对未成年人的身心损害,也应该受到禁止;对未成年人的性利用不需要达到令人厌恶的标准就可以被视为猥亵;查明儿童出版物是

---

① Handyside v. United Kingdom (1976) 1 E. H. R. R. 737.

② 日本最高法院1989年9月19日判决,刑集43卷8号785页。

③ New York v. Ferber, 458 U. S. 747 (1982).

否猥亵或色情也不需要证明该材料是否激起平常人的色欲,材料也不需从整体上加以考虑,即材料的部分包含性描述就可被认定为猥亵性作品。1957年的"Butler v. Michigan"①案中,联邦最高法院指出州在保护未成年人福祉方面有迫切需要关注的利益,有权对淫秽性读物进行规定,更着重禁止对未成年人的性滥用,以保护其身心健康,同时不再限制有关性方面的表达自由,除非限制的目的是保护未成年人或不同意这些表达的成年人。法院区分了成人读物与未成年人读物,成人读物更强调保护成年人的表达自由和选择自由,而未成年人读物包含了即使成年人不认为那么淫秽的内容仍属于违法。

在我国,保护未成年人的身心健康成长,免受猥亵性读物的影响一直是立法的重点。《未成年人保护法》第25条规定:"严禁任何组织和个人向未成年人出售、出租或者以其他方式传播淫秽、暴力、凶杀、恐怖等毒害未成年人的图书、报刊、音像制品。"根据刑法等的相关规定,影视、网站、读物等向不满18周岁的未成年人传播淫秽内容的,须从重惩处。

六、电影审查与电影分级制度

为了确保电影媒体客观地反映社会道德规范和价值观,防止色情、淫秽、暴力等现象对人们特别是未成年人的影响,以为社会提供洁净健康的环境,世界各国大都设立了电影审查制度,对包含了性描述的影视作品进行一定程度的限制或禁止。然而,电影审查毕竟是对宪法上表达自由、艺术创作自由的事前限制措施,而事前限制往往是表达自由所极力反对的,同时,对影视的限制也妨碍了人们对于信息的选择自由权。因此,各国在实行电影审查制度的同时,为了达成公共利益、青少年身心健康发展权与表达自由、选择自由之间的平衡,也实行电影分级制度,既考虑到了成年人的性表达自由、艺术创作自由和有关信息的选择自由,又考虑到了未成年人身心保护之需要。

在英国社会中,长期以来受传统道德价值观和宗教伦理的强大影响,对于淫秽性、猥亵性表达一直采取严格的限制态度。从18世纪开始,就确立了有关戏剧、音乐、舞蹈的审查制度。20世纪初,随着影视业的发展,英国于1909年就通过立法对影视作品实行审查制度,授权地方政府对所有用于电影放映的场所实施检查,并发给合格者营业执照。1912年设立了电影审查委员会,作为一个独立的非政府机构承担审查任务,所有影视作品在公映前都必须送交该委员会进行审查,如果影视作品包含了性描述并从整体上会使那些思想容易受到不道德影响的人堕落,制片公司必须删减该内容,否则委员会得禁止颁发影视作品放映的证明。1952年,英国颁布《电影法》,

① Butler v. Michigan, 352 U. S. 380 (1957).

实行电影分级,规定未经分级的影视作品不得进行展示和广告宣传,电影展示、宣传和放映时必须显示其分级标志,并禁止未成年人观看不适合他们的电影。英国的电影审查与分级制度承袭他们较为保守的传统,在表达自由、艺术自由与道德价值之间,更强调对传统道德价值的维护。随着影视作品在受众中的影响力大大增强,为了防止有关性和暴力通过影视媒体的泛滥,1985年,英国颁布了《影视法案》,实行更为严格的电影分级制度。现行的英国电影主要包括7个级别:U,Uc,PG,12,15,18,R18。"U"级适合所有观众,只能偶尔使用一些轻微的咒骂语言。"Uc"级特别适合儿童观看。"PG"级,又称家长指导级,可以少量和谨慎地提及"性",可以在没有性或色情含义的上下文中偶尔出现裸体,但不能是为裸体而裸体。"12"级,适合12周岁及以上的人观看,性内容可以比在"PG"级电影、录像节目和喜剧情节中更强烈、更明确。"15"级适合15周岁及以上的人观看,可以展示性行为,但不能表现身体亲密接触的细节,可以有强烈的性关联内容和偶尔的性场景,性被用来表现人物之间关系的发展。"18"级,适合18周岁及以上的人观看,这类节目可以真实地(但不是详细地)表现性行为和适度的性崇拜,但不能有性暴力,可以裸体,但不能有表现勃起或长时间表现生殖器的特写镜头。"R18"级,限制级,在特定场所(经特许的电影院或性商店)给18周岁或以上的人观看,此级节目可以展示异性之间、同性之间各种性交动作,但不得有恋童癖、性乱伦等以及任何低级、没有人性的性交动作。英国至今仍然实现严格的强制性事先审查制度,没有任何松动,在一定程度上体现了英国社会的保守主义传统。

在美国,早期影视放映被视为一种"纯粹的商业行为",不能被视为"新闻媒体或公共舆论的工具",不能受宪法上表达自由的保护,而必须接受州政府和市政府的事先审查。1907年芝加哥市就颁布了第一部地方性电影审查法令,明确禁止淫秽和不道德的电影上映。1911年,宾夕法尼亚州成立了电影审查委员会,随后美国各州相继成立了各自的电影审查机构,要求所有电影放映前都必须交州审查委员会加以审查,只有那些内容健康,符合当地社区道德标准,富有教育和娱乐且对观众无害的电影才能通过当局审查,准予放映,而那些被认定为淫秽、猥亵的影视作品将被严格禁止,甚至会受到刑事处罚。为了从政府手中抢回对于电影的审查权,1930年,美国电影制片人和发行人协会成立了MPPA(即美国电影协会),制定了世界上第一部带有行业自律和自我保护性质的完整的电影自我审查的《海斯法典》,该法典也是美国电影史影响最为深远的电影自律规范。从其内容来看,法典在性方面作出了近乎苛刻的规定。随着影视业的发展以及美国社会有关性爱观念的变化,电影审查的合宪性问题浮现出来了。在1952年"Burstyn v. Wilson"①案中,最高法院认为,以电影方式的表达自由应受宪法第一修正案的保护。但是,法院同时强调,这并不意味着宪法允许绝对自

① Burstyn v. Wilson, 343 US 495, 501 - 2 (1952).

由地在任何时候、任何地方放映各种电影。由于该判决将电影归入了表达自由的保护范围,因此给予施行几十年的海斯法典造成了重大冲击。在1957年的"Butler"①案中,联邦最高法院指出,不能因为猥亵性表达会对未成年人产生不良影响,就禁止普通大众接触这些表达。"Butler"案为区分成人读物和儿童读物创立了司法先例。为了因应以上这些变化,MPPA于1968年废止了海斯法律,建立了电影分级制度,实现了由电影审查到电影分级的制度转变,通过电影分级制度实现平衡成年人的表达自由、选择自由和保护未成年人身心不受淫秽性影视作品影响的目的。美国也是西方国家最后采取电影分级制的国家。美国现行的电影分级制将影视作品分为五级:G,PG,PG-13,R,NC-17。美国电影分级的标准与英国较为类似:"G"级适合所有观众观看,不含裸体和性爱等内容。"PG"级即家长指导级,内容不含明显的性爱场景,但允许有短暂的裸体。"PG-13"级不适合13岁以下儿童观看,内容可以偶然出现裸体场景,也不得出现以性爱为目的的裸体镜头。"R"级即限制级,17岁以下观众必须有家长或成人陪伴方可观看,该级别的影片包含成人内容,里面有较多的性爱场面。"NC-17"级系成人电影,严禁17岁以下观众观看,具有强烈的性爱内容。经过几十年的发展,美国的电影分级制度发展已经较为成熟,但也存在某些问题。电影分级制度建立的初衷主要在于为了保护未成年人的身心健康发展,但有时候实施起来并不顺利,如对猥亵性作品与非猥亵性作品的界定就非常困难,这也是美国联邦最高法院有关淫秽的标准不断修正的原因,这对于电影情色与艺术界定也是一大难题。

在我国一直实行电影审查制,而没有采取电影分级制度。根据2001年《条例》,国家广电总局设立电影审查委员会和复审委员会,对影视作品的内容进行全面审查,未经审查的电影不得发行、放映、进口和出口。我国的电影审查标准在《条例》第25条作出了全面规定,其中包括电影制片不得危害社会公德或者民族优秀文化传统,不得含有法律、行政法规和国家规定禁止的其他内容。同时,根据1985年国务院颁布的《关于严禁淫秽物品的规定》第2条的规定,对各种淫秽物品,不论是否以营利为目的,都必须严格禁止进口、制作(包括复制)、贩卖和传播,查禁淫秽物品的范围包括具体描写性行为或露骨宣扬色情淫荡形象的录像带、影片等。当然,为了防止查禁范围的无限扩大,该规定第3条将"夹杂淫秽内容的有艺术价值的文艺作品"、"表现人体美的美术作品"、"有关人体的生理、医学知识和其他自然科学作品"排除在淫秽物品的范围之外。新闻出版署还于1988年、1989年先后颁布了《关于认定淫秽及色情出版物的暂行规定》和《关于部分应取缔出版物认定标准的暂行规定》,对淫秽出版物的类型与认定标准作了明确规定,根据上述规定,所谓淫秽出版物,是指:"在整体上宣扬淫秽行为,具有下列内容之一,挑动人们的,足以导致普通人腐化堕落,而又没有艺术价值或者科学价值的出版物:(一)淫亵性地具体描写性行为、性交及其心理感受;

① Butler v. Michigan, 352 U.S. 380 (1957).

(二)公然宣扬色情淫荡形象;(三)淫亵性地描述或者传授性技巧;(四)具体描写乱伦、强奸或者其他性犯罪的手段、过程或者细节,足以诱发犯罪的;(五)具体描写少年儿童的性行为;(六)淫亵性地具体描写同性恋的性行为或者其他性变态行为,或者具体描写与性变态有关的暴力、虐待、侮辱行为;(七)其他令普通人不能容忍的对性行为淫亵性描写。"从上述规定来看,《条例》所规定的电影审查标准在具体操作中面临很大的难题,不得危害社会公德或者民族优秀文化传统"的规定虽然较为抽象,但其实是一个非常严格的标准,它涉及我国社会有关性爱方面的道德观念和传统伦理标准。以《色戒》为例,该片包含了大量的性爱场面,从其内容来看,这些性爱对于人物的刻画和描述是非常必要的,并非为了引起色欲而作性爱的描述,且具有一定的艺术价值,因此不能简单地被归为"淫秽性出版物",但该片关于性爱的描述占到了整部影视作品内容的四分之一,比重较大,因此其作为淫秽性出版物是存在质疑的,游离于"淫秽"和"艺术"之间,这也是该影片在美国被划归为"NC－17"的原因。即使《色戒》能够通过"淫秽物品"的审查,也恐怕难以突破"不得危害社会公德或者民族优秀文化传统"这一电影审查的标准。再以《苹果》影片为例,实际上该片有关性爱的场面较之《色戒》而言情节要轻微得多,且比重较少,但是该片关于性爱的场景却非影片之必要,有"为了性而性"的嫌疑,且性爱场面相对低俗、没有美感,语言不雅,因此艺术价值较弱,如果采取严格标准,其难逃"淫秽出版物"的认定。

纵观西方国家电影史,电影分级制往往与该国社会当时的性伦理、性道德观念以及传统价值观密切相关。西方国家在电影发展的早期阶段,由于较为保守主义的传统,对于性爱描述持排斥的态度,因此规定了严格的电影审查制度,因此电影分级制只有在整个社会对性爱观念发生重大改变的前提下才能产生。我国传统在性爱问题上是较为保守的国家,在性爱观念上与西方社会存在较大的差异,从现阶段来看,这种相对保守的性观念、性道德还不会发生较大的变化,人们暂时还无法承受充斥性爱场面的影片出现在公众视野,性描述的可接受度还较低,因此要实行电影分级制仍存在着较大的障碍,因为它并非仅仅涉及制度的变更,而是涉及整个社会价值观和道德伦理的转变。

事例2：法院判决企业禁止员工外宿违反宪法精神

——宪法的司法适用性问题的探讨

胡超宏

一、事件始末

2006年12月19日，四川农民工王登辉应聘到广州市三水食品有限公司从事机电维修工作。2007年1月2日下午6时许，王登辉下班后在公交站台等车回家时，被一辆小货车撞伤。经过医院诊断，王登辉颅脑严重损伤，身体右侧两根肋骨骨折，右耳鼓膜穿孔。警方认定小货车负事故全部责任，王登辉无任何责任。但是，由于撞伤王登辉的小型货柜车使用的是假牌照，且在肇事后逃逸，因此，王登辉无法获得足够的赔偿来支付高额的医疗费，陷入经济困境。

王登辉及其家属认为，按照相关法律规定，他在下班途中遭遇的这场车祸属于工伤，应当由其上班的广州市三水食品有限公司支付医药费。而广州市三水食品有限公司认为，“王登辉是在下班后发生的交通事故中受的伤，跟公司无关，公司不负任何责任”，因而拒绝为王登辉申报工伤以及解决他的医药费问题。

2007年3月，回家治疗一段时间之后，王登辉在妻子的陪同下，重新来到了广州，要求广州市三水食品有限公司支付医药费。

2007年3月27日，王登辉的妻子到黄埔区劳动和社会保障局为王登辉申报了工伤。

2007年7月20日，黄埔区劳动和社会保障局作出了〔2007〕90号《工伤认定决定书》，认定王登辉在下班途中受到机动车事故伤害，符合《工伤保险条例》第14条第6项的规定，系工伤。

2007年9月，王登辉依据黄埔区劳动和社会保障局工伤认定书，向广州市劳动仲裁委员会申请仲裁，要求广州市三水食品有限公司支付工作事故医疗费、误工费、营养费等费用共计54,500余元。

在王登辉到广州市劳动仲裁委员会申请仲裁的时候，广州市三水食品有限公司将黄埔区劳动和社会保障局推上了被告席,请求黄埔区人民法院撤销黄埔区劳动和社会保障局作出的〔2007〕90 号《工伤认定决定书》。王登辉成为该诉讼的第三人。

三水食品有限公司的起诉源自该公司一种坚持多年的做法:为在职员工提供食宿,并禁止员工外宿。这样做的目的是"以便管理及照顾职工的安全"。这一做法还被写进了公司《员工手册》第十章第 1 节第 9 款。该条款规定:非因上班或休假没有任何手续,而在外面留宿者,将予以严惩。为此,三水食品有限公司认为:王登辉擅自外出,也未告知公司其另行住宿的地点,严重违反用人单位规章制度,由此产生的人身伤害,依法不应认定为工伤。

对于公司抛出的"禁止员工外宿"的规定,王登辉一头雾水,他于 2006 年 12 月 19 日到广州市三水食品有限公司工作,公司没有与他签订劳动合同,也没为他安排宿舍床位,中午他都是在车间的板凳上休息的,《员工手册》没有发给他,怎么规定的他根本就不知道,也无从知晓。王登辉说,他和妻子、姑姑等几个人一起在黄埔区南岗沙步村大基花园合租,这一点全公司从中层主管到普通员工都知道。退一步讲,即使有"禁止员工外宿"的规定,但是公司未履行告知责任,不知者不为错。

黄埔区劳动和社会保障局则在法庭上答辩称,王登辉下班途中受到机动车事故伤害属实,根据国务院《工伤保险条例》第 14 条第 6 项之规定,应认定为工伤。至于单位是否提供了住宿,以及王登辉是否违反公司制度私自外宿,对本案定性无影响,其理由有两点:一是职工有自由选择居住地的权利;二是国务院《工伤保险条例》第 16 条规定:职工有下列情形之一的,不得认定为工伤:(一)因犯罪或者违反治安管理伤亡的;(二)醉酒导致伤亡的;(三)自残或者自杀的。本案中,没有证据表明王登辉的受伤是因其过错所致。而广州市三水食品有限公司以"王登辉擅自外出,严重违反用人单位规章制度而产生的人身伤害,依法不应认定工伤",显然是不能成立的。为此,黄埔区劳动和社会保障局根据国务院《工伤保险条例》第 14 条关于职工在上下班途中受到机动车事故伤害应认定为工伤的规定,作出〔2007〕90 号《工伤认定决定书》,认定王登辉为工伤没有错误。

黄埔区人民法院经过审理,最终维持了黄埔区劳动和社会保障局作出的〔2007〕90 号《工伤认定决定书》,驳回了三水食品有限公司的诉讼请求。

2008 年 3 月 4 日,广州市劳动仲裁委员会对王登辉和广州市三水食品有限公司之间的劳动纠纷作出劳动仲裁。广州市劳动仲裁委员会裁决广州市三水食品有限公司支付王登辉工伤事故医疗费、误工费、营养费等费用共计人民币 67,788 元。2008 年 4 月底,王登辉终于领到了这笔迟到的补偿金。

广州市三水食品有限公司诉黄埔区劳动和社会保障局一案本是一起普通的行政诉讼案件。但是,由于黄埔区人民法院的判决书出现了下面一段话:"我国宪法赋予公民享有极其广泛的权利和自由。人身自由、居住自由是公民享有的人格权利。第三人作为职工,经一天紧张劳动后回家休息,料理家务和个人生活,合乎常理,是公民人身自由的一项重要内容,也是公民生活中最起码的一项权利,应予以尊重。原告起诉'公司禁止员工外宿,以便管理及照顾职工安全',其意见与我国宪法精神相悖,与社会文明进步发展相抵,故本院不予支持。"该案因而被新闻媒体认为是"中国宪法自由权第一案",引起了社会各界的广泛关注。①

二、该案是"中国宪法自由权第一案"吗

2001年的齐玉苓案被媒体称为"宪法司法化第一案",之后还出现过"宪法平等权第一案","宪法××第一案",可谓层出不穷,但是这些提法也遭到了一些学者的反对,他们指出这些所谓的"第一案"实质上并不是宪法案件,只是普通的民事诉讼案件或行政诉讼案件。那么,就本案来说,其被评为"中国宪法自由权第一案",是不是也存在同样的问题呢?

一个案件只有满足一些必要的条件才有可能成为宪法案件。认定一个案件是否是宪法案件的标准主要涉及以下几个方面:诉讼主体、救济对象、裁判依据和责任承担等。

(一)诉讼主体

就诉讼主体来说,要成为一个宪法案件,至少有一方应当是行使国家权力的国家机关或者行使公共权力的社会组织。这是由宪法关系的性质决定的。宪法的目的在于控制国家权力以保障公民的权利和自由,因而在宪法关系中,国家或国家机关始终是重要的参与者,是宪法关系的一方主体。同时,为保证社会的存在和发展,除了国家权力之外,社会中还存在其他形式的公共权力,这些公共权力的行使同样也会给公民的权利和自由带来重大影响,因此,行使这些公共权力的社会组织也成为宪法控制的对象。这一特点决定了诉讼主体的特殊性:宪法案件中必有一方是国家机关或行使公共权力的社会组织。而且,与行政诉讼类似,它们一般都是宪法案件中的被告,要接受审查,以便确认其是否侵犯公民的权利与自由。

然而,现代社会中,某些私人或私人组织以其所拥有的实力和资源,对社会公共

① 本案有关报道参见王健:"中国宪法自由权第一案",载《民主与法制》2008年第9期;以及志远:"四川民工:中国宪法自由权第一案维权人",载《法治与社会》2008年第7期。对于这一案件,这两篇报道将其概括为:"川籍农民工王登辉在下班途中遭遇车祸,企业以王登辉违反'禁止员工擅自在外住宿'的规定为由拒绝支付医药费。王登辉申请劳动仲裁后,劳动部门认定其为工伤。不料,该企业却将认定其为工伤的劳动部门推上了被告席,要求法院撤销劳动部门作出的工伤认定书。人民法院受理此案后,援用我国《宪法》中公民享有人身自由权、居住自由权的规定,裁定该企业禁止员工外宿违背宪法精神,驳回了该企业的诉讼请求。由于审理此案的法院在审判过程中把宪法作为裁判案件的直接依据,因而引起了法律界人士的极大关注。"

生活发挥着重要影响,往往会利用其优势地位侵犯与其处于平等地位之个人的宪法权利。在这种情况下,个人以其宪法权利受到私人侵犯为由向法院提起的诉讼能否被认为是宪法诉讼?对此,各国有不同的认识。

美国联邦最高法院通过判例明确了宪法诉讼中的一项重要原则,即"国家行为准则",要求任何宪法性审查必须有国家行为的存在,这是所有宪法性诉讼的前提。但是,联邦最高法院也允许特定情况下私人之间宪法诉讼的存在,这种特定情况就是"国家行为准则"适用的例外,包括"公共职能性例外"(The Public Function Exception)和"(职权)牵连性例外"(The Entanglement Exception)。前者是指被起诉的个人或私人组织实际上在履行国家机关的公共职能,后者是指国家机关明确地授权、鼓励或支持的一个私人或私人机构侵犯个人的宪法权利。[①] 这些例外情况实际上扩充了"国家行为"的内涵,使私人行为在符合一定条件时变成了"国家行为"。因此,虽然从表面上看这意味着宪法案件的双方当事人可以都是私人或私人组织,实际上依然固守着宪法案件诉讼主体的传统特点,要求其中一方必须是国家机关或行使公共权力的社会组织。

而在德国,围绕这一问题,产生了宪法基本权利的第三人效力理论,形成了"直接效力说"和"间接效力说",其中"间接效力说"是目前学界普遍赞同的观点。"间接效力说"坚持宪法基本权利针对的是国家权力,并非专为私法关系而设。在此基础上,它认为应当结合宪法基本权利的内在价值和精神对私法规范中的概括条款进行解释和适用,从而使宪法中的基本权利条款间接地调整私人之间的活动。从该理论的逻辑可以看出,纯粹私人之间的纠纷仍然是一个民事问题,不论在实体上还是在程序上都应当作为民事案件加以解决。

本案是三水食品有限公司诉黄埔区劳动和社会保障局,黄埔区劳动和社会保障局作为国家行政机关,是本案的被告,这在表面上符合了宪法案件对诉讼主体的要求。但是,黄埔区劳动和社会保障局之所以参与到该案件中来,是因为其履行法定职责所作出的工伤认定决定引发了原告三水食品有限公司的不满,并不是因为其侵犯了三水食品有限公司的宪法权利。而且,本案中,法院所认定的"禁止员工外宿"侵犯人身自由的行为并非该国家机关所为,而是原告三水食品有限公司这一私人企业所为。也就是说,是否侵犯人身自由这一争议的双方当事人实际上是本案第三人王登辉与本案原告三水食品有限公司,双方均为私人主体,并不符合宪法案件对于诉讼主体的要求。

(二)救济对象

宪法是法律的制定基础和依据,法律是宪法的具体化。就权利来说,宪法确认了

---

① 虞平:"呼唤符合中国国情的合宪审查制度",载《法学》2009年第3期。

公民的基本权利，在宪法规定的基础上，法律对其进行具体化。宪法所确认的公民权利被称为“宪法权利”，法律所规定的公民权利被称为“法律权利”。当法律规范与宪法规范相一致、法律权利与宪法权利相一致时，法律权利受到侵犯即意味着宪法权利受到了侵犯，启动民事诉讼、行政诉讼、刑事诉讼以及行政复议、仲裁等法律救济途径，既保障了公民的法律权利，也保障了公民的宪法权利，此时无须启动宪法救济；当法律规范与宪法规范不一致、法律权利与宪法权利不一致时，启动法律救济途径不但不能保障公民的宪法权利；相反，行政机关、司法机关越严格适用这些法律，公民的宪法权利就越受到侵犯。因此，必须为公民提供针对这些法律的救济制度，以便法律规范违反宪法规范侵犯公民宪法权利的时候，能够被及时制止。这种针对法律的救济即宪法救济，它要求审查法律是否符合宪法，如果法律违反宪法，将其撤销。

前面讨论的是宪法权利被具体化为法律权利后，如何对公民的宪法权利进行救济的问题。除此之外，现实中还存在公民的宪法权利没有被具体化为法律权利的情况。在这种情况下，无法通过法律救济的途径保障公民的宪法权利时，则要直接启动宪法救济，与前一种情况下要审查法律是否违反宪法不同，这种情况下则主要审查国家机关运用公权力的具体行为是否侵犯了公民的宪法权利。①

本案中，法院在判决书中指出：“我国宪法赋予公民享有极其广泛的权利和自由。人身自由、居住自由是公民享有的人格权利。第三人作为职工，经一天紧张劳动后回家休息，料理家务和个人生活，合乎常理，是公民人身自由的一项重要内容，也是公民生活中最起码的一项权利，应予以尊重。”由此可知，黄埔区法院认为本案涉及的权利是人身自由和居住自由，而且从判决书中“我国宪法赋予公民享有极其广泛的权利和自由”这句话来看，法院实际上认为这两项权利都属于宪法权利。法院的这种认定是否正确，需要认真分析。

对于人身自由，我国现行《宪法》第37条规定：“中华人民共和国公民的人身自由不受侵犯。任何公民，非经人民检察院批准或者决定或者人民法院决定，并由公安机关执行，不受逮捕。禁止非法拘禁和以其他方法非法剥夺或者限制公民的人身自由，禁止非法搜查公民的身体。”作为宪法自由权的重要组成部分，人身自由所保障的是公民身体的自由活动。每一个公民都有权按照自己意志控制身体的居止行动，独自决定于任何时间前往任何地点或不前往任何地点，而不受来自国家的逮捕、拘禁等措施的限制。

人身自由最直接体现了人权的理念，它直接反映了公民和国家权力之间在宪法秩序中的关系，国家必须尊重并保障人身自由。基本权利具有双重性质，其不但具有可以要求国家作为或不作为的“主观权利”功能，同时，也被认为具有“客观价值秩序”功能，是直接约束公权力的“客观规范”或者“客观法”。在此背景下，国家不但有

① 胡锦光：“从宪法事例看我国宪法救济制度的完善”，载《法学家》2003年第3期。

不侵犯公民基本权利的义务,同时还要承担保护公民免受来自第三方侵害的义务。①因此,宪法对人身自由的保障,不但要求国家自身不得任意侵犯之,还要求国家积极制定法律,防止其他社会组织或个人侵犯公民的人身自由。

在我国的法律体系中,既有防止国家机关任意剥夺或限制公民人身自由的法律,比如《刑事诉讼法》关于刑事强制措施和刑事审判程序的规定,也有针对其他社会组织或个人非法剥夺或限制公民人身自由的惩罚规定,比如《刑法》第238条规定:"非法拘禁他人或者以其他方法非法剥夺他人人身自由的,处3年以下有期徒刑、拘役、管制或者剥夺政治权利。具有殴打、侮辱情节的,从重处罚。"《治安管理处罚法》第40条规定,对于非法限制他人人身自由、非法侵入他人住宅或者非法搜查他人身体的行为,可以处10日以上15日以下拘留,并处500元以上1000元以下罚款;情节较轻的,处5日以上10日以下拘留,并处200元以上500元以下罚款。另外,虽然我国《民法通则》没有对人身自由作出明确规定,但是民法学者认为:不论在国外的民法典还是在我国近代的民事立法中,都对人身自由作出了明确规定,且人身自由被作为具体人格权的一种;我国《民法通则》之所以没有明确规定,是因为立法的疏漏,也可以说是因为在立法者看来,该权利是公民当然具有的权利,无须法律规定;而且,《民法通则》第106条第2款关于"公民、法人由于过错侵害国家的、集体的财产,侵害他人财产、人身的,应当承担民事责任"的规定,是适用于一切侵权行为确定民事责任的过错责任原则,其中的"人身"一词,包括人身权中的所有权利,人身自由也包括在内,确定侵害人身自由的民事责任,可以适用本条规定。②

综上可知,在我国,不但宪法对人身自由作出了明确规定,使其成为宪法权利,而且诸多法律的具体规定已经使该宪法权利具体化,成为了法律权利。因此,一般情况下,对于人身自由的保障,通过法律救济途径即可实现,只有当法律违反宪法导致作为法律权利的人身自由与作为宪法权利的人身自由不一致时,作为宪法权利的人身自由才受到侵犯,需要进行宪法救济。很显然,本案中并不存在这样的情形。而且,即使宪法中的人身自由没有具体化为法律权利,由于三水食品有限公司是一家私人企业,其行为不具备公权力性质,根据前述理论,也不存在宪法救济的问题。总之,三水食品有限公司"禁止员工外宿"的行为实际上侵犯的是员工的法律权利,而我国《民法通则》、《治安管理处罚法》、《刑法》等法律对私人侵犯他人人身自由的行为有比较明确的规定,法院依据这些法律,通过普通诉讼即可完成对其行为违法性的认定,无须上升到宪法高度。

至于黄埔区法院在判决书中所提到的居住自由,它并不是我国现行宪法中明确予以确认的宪法权利。在世界各国的宪法文本和宪法理论中,对于居住自由有两种

① 张翔著:《基本权利的规范建构》,高等教育出版社2008年版,第105~122页。

② 杨立新:《人身权法论》(第三版),人民法院出版社2006年版,第661~674页。

不同的认识：一种观点认为居住自由就是住宅不受侵犯的权利，这是我国民国时期宪法学者的一致看法，在1936年的《中华民国宪法草案》中体现得尤为明显，其第11条规定"人民有居住之自由，其居住处所，非依法律，不得侵入、搜索或封锢"；①另一种观点则把居住自由与迁徙自由结合在一起加以理解，认为居住自由就是自由选择居住地的权利，这是当今世界上许多国家的共同认识，绝大多数国家的宪法都把迁徙自由与居住自由规定在同一条款中，赋予公民在本国领土范围内甚至世界范围内自由行动和选择居住地的权利。从黄埔区劳动和社会保障局的答辩可以看出，它主要是从自由选择居住地的权利这个方面来认识的，但是迁徙和居住自由的核心目的是保护公民将其住所或居住地、财产、家庭等从一个地方迁移至另一个地方，从而得以在更适合发挥自己才能的地方生活，其所指的迁移领域一般比较大，不同于本案所指的员工不在公司提供的宿舍居住，而住在所租赁的房屋里。

（三）裁判依据

法律是宪法的具体化，在法律与宪法相一致时，法律得到贯彻执行，就意味着宪法得到实施。一般情况下，国家机关依据法律，通过诉讼、复议、仲裁等法律救济途径就可以解决社会中的各种纠纷。但是，社会中有时候也存在通过法律救济途径无法解决的争议，需要直接依据宪法加以裁决。这些需要直接依据宪法裁决的案件就成为宪法案件，依据宪法进行裁判既是宪法案件的基本特征，也是宪法案件的必然要求。

本案中，媒体认为"审理此案的法院在审判过程中把宪法作为裁判案件的直接依据"，其实，从案件的裁决过程来看，并不是如此。第一，本案的判决中，法院只是概括性地认为"我国宪法赋予公民享有极其广泛的权利和自由"，并没有具体、明确地引用我国现行宪法中的任何一个条文，其不支持三水食品有限公司的理由也是认为"禁止员工外宿"违反了宪法精神，并没有说明违反了宪法的哪一个具体条文。第二，法院对于前述有关宪法内容的分析，出现在判决书的论证和说理部分，并不是出现在判决结果部分。第三，该案的主要争议在于黄埔区劳动和社会保障局的工伤认定是否正确，判决也是对此作出的，判决的结果基本上采纳了黄埔区劳动和社会保障局的意见，认为根据国务院《工伤保险条例》第14条第6项的规定，王登辉在下班途中受到机动车事故伤害应认定为工伤，而且，王登辉不具有《工伤保险条例》第16条所列举的不得认定为工伤的情形。因而，法院判决维持黄埔区劳动和社会保障局的《工伤认定决定书》，驳回了三水食品有限公司的诉讼请求。可以说，法院作出判决依据的是国务院的《工伤保险条例》。第四，判决中有关宪法内容的阐述只是法院为了回应三

① 我国台湾地区的宪法学者目前仍然持这一观点，参见法治斌、董保城著：《宪法新论》，台湾三民书局2003年版，第162页。

水食品有限公司提出的“王登辉擅自外出，严重违反用人单位规章制度而产生的人身伤害，依法不应认定工伤”这个理由，为以理服人而作出的。从前面的分析可知，法院仅依据我国《民法通则》、《治安管理处罚法》和《刑法》的规定也可认定三水食品有限公司这条意见的不合理性，可以丝毫不涉及宪法内容。概言之，本案并没有以宪法为裁判案件的直接依据，它不符合宪法案件对裁判依据的要求。

（四）责任承担

普通诉讼以解决法律纠纷、追究法律责任为目标，那么，与之相对，宪法诉讼则以解决宪法争议、追究宪法责任为目标。违反法律所要承担的责任包括民事责任、行政责任和刑事责任等，违反宪法所要承担的责任则与此不同，具有特殊性。这也是由宪法的功能以及宪法关系的特殊性决定的。宪法的基本功能在于通过控制国家权力的行使，保障公民的权利和自由。在宪法关系中，普通公民不可能成为违宪的主体，只有国家机关和行使公共权力的社会组织才有违宪的可能，才成为违宪责任的承担者。而且，其承担责任的形式也不同于法律责任，主要包括撤销违宪的法律、确认法律无效、宣布政党违宪、确认具体的宪法行为无效以及弹劾实施违宪行为的国家领导人职务等。

在本案中，只有三水食品有限公司最终承担了支付王登辉工伤事故医疗费、误工费、营养费等费用的责任，这种责任形态是一种法律责任，而本案从头至尾从来没有出现过任何承担违宪责任的情形。

综合起来看，本案在任何一个方面都不符合成为宪法案件的条件，更不是所谓的“中国宪法自由权第一案”。它就是一起普通的行政诉讼案件，仅仅因为在判决书中出现了有关宪法的论述，被媒体关注、放大为宪法案件，并因其巨大的社会影响力被评为中国年度十大宪法事例之一。

三、法院能依据宪法裁判案件吗

有关媒体把这样一起普通的行政诉讼案件称为“中国宪法自由权第一案”，与当前社会中存在的“宪法泛化”思维紧密相连。① 这种情况实际上是对宪法适用机制的错误认识，尤其是对法院与宪法适用之间关系的不正确认识。

（一）什么是宪法适用

以2001年的齐玉苓案为契机，我国宪法学者对宪法适用问题进行了深入研究。

---

① 所谓宪法泛化，即认为社会生活和国家生活中所发生的任何争议、任何问题都是宪法争议和宪法问题，都需要通过适用宪法才能得以解决。参见胡锦光著：《违宪审查论》，海南出版社2007年版，第99～100页。

但是,迄今为止,对于到底该如何理解宪法适用仍然存在争议,主要有以下几种代表性观点:

1. 宪法适用主要是指依据宪法规定享有宪法职权的组织和个人根据宪法的规定来行使职权,并将宪法的规定作为行使宪法职权的依据和判断行为对错的标准。从广义上说,宪法适用是指将宪法作为行使宪法职权的依据的活动。因此,宪法修改、宪法解释、行使立法权、行使行政权、行使司法权和行使宪法监督权与宪法审判权等一系列活动都存在宪法适用的问题。宪法适用的种类相应地包括:宪法修改中的宪法适用、宪法解释中的宪法适用、立法活动中的宪法适用、行政管理中的宪法适用、司法活动中的宪法适用、宪法监督中的宪法适用和宪法审判中的宪法适用等。①

2. 宪法适用是国家专门机关依照法定程序将宪法规范实施于国家生活和社会生活,促使宪法主体执行宪法、依宪办事的法律活动。就其具体内容来讲,宪法适用包括正常适用和非正常适用。宪法的正常适用有两种形式:一是立法适用,即国家立法机关依照法定程序根据宪法原则制定法律和相关实施细则,将宪法规范中带有原则性的规则具体化,或为可直接适用的宪法规范提供督促执行的措施;二是解释适用,即国家宪法解释机关依照法定程序对宪法规范的具体含义和适用范围进行说明和补充,以保证宪法规范的实施与落实。宪法的非正常适用,是指国家违宪审查机关依照法定程序对宪法实施中的反常情况和违宪行为进行裁决,确定违宪责任,实施宪法制裁,恢复宪政秩序的法律活动。宪法的非正常适用是对宪法正常适用的最有效的法律保障。而且,就我国来说,宪法适用的机关是全国人民代表大会及其常委会,宪法适用的程序包括普通立法程序、宪法解释程序和违宪审查程序。②

3. 宪法适用是指适格的宪法关系主体在宪定职权范围内,依照宪法或法律规定的程序直接应用宪法的原则、规则或概念处理各种具体事务或具体纠纷的活动。我国宪法适用的最重要的主体是全国人大及其常委会,最主要的适用方式是制定法律、决定重大问题和监督宪法实施,其中制定法律和决定重大问题属于立法适用,而监督宪法实施则属于监督适用;国家主席、国务院和中央军委也有一些适用宪法的职权,可以笼统地称为宪法的行政适用;我国司法机关完全没有适用宪法的职权,因而我国不可能有合宪合法的"宪法司法适用"的事实。③

4. 宪法的适用可以分为主动适用和被动适用。立法机关、行政机关和司法机关在行使各自的国家权力时,主动依据宪法、按照宪法的精神和原则,在宪法确定的各自国家权力范围内和宪法确定的程序,这是宪法适用的基本方式。特别是立法机关依据宪法的基本原则、精神和规范,制定、修改法律,是宪法适用的主要方式。所谓宪

---

① 莫纪宏:"宪法适用的基本特征",载《宪政论丛》(第5卷),法律出版社2006年版。

② 董和平:"废止齐案'批复'是宪法适用的理性回归——兼论'宪法司法化'的理论之非与实践之误",载《法学》2009年第3期。

③ 童之伟:"宪法适用应依循宪法本身规定的路径",载《中国法学》2008年第6期。

法的被动适用,是在社会生活和国家生活中出现了宪法争议,由宪法预先所确定的国家机关通过适用宪法解决宪法争议的活动。通常人们所说的宪法适用,是在这种意义上使用的。①

5. 从宪法学原理出发,宪法适用与宪法实施、宪法遵守是不同的概念,宪法适用是宪法实施的消极和被动方式,它是对已经发生的公权力行为是否合宪作出判断并解决由此产生的宪法争议。所以,宪法适用是将宪法规范应用于具体事件,对该事件是否符合宪法的规定作出判断并进行推理的过程,具有法律技术性特征。由此可知,宪法适用至少应当符合下列基本原理:(1)宪法适用的前提是存在合宪性争议或者国家权力行使过程中产生了宪法问题。(2)宪法适用的标志是宪法规范成为解决宪法争议和宪法问题的直接依据。(3)宪法适用的目的在于确定宪法责任。②

6. 根据宪法原理,宪法实施不仅包括国家权力机关通过立法使宪法规范具体化以及国家行政机关贯彻执行宪法,还包括国家审判机关依据宪法规范来裁决宪法方面的争议。所谓宪法适用,在中国,就是指人民法院依据宪法规范审理和裁决宪法争议的专门活动。而且,宪法全面、普遍的适用,就是指宪法的司法化,包括国家权力规范的适用和公民权利规范的适用。前者指司法机关通过适用宪法裁决国家机关之间权限争议,审查下位法规范和国家机关行为是否合宪。但在中国,这一方面在目前情况下很难有所突破。因此,现阶段如果要实现宪法适用,一般也是有关公民基本权利宪法规范的适用;与之相关的诉讼程序只能是普通的诉讼程序,而不是真正意义上的宪法诉讼程序。③

整体来看,这些观点对于宪法适用的理解主要有以下分歧:

1. 就宪法适用的性质来说,它是指依据宪法行使职权的活动还是依据宪法解决宪法争议的活动,还是二者兼而有之,这是上述观点产生分歧的根本所在。笼统地说,第一种观点主要从依据宪法行使职权的角度来理解,后面四种观点都或多或少地包含了解决争议的认识,第二种观点则介于中间。

2. 与宪法适用性质的认定相一致,在有权适用宪法的主体上,上述几种观点的认定各不相同。即使对宪法适用的性质理解比较接近,它们对于哪个国家机关有权适用宪法也有不同的认识,甚至截然相反,这一点突出表现在第三种观点和第六种观点关于法院是否是宪法适用的主体上。

3. 既然有权适用宪法的主体不同,其适用宪法的具体形式当然也不可能相同。区别主要在于各有关机关适用宪法是积极、主动进行的,还是消极、被动进行的。坚持宪法适用是指解决宪法争议的活动这种认识的学者一般都认为,宪法适用是有关

① 胡锦光著:《违宪审查论》,海南出版社 2007 年版,第 98 页。

② 朱福惠:“理性看待最高人民法院对齐玉苓案‘批复’的废止”,载《法学》2009 年第 3 期。

③ 任进:“中国宪法适用第一案评析”,载《国家行政学院学报》2002 年第 1 期。

国家机关消极、被动地进行的,有关国家机关主动、积极地去依据宪法行使自己的职权,并不属于宪法适用的范畴。

"宪法适用"并不是我国宪法文本中的概念,而是一个学术概念,它实际上源于法理学中的"法的适用"。而法理学中,法的适用与法的遵守是联系在一起的,二者同属于法的实施。因此,适用宪法也应当与遵守宪法结合起来分析。

遵守宪法是指有关主体以宪法为自己的行为准则,行使权利(权力)、履行义务的活动。在我国,根据现行宪法的规定,全国各族人民、一切国家机关和武装力量、各政党和各社会团体、各企业事业组织都必须以宪法为根本的活动准则,并且负有维护宪法尊严、保证宪法实施的职责。因此,国家机关以宪法为依据行使自己职权的活动属于遵守宪法的表现。而且,在汉语中,"适用"主要是指依据某个规则或者标准去解决某项争议、纠纷、分歧。因此,我们应当把国家机关积极、主动地依据宪法行使自己职权的活动认定为遵守宪法,排除在宪法适用之外,而在特定国家机关依据宪法消极、被动地解决宪法争议这一层面上来理解宪法适用。

宪法适用以解决宪法争议为目的。所谓宪法争议,包括两类:一是在法律文件将宪法的规定、原则、精神具体化的情况下,围绕着法律文件是否符合宪法发生的争议;二是在没有法律文件将宪法的规定、原则、精神具体化的情况下,围绕着国家机关及其领导人直接依据宪法行使职权的行为是否符合宪法所形成的争议。[①] 宪法争议关系到公民宪法权利的救济、国家机关之间的权限争议等,这些事项无法通过普通诉讼等法律救济途径得以解决,必须适用宪法进行处理。相反,如果有些争议不是宪法争议,也就无须进行宪法适用,只需适用法律,通过诉讼、仲裁等法律程序解决即可。比如本案中三水食品有限公司与王登辉和黄埔区劳动和社会保障局的争议都不构成宪法争议,自然不存在宪法适用的必要。

宪法适用于具体宪法争议的解决,就意味着宪法作为解决宪法争议的直接依据。如果某项争议不是依据宪法,而是依据法律或其他文件解决的,此时就不构成宪法适用。由于宪法争议的类型复杂多变,而宪法规范本身具有抽象性、原则性等特点,要适用这些抽象的、原则的宪法规范去解决具体的、复杂的宪法争议,首先必须对宪法规范进行解释。因此,宪法适用与宪法解释有密切的关系,宪法解释是宪法适用的前提。而在本案以及以前在判决中出现过宪法内容的案件中,裁决争议的直接依据都是法律及其下位规范,而不是宪法,宪法的作用仅在于为强调某项宪法权利的重要性或论证某项行为的违法性。而且,这些案件的判决并没有对宪法规范进行具体解释,更没有依据这些解释去裁决争议。因此,这些案件中并不存在适用宪法的情形。

(二)法院能否适用宪法

在世界各国中,哪个机关有权适用宪法解决宪法争议,并没有形成统一的做法,

① 胡锦光:"论宪法适用与宪法解释权的关系",载《中国法学》2002年增刊。

受其政治理念、政治体制、历史传统、法律传统等因素的影响，有所不同，主要包括普通法院适用宪法、宪法法院适用宪法、宪法委员会适用宪法以及国家权力机关适用宪法等。

我国宪法规定由全国人大及其常委会监督宪法的实施，而对于法院能否适用宪法，宪法并没有作出明确规定。现行宪法颁布实施以来，对于法院能否适用宪法，学者以及法院的法官都参与了讨论，但至今未有定论。

法院适用宪法，存在两种情形：一是法院适用宪法审查法律是否符合宪法，即法院行使违宪审查权；二是法院直接适用宪法裁判具体案件，宪法成为裁判案件的依据。对于前者，学者们从我国宪法文本的规定、国家政治体制、法院的地位和能力等诸多方面进行了深入探讨，已经基本形成共识：即在我国现阶段，法院不得行使该权力。而对于后者，目前仍处于争论之中。

一些学者认为，法院可以适用宪法裁判具体案件，其理由包括：

其一，宪法是根本法，但宪法也是法，具有强制力和规范性，具有与其他法一样的法律属性，应在法院得到适用。首先，根据宪法规定，法院既然负有维护宪法尊严、保证宪法实施的职责，当然要保证宪法在本部门得到适用。其次，依法治国首先是依宪治国，这是一条公理，依法审判是依法治国的重要组成部分，当然也要依宪审判。最后，在整个法律体系中，宪法居于最高的地位，是评判违法、合法与否的最高准则。法院适用宪法，有利于在司法审判中形成统一的宪法性价值判断。①

其二，推动宪法的实施，应改变宪法是公法的观念，要摆脱宪法实施完全依赖于立法机关的做法，让司法机关也加入到保障实施宪法的行列，中国宪法就多了一层司法机关的保护。此外，随着公民对权利保障要求的提高，在司法实践中也日益出现与宪法权利有关，但仅靠适用普通法律难以解决的案件。因此，为了保障公民的基本权利，先解决私权对公民宪法基本权利的侵害问题，走宪法私法化和宪法司法化之路，先把宪法适用起来，把宪法的作用发挥起来，把宪法保障公民权利的价值体现出来，把人们对宪法只是政治纲领而不是法律的认识和观念转变过来。然后再推动宪法针对公权力的违宪审查制度可能就会容易一些。这或许就是中国不同于西方宪政发展的途径。②

其三，法院适用宪法，与全国人大监督解释宪法的制度并不相悖。在我国，全国

---

① 王磊："宪法实施的新探索——齐玉苓案的几个宪法问题"，载《中国社会科学》2003 年第 2 期。

② 所谓宪法私法化，就是指宪法在私人关系领域间接或直接适用，以解决公民之间涉及宪法权利的纠纷，从而保护公民的基本权利。而这里的宪法司法化并不是指由司法机关行使违宪审查的意思，它是指基于公民基本权利被侵害而设立的一种宪法保障机制，这种宪法保障机制必须要有司法化的手段实现，非司法性的手段难以保障公民基本权利的实现。这一基本权利救济机制又分为权利受到"国家行为"侵害的救济和受到私权侵害的救济（即称宪法诉讼或宪法私法化诉讼）。参见蔡定剑："中国宪法实施的私法化之路"，载《中国社会科学》2004 年第 2 期和"中国宪法司法化路径探索"，载《法学研究》2005 年第 5 期。

人大常委会有权监督和解释宪法,是我国人民代表大会制度下的一种违宪审查机制。这种审查对宪法的解释,是一种最高或最终解释。宪法规定,全国人大常委会有对法律的解释权,这并不排除最高人民法院有权对法律作出司法适用的解释(见1981年全国人大常委会《关于加强法律解释问题的决定》)。可见,全国人大常委会解释宪法和法律的权力,是宪法规定的一种最终解释权,而不是一种垄断的解释权。我国宪法和法律没有禁止法院适用解释宪法,宪法是法律的一种,适用解释宪法也是法院当然的权力。①

其四,即使是宪法的"原则性"、"概括性"部分,也是可以进入诉讼的。宪法的"原则性"、"概括性"正好可以弥补具体法律过于具体的弊端。在成文法国家,宪法存在的一个重要理由就是弥补一般法律的漏洞,避免出现法律真空。在法律没有规定的情况下,既然可以依政策乃至习惯,为什么在具体法律没有规定但宪法确有规定时,不可以引用宪法来判案?②

对于上述观点,许多学者提出反对意见,认为在我国,法院不得适用宪法裁判具体案件,笔者也赞同这种观点,理由是:

其一,从宪法文本上看,我国《宪法》第126条的规定:"人民法院依照法律规定独立行使审判权,不受行政机关、社会团体和个人的干涉。"该条实际上涉及人民法院的审判依据问题。从立宪的原意来看,这里的"法律"指的是全国人大及其常委会制定的法律,而不包括宪法或者其他规范。法院的审判依据不能包括宪法,是由我国单一制的国家结构形式、人民代表大会制度的政治体制以及人民法院在国家和社会生活中的地位决定的。③

其二,法院适用宪法作为裁判具体案件的依据,会混淆了宪法和普通法律的界限,降低宪法在整个法律体系中的地位,损害国家机关之间的权力配置。宪法作为国家的根本法,具有最高的法律效力,其目的在于提供统一的价值体系,作为普通法律的立法依据,并用来审查普通法律是否符合宪法保障的核心价值,以此保证国家法制的统一。因此,宪法具有抽象性、原则性的特点,而普通法律作为宪法某一方面内容的具体化,更加具体明确,能够成为法院裁判具体案件的依据。即使在普通法律出现漏洞的时候,也不能直接依据宪法裁判案件,否则,将造成这样的困境:由于宪法的原则性,无法为法院提供明确、具体的裁决规范,自然难以直接裁决当事双方的争议,即使法院确实依据宪法裁决案件,无疑赋予了法官极大的规范解释权和裁量权,使他们

① 蔡定剑:"宪法就是拿来用的",载《南方周末》2008年9月3日。

② 王振民:"我国宪法可否进入诉讼",载《法商研究》1999年第5期。

③ 刘松山:"人民法院的审判依据为什么不能是宪法——兼论我国宪法适用的特点和前景",载《法学》2009年第2期。

实质上获得了“造法”的权限,侵犯了立法机关的权力,破坏了国家机关的权力配置体制;[①]更糟糕的是降低了宪法的位阶——宪法本来是裁决法律、法规是否符合宪法的,在这里却被用来发挥拾遗补阙的功能,混淆了宪法和普通法律之间的功能区分,长期下去,将导致作为宪法核心功能的根本法功能丧失,最终损害宪法权威。

其三,法院直接适用宪法裁决案件,违背了法规范适用的原则。宪法是法院审判权的首要来源,法院也负有维护宪法尊严、保证宪法实施的职责,那么法院应当受到宪法的约束。但是,基于宪法与法律具有不同功能,法院审理具体案件时,要遵循宪法和法律的界限,区分“规范性的法律”和“具体的用于裁判案件的法律”,在承认合宪性原则的前提下,使法官用于具体裁判的案件适用形式法律。[②] 法院在审理案件时,对于案件涉及的法律问题,如果已经有普通法律加以规定,法院就应当适用普通法律的规定,如果它超越内容具体的普通法律而直接适用效力更高、更为抽象的宪法,将造成如下后果:一是如同前面所指出的,侵犯了立法机关的权限范围,反而构成违宪。二是违背了法规范适用的原则,混淆了法律位阶理论中的“效力优先”和“适用优先”的关系。“效力优先”是指上位法效力优先于下位法,宪法效力高于普通法律,普通法律不得与宪法相抵触,否则无效。“适用优先”则是指法院在适用法规范时,应优先适用低位阶的法规范,不得径自越过低位阶的法规范,直接适用高位阶的法规范。只有低位阶的法规范对此没有规定的情况下,才存在直接适用高位阶的法规范的必要性和可能性。[③] 三是会形成由一部宪法来调整所有法律关系的局面,使普通法律失去存在的价值。同时,即使法律本身存在漏洞,法院也应当尽量通过法律解释等方法裁决具体案件,避免直接适用宪法。总之,宪法是人民法院进行审判活动的最高依据,但是具体的审判活动要通过具体法律来调整,无须直接适用宪法,更不能直接以宪法为依据作出判决。[④]

其四,宪法私法化理论自身存在一些问题仍有待解决。对于宪法私法化来说,它并不是真正意义上的宪法适用。一方面,根据前面对三水食品有限公司诉黄埔区劳动和社会保障局一案的分析,私人组织或个人之间并不能形成宪法关系,他们之间的纠纷也只是民事纠纷,而不是宪法争议,也就不存在宪法适用的问题。另一方面,宪法私法化的提倡者也承认:“宪法的私法化适用实际上是对宪法的‘借用’。我说的‘借用’是指本不该直接适用宪法对抗公民,因宪法权利缺少有关法律保护而只得暂时‘借用’宪法条文启动权利的救济途径,从而为救济基本权利提供依据。具体处理

① “法官造法”实际上违反了权力分工原则。根据该原则,立法机关直接依据宪法制定法律,行政机关负责执行法律,法院依照立法机关制定的法律裁决纠纷,如果法院直接依据宪法裁判案件,实质上侵犯了立法机关的立法权。

② 韩大元:“以《宪法》第126条为基础寻求宪法适用的共识”,载《法学》2009年第3期。

③ 徐振东:“宪法基本权利的民法效力”,载《法商研究》2002年第6期。

④ 韩大元:“以《宪法》第126条为基础寻求宪法适用的共识”,载《法学》2009年第3期。

纠纷还需依靠相关法律——民事的、行政的或刑事的法律。如侵权纠纷诉讼的解决还是依靠民法的侵权理论认定侵权行为，并依民法的损害赔偿规定进行赔偿，不可能只靠宪法解决具体纠纷。"[①]从这一点看出，宪法所具有的原则性、抽象性的特点使其无法为民事纠纷提供具体、有效的解决方案，因而不能成为解决私人之间争议的单独依据，它只能在争议事项的性质认定等方面发挥一定的作用，问题的解决最终还是要依靠具体的法律。宪法私法化理论是基于我国宪法适用状况不佳、宪法对国家权力的约束难以进行的现实提出来的，在这种情况下，如果主张宪法可以适用于民事案件，用来解决私人之间的争议，除了存在前述理论上的困难外，还有可能使人们更加感受不到宪法的核心功能——控制国家权力，保障公民权利和自由。这将是对宪法实施的严重损害。因此，宪法私法化不仅不利于维护宪法权威，反而会产生相反的效果。因此，我们应当坚持只有对于国家机关或行使公共权力的社会组织侵犯公民宪法权利的情形，才需要直接适用宪法加以解决；对于私人之间的争议主要适用普通法律，宪法仅具备间接效力，也就是在解释有关私法条款时融入宪法的精神。

其五，法院无宪法解释权，因而无法适用宪法。根据前面对宪法适用的分析，并结合其他国家的情况来看，普通法院能否受理宪法案件，取决于它是否具有宪法解释权。法院行使职权具有事后性、被动性的特点，其职责是受理和审理案件。法院在受理案件时必须要有法律上的依据。当普通法院没有宪法解释权而只有法律解释权时，普通法院只能受理普通的法律案件，为当事人提供法律救济；当普通法院既具有宪法解释权，又具有法律解释权时，普通法院就既可以受理因宪法权利受到侵犯的宪法案件，也可以受理因法律权利受到侵犯的法律案件。而在我国，根据宪法的规定，宪法解释权属于全国人大常委会。宪法解释权属于国家权力，而国家权力的分配原则是，凡是明确授权的即是某国家机关的权力范围，凡是没有授权的即不是该国家机关的权力范围。最高人民法院、地方各级人民法院和专门法院都没有从宪法中获得宪法解释权，也没有像1981年全国人大常委会通过《关于加强法律解释问题的决定》授予法院具体应用法律的解释权那样，获得全国人大常委会授予的具体应用宪法的解释权。因此，我国任何法院都没有对宪法的解释权。[②] 相应地，法院也无法适用宪法裁判具体案件。

四、我国法院应如何对待宪法

根据我国宪法的规定，法院必须以宪法为根本的活动准则，并负有维护宪法尊严、保证宪法实施的职责。因此，法院虽然不能行使违宪审查权，也不能在审理具体

① 蔡定剑："中国宪法实施的私法化之路"，载《中国社会科学》2004年第2期。

② 胡锦光："齐玉苓案与宪法的司法适用"，载《判解研究》2001年第6辑。

案件时直接适用宪法,但是法院同样要受到宪法的约束,且不能在宪法实施中置身事外,它应当通过其他方式促进宪法实施,保证宪法的精神得以落实。

同理,法院没有宪法解释权,只是表明法院在没有法律依据的情况下,不能单纯依据对宪法的解释裁判案件。法律是依据宪法制定的,法院在审理案件过程中,需要依据自己对宪法的理念、精神、原则的理解,去理解法律规定的基本含义,特别是在法律规定不甚明确的情况下,更是如此。如果把法院没有宪法解释权理解为法院绝对不能去理解和领会宪法的理念、精神和原则,那么,就无法理解宪法和法律的正确关系,实际上也就将宪法实施狭义地等同于违宪审查。①

基于上述两点认识,根据我国宪法和法律的规定,参考其他国家的经验和做法,法院可以通过以下两个方面与宪法适用发生联系:

(一)合宪法律解释

合宪法律解释,也称为法律的合宪性解释,其基本含义是指按照宪法的精神对法律的内涵进行的解释。在普通法律案件的审判中,它要求法官通过解释法律而将宪法的精神纳入普通法律的规范体系。② 这种解释仍然是对法律的解释,而不是对宪法的解释。

法院虽然没有宪法适用权和宪法解释权,但是法院拥有法律适用权和法律解释权。法律规范虽然不像宪法规范那样抽象、概括,但是它同样具有抽象性、原则性的特点,在适用于具体个案时,不可避免地要对有关法律规范进行解释,然后根据该解释把法律规范应用于有关案情事实,作出裁判。合宪法律解释要求法院在解释法律适用于个案的过程中,考虑宪法的理念、精神、原则以及具体条文,将其渗透于有关法律规范之中。这是法院所负有的保证宪法实施的职责的必然要求,是法院在审判案件过程中所负有的一项义务。它要求法院在审理案件、解释和适用法律时必须具备宪法思维,始终关注宪法,避免曲解法律,背离宪法精神。

法院进行合宪法律解释,应当遵循以下规则:当法律条文之规定至为明确时,不应适用法律的合宪性解释;当法律条文存在一定的抽象性时,可以用体系解释的方法在多种解释可能性中优先选择合宪的那一种;当法律条文存在较高的抽象性时,可将宪法规定的价值作为法律解释的目的因素;在极为例外的情况下,可以依据宪法进行超越法律文义的"法外续造"。③

---

① 胡锦光:"齐案'批复'并非解释宪法最高人民法院不应废止",载《法学》2009年第4期。

② 张翔:"两种宪法案件:从合宪性法律解释看宪法对司法的可能影响",载《中国法学》2008年第3期。

③ 同上。

(二)法律、法规的违宪疑问权

根据我国宪法和诉讼法的规定,可以作为法院审判依据的有法律、行政法规、地方性法规、自治条例、单行条例等。在适用这些规范的过程中,法院可能会发现它们存在违反宪法的情形,而且,案件当事人为维护自身权益,也可能提出这些规范违反宪法的诉讼意见。因此,法院审判案件的过程中,必然会涉及违宪审查问题。

然而,在违宪审查方面,我国宪法规定由全国人大及其常委会监督宪法的实施,即实行最高国家权力机关监督制。只有全国人大及其常委会有权适用宪法,判断法律、法规等是否符合宪法,法院则无违宪判断权。但是,法院可以行使违宪疑问权,对有关法律是否违宪提出怀疑,并按照法定程序提交全国人大及其常委会审查。

《立法法》第90条规定:"国务院、中央军事委员会、最高人民法院、最高人民检察院和各省、自治区、直辖市的人民代表大会常务委员会认为行政法规、地方性法规、自治条例和单行条例同宪法或者法律相抵触的,可以向全国人民代表大会常务委员会书面提出进行审查的要求,由常务委员会工作机构分送有关的专门委员会进行审查、提出意见。前款规定以外的其他国家机关和社会团体、企业事业组织以及公民认为行政法规、地方性法规、自治条例和单行条例同宪法或者法律相抵触的,可以向全国人民代表大会常务委员会书面提出进行审查的建议,由常务委员会工作机构进行研究,必要时,送有关的专门委员会进行审查、提出意见。"根据该条规定,如果最高人民法院在审理案件的过程中,认为作为案件审理依据的行政法规、地方性法规、自治条例和单行条例同宪法相抵触,存在违宪的嫌疑时,应当裁定中止诉讼,向全国人大常委会书面提出审查的要求;而地方各级人民法院和专门人民法院在审理案件的过程中,如果认为作为案件审理依据的行政法规、地方性法规、自治条例和单行条例同宪法相抵触,存在违宪的嫌疑时,应当裁定中止诉讼,报请最高人民法院向全国人大常委会书面提出审查的要求,或者直接向全国人大常委会书面提出进行审查的建议。

对于法律存在违宪嫌疑的情况时如何处理,《立法法》并没有作出明确规定。对此,法院可以按照前述程序进行处理,也可以在全国人大常委会开会期间,通过最高人民法院提出法律存在违宪嫌疑的议案,由全国人大常委会进行审议。

综上所述,法院在遇到法律、法规存在违宪嫌疑的情况时,不能坐视不理,而应当积极按照法定程序提交全国人大常委会进行审查,这既是法院履行其保证宪法实施职责的要求,也是法院正确适用法律、作出令当事人满意之判决的必要前提。

另外,法院审理案件的过程中,案件当事人在起诉书、答辩状等诉讼文件中以及辩论过程中都有可能提及宪法权利被侵犯并要求给予救济的内容,如果法院在案件判决中不作任何回应,有可能损害法院判决的说服力。因此,必要时,法院可以在判决书中引用宪法进行说理、论证,只是一定要谨慎使用,不得出现宪法解释或者违宪审查的情形。

事例3:国务院为汶川大地震遇难同胞设立全国哀悼日

——人的尊严和生命权的宪法保护

上官丕亮

一、国务院为汶川大地震遇难同胞设立全国哀悼日始末

(一)汶川大地震的发生

2008年5月12日14时28分,在四川省汶川县(北纬31度,东经103.4度),一场突如其来、特别重大、震惊世界的8.0级特大地震骤然发生。① 这次地震的最大烈度达11度,破坏特别严重的地区超过10万平方公里。受灾最严重的地区是四川省北川、什邡、绵竹、汶川、彭州等地,灾区涉及四川、甘肃、陕西、重庆、云南、宁夏6个省、自治区,237个县、市、区。②

汶川大地震的破坏性极大。在瞬间,无情的地震摧毁了学校、医院、民房、商场、工厂、道路和桥梁,更是吞没了活生生的生命。据统计,有近7万人遇难,37万人受伤,还有1.7万人失踪。③ 这次大地震,震级之高,破坏之大,波及之广,营救之难,均超过了1976年的唐山大地震,是新中国成立以来破坏性最强、波及范围最大的一次地震。

---

① 在5月12日四川汶川地震发生后,中国地震台网中心利用国家地震台网的实时观测数据,速报的震级为里氏7.8级。随后,根据国际惯例,地震专家利用包括全球地震台网在内的更多台站资料,对这次地震的参数进行了详细测定。据此,5月18日中国地震局对震级进行修订,修订后震级为里氏8.0级。参见新华社记者李斌:"中国地震局将汶川地震震级从7.8级修订为8.0级",载中央政府门户网站(http://www.gov.cn/jrzg/2008-05/18/content_981571.html)。

② 可参阅《百度百科》中的"汶川地震"(http://baike.baidu.com/view/1587399.html)。

③ 2008年9月25日,国务院新闻办公室根据国务院抗震救灾总指挥部授权发布:据民政部报告,截至9月25日12时,四川汶川地震已确认69227人遇难,374643人受伤,失踪17923人。详见中央政府门户网站(http://www.gov.cn/jrzg/2008-09/25/content_1105677.html)。

(二)网友和学者的倡议

地震发生后,每天电视、报纸、网络等媒体所报道的地震罹难人数不断上升,全中国人民对如此多人的遇难感到难以置信和震惊!显然,公民生命的消失不仅是个人的不幸,也是共和国的国殇。由此,面对遇难者的不幸,在地震发生后的第二天,各大网站的论坛网友就发出了"为广大罹难者降旗志哀"的呼声。

5月16日,复旦大学教授、历史地理学家葛剑雄先生在《南方都市报》上发文指出"5月19日距灾害发生7天,符合国人哀悼逝者的传统,且抢救生命的行动大致告一段落","建议以5月19日为全国哀悼日,以表达全国人民对这次地震灾害中的罹难者、在救灾中的牺牲者的哀思,并向全世界昭示中国政府和中国人民对生命的关爱以及亿众一心救灾重建的决心。"①葛教授根据我国民间的风俗而提出的在"头七"之日设立哀悼日的建议,使设立"全国哀悼日"、"降半旗志哀"的舆论倡议在社会上特别是网络中推向了高潮。

(三)国务院的决定

5月18日,国务院发布公告:为表达全国各族人民对四川汶川大地震遇难同胞的深切哀悼,国务院决定,2008年5月19日至21日为全国哀悼日。在此期间,全国和各驻外机构下半旗志哀,停止公共娱乐活动,外交部和我国驻外使领馆设立吊唁簿。5月19日14时28分起,全国人民默哀3分钟,届时汽车、火车、舰船鸣笛,防空警报鸣响。

此外,经与国际奥委会协商,北京奥组委决定,在全国哀悼日期间,北京奥运火炬将暂停传递。

(四)首次平民哀悼日的举行

5月19日,汶川大地震后的第7天,正是中国传统丧葬习俗中的"头七"。祭奠从黎明开始。4时58分,天安门广场上的五星红旗一如平常地随着朝阳冉冉升起,升到顶端,在短暂的定格后开始缓缓下降,降至半旗。北京天安门、新华门和全国人大常委会、国务院、全国政协、中央军事委员会、最高人民法院、最高人民检察院所在地,全国和各驻外机构,全都下半旗志哀。这一天,全中国的国旗,都为大地震中的万千死难同胞低头。

当天14时28分,凄婉的警报声、汽笛声、喇叭声在中国大地的各个角落鸣响,天地同悲,举国齐哀。从白山黑水到雪域高原,从西北边陲到万里海疆,这一刻,中国这个似乎总是奔流不息的国家突然停下了它的脚步,时间凝固,悲痛定格。包括国家领

① 详见葛剑雄:"建议以5月19日为全国哀悼日",载《南方都市报》2008年5月16日。

导人在内的13亿中国人向四川汶川大地震遇难同胞集体默哀3分钟。辽阔的中华大地,沉浸在无比悲痛之中。此后,连续3天,国旗半垂,全国停止公共娱乐活动,全国各地深切哀悼四川汶川大地震遇难同胞。这一世界历史上最大规模的集体哀悼活动,震撼人心,感动全球。①

这是新中国成立以来首次明确设立"全国哀悼日",更是第一次为普通的死难者设立全国哀悼日,第一次为平民下半旗!

在新中国的历史上,一直只为逝世的现任和原任国家领导人下半旗志哀。1953年苏共中央总书记、苏联部长会议主席斯大林逝世,1976年国务院总理周恩来、全国人大常委会委员长朱德、中共中央主席毛泽东逝世,1981年国家名誉主席宋庆龄逝世,1986年全国人大常委会原委员长叶剑英逝世,1989年,中共中央原总书记胡耀邦逝世,1993年国家副主席王震逝世,1995年中共中央原副主席陈云逝世,1997年中共中央原副主席、中央军委原主席邓小平和全国人大常委会原委员长彭真逝世,1998年原国家主席杨尚昆逝世,等等,均下半旗志哀。通常是,北京天安门、新华门、人民大会堂、外交部,各省、自治区、直辖市党委、政府所在地,香港特别行政区政府所在地(新华社香港分社)、澳门特别行政区政府所在地(新华社澳门分社),各边境口岸、对外海空港口、中国驻外使领馆下半旗志哀。

过去唯一的一次为非国家领导人下半旗志哀的是,为沉痛悼念在以美国为首的北约袭击我国驻南斯拉夫联盟共和国大使馆中牺牲的邵云环、许杏虎、朱颖同志,国务院决定:1999年5月12日,北京天安门、新华门、人民大会堂、外交部所在地,各省、自治区、直辖市人民政府所在地,香港特别行政区政府所在地,新华社澳门分社所在地下半旗志哀。然而,这3位同志也不是普通平民,他(她)们是记者,当时更是被追认为烈士。

在新中国历史上,过去没有"全国哀悼日"之说。如果以"停止娱乐活动"为判断标准,那么事实上的"全国哀悼日"则设立过6次:

1. 1953年3月6日(即斯大林逝世的第二天),中央人民政府主席毛泽东发布命令:为了表达中国人民对于伟大的斯大林同志——全世界劳动人民的伟大领袖、中国人民最敬爱的朋友和导师的无限沉痛的哀悼,为了表达中国人民对伟大盟邦领袖的崇敬,兹规定:(1)自1953年3月7日起至3月9日全国下半旗志哀;(2)在志哀期间,全国各工矿、企业、部队、机关、学校及人民团体一律停止宴会、娱乐。

2. 1976年1月8日周恩来逝世后的第2天,中共中央、国务院发出通知,于1月10日、11日向周恩来同志遗体告别;12日、13日、14日举行吊唁仪式;15日举行追悼大会,同日全国下半旗志哀,停止娱乐活动1天(自发表讣告之日起至15日,首都天

① 邵芳:"第一次举国为平民哀悼",载《商务周刊》2008年第11期;"举国同悲",载《中国社会导刊》2008年第11期。

安门、新华门、劳动人民文化宫、外交部下半旗志哀)。

3. 朱德逝世的当天,朱德同志治丧委员会发布公告:为深切悼念中共中央委员、中央政治局委员、中央政治局常务委员会委员、全国人民代表大会常务委员会委员长朱德同志,定于:1976年7月8日向朱德同志遗体告别。9日、10日举行吊唁仪式。1976年7月11日举行追悼大会,同日全国下半旗志哀,停止娱乐活动1天(自发表讣告之日起至11日,首都天安门、新华门、劳动人民文化宫、外交部下半旗志哀)。

4. 1976年9月9日毛泽东逝世的当天,中共中央、全国人大常委会、国务院、中央军委联合发布公告:为了表达全党全军全国人民对伟大领袖毛泽东主席的无限崇敬和深切哀悼,决定:(1)9月11日到9月17日,在人民大会堂举行吊唁。中共中央和候补中央委员、中央党政军机关和北京市等各方面的负责人、工农兵以及其他各方面的群众代表参加吊唁,瞻仰遗容。全国各机关、部队、厂矿、企业、商店、人民公社、学校、街道等一切基层单位的人员,可在本单位举行吊唁。(2)9月18日北京时间下午3时,在天安门广场举行隆重的追悼大会。中央人民广播电台、北京电视台转播在天安门广场举行的追悼大会的实况,全国各机关、部队、厂矿、企业、商店、人民公社、学校、街道等一切基层单位,都要组织群众收听、收看,进行追悼。全国县以上地区,要在9月18日下午3时召开有工农兵以及其他各界代表参加的追悼会,先收听北京追悼大会的实况,然后由本地区党政军主要负责人致悼词。(3)从9月9日至9月18日,全国各地和我驻外使领馆及其他驻外机构,一律下半旗志哀,同时停止一切娱乐活动。(4)9月18日下午3时整,一切在机关部队、厂矿、企业、商店、人民公社、学校、街道的人员以及在外行进中的人员,除不能中断工作的以外,均应就地肃立,静默志哀3分钟。9月18日下午3时整,有汽笛的地方和单位,如火车、轮船、军舰、工厂等,应鸣笛3分钟志哀。①

5. 1980年5月15日,刘少奇同志治丧委员会发出公告:为深切悼念已故中共中央副主席、中华人民共和国主席刘少奇同志,定于1980年5月17日在北京举行追悼大会。同日首都天安门、新华门、外交部、中央和国家机关、我国驻外使馆和其他驻外机构,北京和各省市自治区政府所在地的机关、部队、企业事业、学校等单位下半旗志哀,停止娱乐活动1天。②

6. 1981年5月29日宋庆龄逝世的当天,宋庆龄同志治丧委员会发布公告:为了表达全国各族人民对我国爱国主义、民主主义、国际主义和共产主义的伟大战士,杰出的国际政治活动家、卓越的国家领导人,中华人民共和国名誉主席、中华人民共和国全国人民代表大会常务委员会副委员长宋庆龄同志的深切哀悼,现决定:(1)5月

---

① 参见"1976年'人民日报'逝世消息汇总",载中国军政在线网(http://www.chinajunzheng.com/bbs/html_data/39/0801/1916.html)。

② 国家主席刘少奇在1969年被迫害致死,1980年中共中央为其平反并举行追悼大会。

31 日至 6 月 2 日,在人民大会堂举行吊唁。中央党政机关、各民主党派、人民团体和北京市各方面的负责人、各方面的群众代表以及外国驻华使节和在京的国际友好人士,参加吊唁,瞻仰遗容。(2)6 月 3 日下午 4 时在人民大会堂举行追悼会。中央人民广播电台、中央电视台转播追悼会实况。(3)从 5 月 30 日至 6 月 3 日,在北京新华门、天安门、外交部和我国驻外使领馆及其他驻外机构均下半旗志哀,6 月 3 日举行追悼会当天,全国下半旗志哀,同时停止娱乐活动 1 天。

此外,邓小平逝世后,虽未明确要求停止娱乐活动 1 天,但要求在追悼大会举行之日组织收听和收看追悼大会的实况转播,并鸣笛 3 分钟志哀。1997 年 2 月 19 日邓小平逝世的第二天,邓小平同志治丧委员会发布第 2 号公告:鉴于邓小平同志在党和国家历史发展中的特殊功绩,以及全党全军全国各族人民的共同愿望,现决定:(1)2 月 25 日,中共中央、全国人大常委会、国务院、全国政协、中央军委在北京人民大会堂隆重举行邓小平同志追悼大会,邓小平同志治丧委员会委员(京外委员派代表),中央党政军群机关各部门和首都各界代表,生前友好,家乡代表,共 1 万人参加。在首都举行的邓小平同志追悼大会,是全党全军全国各族人民悼念邓小平同志的活动,中央人民广播电台、国际广播电台、中央电视台届时将现场转播追悼大会实况,各级党组织要认真组织广大干部群众收听和收看追悼大会的实况转播。(2)2 月 25 日,全国党政军机关,各边境口岸、海、空港口,企业、事业、学校等单位,我驻外使领馆、新华社香港分社、新华社澳门分社下半旗志哀。(3)在追悼大会举行时,上午 10 时整,一切有汽笛的地方,如火车、轮船、军舰、工厂等,鸣笛 3 分钟志哀。①

我们不难看出,上述事实上的“全国哀悼日”都是为逝世的国家领导人而设立的,从未为普通平民而设立。在过去,1976 年唐山大地震、1998 年长江特大洪灾、2008 年南方冰雪灾害等特大自然灾害,以及渤海沉船、特大矿难等重大不幸事件,均造成了重大伤亡,但我国从未进行类似“全国哀悼日”的哀悼活动(包括下半旗志哀)。

显然,为表达全国各族人民对四川汶川大地震遇难同胞的深切哀悼,2008 年 5 月 18 日国务院决定 2008 年 5 月 19 日至 21 日为全国哀悼日,这创造了历史。这是新中国成立以来第一次明确设立“全国哀悼日”,更是首次为普普通通的平民百姓设立“全国哀悼日”,首次为自然灾害的死难者设立“全国哀悼日”进行举国哀悼!

---

① 另外,为邓小平下半旗志哀的时间与斯大林、毛泽东、宋庆龄相同,即从逝世之日至追悼大会举行之日一直下半旗志哀,而不限于追悼大会举行之日。1997 年 2 月 19 日邓小平同志治丧委员会发布第 1 号公告:为了表达全党全军全国各族人民对邓小平同志的无比崇敬和深切悼念之情,现决定:自告全党全军全国各族人民书发布之日起到邓小平同志追悼大会举行之日止,首都天安门、新华门、人民大会堂、外交部和我驻外使领馆、新华社香港分社、新华社澳门分社下半旗志哀。这期间,我驻外使领馆、新华社香港分社、新华社澳门分社设灵堂,接待驻在国和港、澳地区的吊唁。

二、为平民设立全国哀悼日在我国有法律依据吗

(一)为平民死难者设立全国哀悼日是国际惯例

在世界上,在伤亡惨重的自然灾害或重特大事故发生后,各国政府往往都会宣布设立全国哀悼日,降半旗志哀。据说,这一国际惯例源于1612年。当时,英国船只“哈兹·伊斯”号在探索北美北部通向太平洋的水道时,船长不幸遇难。船员们为了表示对已故船长的敬意,将桅杆旗帜下降到离旗杆的顶端有一段距离的地方,以此悼念死去的船长。到17世纪下半叶,下半旗这种庄严而又简洁的志哀方式逐渐流传开来,为各国所采用。后来,各国还专门将下半旗志哀悼的日子设定为全国哀悼日。

近些年来,世界各国为严重自然灾害和重大不幸事件的死难者设立全国哀悼日的情形就不少:

1985年5月25日,飓风至少使孟加拉国15,000人丧生,25,000人失踪,30多万人无家可归。第二天,孟加拉国政府即宣布28日为全国哀悼日。

2000年8月12日,俄罗斯“库尔斯克”核潜艇在巴伦支海沉没,艇上官兵全部牺牲。为表示对遇难官兵及其亲属的深切哀悼,8月22日俄罗斯总统普京签署命令,决定2000年8月23日为全国哀悼日,哀悼日期间俄罗斯联邦全国下半旗志哀,文化机构和电视广播公司取消娱乐活动。

2001年9月11日,美国遭遇恐怖袭击,遇难人数超过3000人,布什总统宣布9月14日为全国哀悼日,全美人民为遇难者举行祈祷和悼念活动。

2002年1月17日到28日,厄瓜多尔连续3架飞机失事,共有120人不幸遇难。厄瓜多尔总统宣布2月4日为“全国哀悼日”。

2004年9月1日至3日,俄罗斯南部北奥塞梯共和国别斯兰市一所中学遭遇人质事件,334人遇难。当时,俄罗斯总统普京在9月4日宣布,9月6日和7日为全国哀悼日,俄全境所有国旗下半旗,向遇难者表示哀悼,文化机构和电台、电视台取消娱乐节目。

2004年12月29日,瑞典决定新年元旦为全国哀悼日,全国降半旗为在东南亚海啸中遇难的瑞典公民志哀。

2005年3月9日,为悼念2004年“3·11”马德里火车站系列爆炸案的201名遇难者,西班牙政府宣布3月11日“3·11”周年纪念日为全国哀悼日。

2005年8月31日,伊拉克总理贾法里宣布全国进行为期3天的悼念活动,哀悼在巴格达朝圣者踩踏惨剧中不幸丧生的平民。

2005年9月,遭遇“卡特里娜”飓风后,美国总统布什签署法令,命令全国及所有驻外机构降半旗向遇难者志哀。根据这项法令,包括白宫在内的美国所有公共建筑

和场所以及所有军事设施都降半旗。

2006年7月9日,俄罗斯西伯利亚航空公司一架空客A310客机在伊尔库茨克机场降落时冲出机场跑道,造成150人死亡。事故发生后,俄罗斯总统普京对死者家属表示慰问和哀悼,并宣布7月10日为全国哀悼日,呼吁俄罗斯全国的文化机构和电视台停止娱乐节目,悼念空难的死者。

2007年8月1日,非洲刚果民主共和国发生火车脱轨事件,造成100多人死亡。刚果政府宣布8月6日为全国哀悼日,全国降半旗向遇难者志哀。

2007年8月16日,秘鲁政府宣布全国哀悼3天,以悼念在8月15日强烈地震中遇难的510名同胞。

2007年11月8日,芬兰发生校园枪击案导致9人死亡,芬兰总统于当天宣布8日为全国哀悼日。

2009年2月,澳大利亚东南部山林发生大火,造成180多人死亡。澳大利亚政府总理陆克文宣布2月22日为全国哀悼日,以悼念大火中的死难者。

2009年2月21日,斯洛伐克政府在当天晚间召开的特别会议上宣布22日为全国哀悼日,悼念在斯洛伐克布雷兹诺县当天发生的火车与公共汽车相撞事故中的12名遇难者。

2009年2月27日,孟加拉国政府宣布2月28日和3月1日为孟加拉国全国哀悼日,以悼念在25日孟加拉国步枪队士兵叛乱中的死者。

在我国国务院于2008年5月18日宣布5月19日至21日为全国哀悼日之前,即在2008年5月16日,秘鲁政府颁布最高政令,宣布5月19日为"全国哀悼日",以悼念中国汶川地震中的遇难者。这是秘鲁第一次为外国遇难者宣布"全国哀悼日"。由秘鲁总统加西亚、政府总理德尔卡斯蒂略以及外交部长、司法部长和劳工部长共同签署的最高政令说:"2008年5月12日发生在中国的强烈地震,不仅是这个亚洲国家的灾难,也是全人类的不幸。秘鲁政府对如此惨重的人员伤亡表示哀悼,将宣布5月19日为全国哀悼日。"根据这项政令,在哀悼日,秘鲁高级官员通过中国驻秘鲁大使馆向中国地震中的死难者志哀,全国所有政府机构、军事设施、警察机关,以及所有秘鲁在国外的外交机构都降半旗。

(二)为平民设立全国哀悼日在我国的合法性问题

1. 现有法律依据

目前,我国关于志哀方面的法律等规范性文件共有三个:

(1)1990年6月28日第七届全国人民代表大会常务委员会第十四次会议通过的、自1990年10月1日起施行的《中华人民共和国国旗法》。该法规定:

第14条　下列人士逝世,下半旗志哀:

(一)中华人民共和国主席、全国人民代表大会常务委员会委员长、国务院总理、

中央军事委员会主席;

(二)中国人民政治协商会议全国委员会主席;

(三)对中华人民共和国作出杰出贡献的人;

(四)对世界和平或者人类进步事业作出杰出贡献的人。

发生特别重大伤亡的不幸事件或者严重自然灾害造成重大伤亡时,可以下半旗志哀。

依照本条第1款(三)、(四)项和第2款的规定下半旗,由国务院决定。

依照本条规定下半旗的日期和场所,由国家成立的治丧机构或者国务院决定。

第16条　在直立的旗杆上升降国旗,应当徐徐升降。升起时,必须将国旗升至杆顶;降下时,不得使国旗落地。

下半旗时,应当先将国旗升至杆顶,然后降至旗顶与杆顶之间的距离为旗杆全长的1/3处;降下时,应当先将国旗升至杆顶,然后再降下。

(2)1991年4月15日外交部发布的《中华人民共和国外交部关于涉外升挂和使用国旗的规定》。该部门规章规定:

第10条　遇中国由国家成立的治丧机构或国务院决定全国下半旗志哀日,外国常驻中国的机构和外国投资企业,凡当日挂旗者,应该降半旗。

第11条　中国派驻外国的外交代表机关和领事机关遇下列情况降半旗:

(一)中华人民共和国主席、全国人民代表大会常务委员会委员长、国务院总理、中央军事委员会主席逝世;

中国国内发生特别重大伤亡的不幸事件或者严重自然灾害造成重大伤亡,国务院决定降半旗;

中国外交部通知降半旗。

(二)驻在国国家元首和政府首脑逝世,可以根据驻在国的规定降半旗;

在驻在国因发生严重自然灾害造成重大伤亡决定降半旗志哀时,可以降半旗。

其他驻外机构,凡平日挂旗者,参照上述规定降半旗。

(3)1991年10月10日交通部发布的《船舶升挂国旗管理办法》。该部门规章规定:

第13条　遇有《中华人民共和国国旗法》第14条规定的情形时,港务监督机构应通知或通过船舶代理人、所有人通知船舶下半旗。

除前款规定的情况外,船舶非经批准不得将中国国旗下半旗。

2.设立全国哀悼日的合法性评论

从上述法律和规章的规定来看,“5·12”汶川大地震造成近7万人遇难、37万人受伤、1.7万人失踪,国务院发布公告决定为遇难的平民下半旗志哀,显然是有明确的法律依据的。

然而,国务院公告中关于设立“全国哀悼日”、“停止公共娱乐活动”、“全国人民默哀3分钟”、“届时汽车、火车、舰船鸣笛，防空警报鸣响”等决定，目前我国《国旗法》等法律中并无明确规定。对此，有人认为国务院设定哀悼日的行为缺乏法律依据，在合法性方面有严重问题。①

笔者认为，设立“全国哀悼日”、“停止公共娱乐活动”、“全国人民默哀3分钟”、“届时汽车、火车、舰船鸣笛，防空警报鸣响”等，是国际上比较普遍的志哀做法，我们可以将这些措施视为志哀的基本内容。同时，我国《宪法》第89条规定国务院有权“根据宪法和法律，规定行政措施，制定行政法规，发布决定和命令”。由此，我们可以将国务院为表达全国各族人民对四川汶川大地震遇难同胞的深切哀悼而决定设立“全国哀悼日”、“停止公共娱乐活动”、“全国人民默哀3分钟”、“届时汽车、火车、舰船鸣笛，防空警报鸣响”的行为，理解为国务院依照宪法“国家尊重和保障人权”的精神对《国旗法》第14条的有关规定予以理解和解释而发布的志哀决定。也就是说，国务院为汶川大地震遇难同胞设立“全国哀悼日”是有法律依据的，至少是符合《国旗法》精神的，同时也是符合“国家尊重和保障人权”的宪法精神的。

当然，设立“全国哀悼日”、“停止公共娱乐活动”、“全国人民默哀3分钟”、“届时汽车、火车、舰船鸣笛，防空警报鸣响”等活动，固然体现了对生命和人权的尊重，体现了“国家尊重和保障人权”的宪法精神，但毕竟涉及对全国公民基本权利的限制。根据《立法法》的精神，这些属于法律保留（即只能由全国人大及其常委会制定法律）的事项。因此，建议今后最好通过修改《国旗法》或专门立法加以明确规定，或者由法定法律解释机关全国人大常委会作出明确的法律解释。

三、首次为平民设立全国哀悼日有哪些宪法意义

为什么说国务院为汶川大地震遇难同胞设立全国哀悼日是2008年的一大宪法事例？这主要是因为，新中国成立以来第一次为平民设立全国哀悼日至少具有如下两个方面的宪法意义。

（一）设立全国哀悼日体现了维护“人的尊严”的宪法精神

1. 什么是人的尊严

人的尊严，又称“人性尊严”、“人格尊严”或“个人尊严”，是指人作为人、人作为权利义务主体的尊贵庄严的身份和地位。所谓人的尊严（或人格尊严）不受侵犯，也就是指人作为人的尊贵庄严的主体身份和地位不受侵犯，必须予以尊重和维护。通俗地讲，也就是说，人是主体，而不是客体；人是目的，而不是工具和手段。对此，康德

---

① 详见程迈：“哀悼日合法性四辩——汶川大地震1周年祭”，载北大公法网（http://www.publiclaw.cn/article/Details.asp? NewsId=2550&Classid=2&ClassName=理论前沿）。

曾经深刻地指出:“一个有价值的东西能被其他东西所代替,这是等价;与此相反,超越于一切价值之上,没有等价物可代替,才是尊严。”“只有那种构成事物作为自在目的而存在的条件的东西,不但具有相对价值,而且具有尊严。”“不论是谁在任何时候都不应把自己和他人仅仅当做工具,而应该永远看做自身就是目的。”①正如我国台湾地区的一位学者所言:“维护人性尊严的首要意涵在于肯认每个人均为自主、自决的独立个体。”②亦正如德国联邦宪法法院所认为的:“一旦国家把人仅当做工具(Object)来对待,它就侵犯了人的尊严。”

人的尊严,在实质上就是强调人是人,要把人当做人。可以说,否定人的尊严,无异于否定人本身。所谓“士可杀,不可辱”,即使是违法犯罪分子,其人的尊严也应受到尊重和维护。对此,1966年联合国大会通过的《公民权利和政治权利国际公约》第10条明确规定:“所有被剥夺自由的人应给予人道及尊重其固有尊严的待遇。”而且,早在1955年,第一届联合国防止犯罪和罪犯待遇大会通过的《囚犯待遇最低限度标准规则》第16条就规定:“为使囚犯可以保持整洁外观,维持自尊,必须提供妥为修饰须发的用具,使男犯可以经常刮胡子。”对于囚犯的尊严,都要予以尊重和维护,当然每个普通公民的尊严也同样要予以尊重和维护。

2. 人的尊严是世界各国宪法所规定的基本内容

早在1937年,爱尔兰宪法就在序言部分提及制定宪法的目的之一就是“使个人的尊严和自由得到保障”。基于第二次世界大战给人类造成的大劫难以及法西斯对基本人权和人的尊严的践踏,1945年《联合国宪章》在序言中首先宣布:“我们联合国人民决心,使今后世世代代的人们不再遭受我们这一代两度经历、给人类造成无穷痛苦的战争灾难,重申基本人权、人的尊严与价值、男女及大小各国平等权利的信念。”接着,1948年联合国大会通过的《世界人权宣言》在序言中强调:“对人类家庭所有成员的固有尊严及其平等的和不可剥夺的权利的承认,乃是世界自由、正义与和平的基础。”并且,第1条规定:“人人生而自由,在尊严和权利上一律平等。”第22条规定:“每个人,作为社会的一员,有权享受社会保障,并有权享受他的个人尊严和人格的自由发展所必需的经济、社会和文化方面各种权利的实现,这种实现是通过国家努力和国际合作并依照每个国家的组织和资源情况而促成。”第23条第3款规定:“每一个工作的人有权享受公正和合适的报酬,保证他本人及其家庭的生活足以维持人的尊严,必要时应辅以其他方式的社会保障。”1966年联合国大会通过的《经济、社会及文化权利国际公约》和《公民权利和政治权利国际公约》均在序言中进一步重申“依据联合国宪章所宣布的原则,对人类家庭所有成员的固有尊严及其平等的和不可剥夺

① [德]康德著:《道德形而上学原理》,苗力田译,上海人民出版社2005年版(2007年重印),第55、53页。

② 许志雄等著:《现代宪法论》,台湾元照出版有限公司1999年版,第48页。

的权利的承认，乃是世界自由、正义与和平的基础"，"确认这些权利源于人的固有尊严"。而且，《公民权利和政治权利国际公约》第7条规定："任何人均不得施以酷刑或残忍的、不人道的或侮辱性的待遇或惩罚。特别是不得对任何人未经其自愿同意而施以医学或科学试验。"第10条第1款规定："所有被剥夺自由的人应给予人道及尊重其固有尊严的待遇。"此后，新出台的国际人权文件一般都要提及"人的尊严"，例如1993年世界人权大会通过的《维也纳宣言和行动纲领》在序言中强调"承认并肯定一切人权都源于人与生俱来的尊严和价值"。

在《联合国宪章》、《世界人权宣言》等国际人权文件强调人的尊严的影响下，1946年日本《宪法》第13条前段规定："所有国民，均作为个人而受到尊重。"第24条第2款规定："关于选择配偶、财产权、继承、选定居所、离婚以及关于婚姻与家族等其他有关事项的法律，应当在尊重个人尊严和两性实质平等的基础上制定。"1947年意大利《宪法》第32条第2款规定："除非依据法律规定，不得强迫任何人接受医疗措施。同时，法律不能突破人的尊严所要求的界限。"第41条第2款规定："私人经济活动不得违背公共利益，不得损害公共安全、自由和人的尊严。"特别是1949年德国《基本法》第1条第1款规定："人的尊严不可侵犯。尊重和保护人的尊严是所有国家机构的义务。"从此，世界上规定"人的尊严"的宪法越来越多。

概括起来，世界各国宪法规定"人的尊严"的方式有以下三种：

一是像德国《基本法》那样将"人的尊严"作为一项基本原则，规定在公民基本权利一章的首要位置或整部宪法的前面，强调人作为人的主体地位不能否定，不能将人客体化、工具化，"在'国家—人'的关系上，要求每一个人不能被降低对待，不能被作为手段"，[①]强调人的尊严具有最高价值，它是基本权利的基础，尊重和保护人的尊严是国家的首要义务。例如，1967年玻利维亚宪法第一章《人的基本权利和义务》的第2条，即第6条第2款规定："人的尊严和自由不可侵犯。尊重和保护人的尊严和自由是国家的首要义务。"1978年西班牙宪法和1987年韩国宪法作了类似的规定。1949年印度宪法在序言中，1994年塔吉克斯坦宪法在第一章《宪法制度的基础》中对人的尊严做了规定。

二是将"人的尊严"作为一项基本权利，与人身自由权、名誉权、荣誉权、姓名权等具体的基本权利并列规定，强调人作为人的主体地位不受侵犯，禁止非人待遇，强调不能贬低人的尊严，不得对任何人包括被剥夺自由的人施加侮辱性的对待和惩罚，不得在本人非自愿同意的情况下对任何人进行医疗、科研或其他试验。例如，1993年俄罗斯《宪法》第21条规定："1. 个人尊严受到国家保护。任何事情不得成为贬低个人尊严的理由。2. 任何人都不应受到拷打、暴力和其他残酷的或贬低个人尊严的对待或惩罚。任何人都不得在非自愿同意的情况下被用来进行医学、科学或其他试验。"

① 李累："宪法上'人的尊严'"，载《中山大学学报》（社科版）2002年第6期。

又如,1992年斯洛伐克《宪法》第19条规定:“(1)每个人都有权维护自己做人的尊严、个人荣誉和名声,保护自己的姓名;(2)每个人都有权保护其个人与家庭生活不受无端干预;(3)每个人都有权反对未经许可就收集、披露或滥用其个人资料。”摩纳哥、巴布亚新几内亚、匈牙利、越南、乌兹别克斯坦、爱沙尼亚、保加利亚、格鲁吉亚、哈萨克斯坦、阿塞拜疆、亚美尼亚、白俄罗斯等国的宪法也有类似的规定。

三是既将“人的尊严”作为一项基本原则规定在公民基本权利的首要位置或整部宪法的前面,又把它作为一项具体的基本权利与其他基本权利并列规定。例如,1982年洪都拉斯《宪法》在第三章《原则宣言、权利与保障》第1节“原则宣言”第1条,即第59条规定:“人是社会和国家的最高目标。所有的人都必须尊重人、保护人。”“人的尊严不受侵犯。”又在第2节“个人权利”第68条规定:“所有的人都有身体、心灵和道德完整受尊重的权利。”“任何人不应受到残酷的、非人道的或侮辱性的拷打、刑罚等对待。”“所有被剥夺自由的人应由于人固有的尊严而受到尊重。”希腊、葡萄牙、土库曼斯坦、斯洛伐克、吉尔吉斯斯坦、乌克兰等国的宪法也作了类似的规定。

世界上许多国家把“人的尊严”作为一项公民基本权利的基本原则甚至整个宪法的基本原则来规定,①是有其道理的。一切人权、所有的公民基本权利,可以说都是源于人的尊严。正如一位日本学者所言:“‘人的尊严’正是人类应实现的目的,人权只不过是为了实现、保护人的尊严而想出来的一个手段而已。”②例如,生命权就产生于人的尊严,人的尊严要求人的生命不仅要存在,而且要作为受到国家、社会和他人尊重的目的而存在,生命本身就是目的,而剥夺人的生命,无疑就是对人的尊严的贬低和侵犯,因此生命权被视为最基本的人权,废除死刑成为人权保障所追求的目标。③又如,人的各种自由权与人的尊严密切相关,“没有基本的自由,人就成了奴隶,哪里谈得上尊严?首先,对人格尊严的尊重要求体制层面的自由——例如选举权和言论自由——获得充分保障。既然人是独立的道德主体,个人有充分的能力管理自己,并对自己的言行负责;国家尤其没有权力禁止公民对政府行为的批评,而是必须在体制上保障公民们畅所欲言,无所畏惧地表达自己对政府的观点。”④再如,人的尊严要求人的唯一性、个性得到尊重,⑤因此它要求每个人都享有个性自由发展权以及平等权。财产权也是源于人的尊严,因为人无取得财产的权利,无行使财产的自由,人就没有

① 有学者认为,人的尊严“为基本权利之基准点、为基本权利之出发点、为基本权利之概括条款,属宪法基本权利之价值体系”,是“基本权利中之基本权利”。这位学者并认为,20世纪以来,作为人权的核心内容,人的尊严已逐渐成为宪法价值秩序的根本原则,甚至已成为价值体系的基础。参见李震山著:《人性尊严与人权保障》,台湾元照出版有限公司2002年版,第4、8页。

② [日]真田芳宪:“人的尊严与人权”,鲍荣振译,载《外国法译评》1993年第2期。

③ 曲相霏:“论人的尊严权”,载徐显明主编:《人权研究》(第3卷),山东人民出版社2003年版,第168页。

④ 张千帆著:《宪法学导论》,法律出版社2004年版,第506页。

⑤ [瑞士]托马斯·弗莱纳著:《人权是什么?》,谢鹏程译,中国社会科学出版社2000年版,第30页。

自主的自由,也就没有尊严。①

3. 我国宪法有无“人的尊严”的规定

我国《宪法》(即1982年宪法)第38条规定:“公民的人格尊严不受侵犯。禁止用任何方法对公民进行侮辱、诽谤和诬告陷害。”这是我国宪法第一次对人格尊严作出规定。

(1)人格尊严是我国宪法所规定的一项独立的基本权利

对于我国宪法所规定的人格尊严,宪法学者们一般认为它就是指公民的名誉权、荣誉权、姓名权、肖像权、隐私权等人格权。正如一位学者所说的:“中国学术界主流的观点认为《宪法》上的人格尊严即在法律上体现为人格权。《宪法》规定的人格尊严不受侵犯,通常被认为是指民法意义上的人格权,包括姓名权、名誉权、肖像权等不受侵犯。”②

对此,笔者有不同的看法,认为人格尊严是我国宪法所规定的一项独立的公民基本权利:第一,人格尊严不同于名誉权、荣誉权、姓名权、肖像权和隐私权等具体的人格权。侵犯名誉权、荣誉权、姓名权、肖像权和隐私权的行为一般都会在不同程度上侵犯人格尊严,但侵犯人格尊严的行为未必构成侵犯名誉权、荣誉权、姓名权、肖像权和隐私权等。例如商场怀疑顾客偷东西,悄悄地叫到办公室盘问和搜身,因未造成顾客社会评价的降低而不构成侵犯顾客的名誉权,但可能侵犯顾客的人格尊严。我国宪法正是基于“文化大革命”任意侵犯公民人格尊严的教训而特别增加了人格尊严不受侵犯的条文的。③ 可以说,《宪法》第38条是对人格尊严的规定,而不是对名誉权、荣誉权、姓名权、肖像权和隐私权等人格权的规定。第二,人格尊严不同于人身自由,它不属于人身自由的范畴。我国宪法学界在进行公民基本权利分类时,通常认为人身自由除公民的人身自由不受侵犯外,通常还包括与人身相联系的人格尊严和住宅不受侵犯,以及公民的通信自由和通信秘密受法律的保护。显然,这种观点不利于理解人格尊严的含义和呈现人格尊严的独立地位。固然人格尊严与人身自由密切相关,但严格说来它们都是独立的基本权利,互不隶属。不但人格尊严不从属于人身自由,反而侵犯人身自由可能同时侵犯人格尊严。

(2)我国宪法所规定的“人格尊严”就是“人的尊严”

我国过去通常将《联合国宪章》、《世界人权宣言》、《经济、社会及文化权利国际公约》和《公民权利和政治权利国际公约》上的“The dignity of the human person”翻译

---

① 刘军宁著:《共和·民主·宪政——自由主义思想研究》,上海三联书店1998年版,第42页。

② 周伟著:《宪法基本权利司法救济研究》,中国人民公安大学出版社2003年版,第66页。

③ 当时在修改宪法的过程中,许多同志都指出,“文革”10年,在“左”的错误路线下,广大干部群众遭受残酷迫害,公民的人格尊严得不到起码的保护,批评会、斗争会、戴高帽和挂牌游街比比皆是,大小字报铺天盖地。对于这段历史我们不应忘记,宪法在总结经验教训的基础上,要对这方面的问题作出规定。参见全国人大常委会办公厅研究室政治组编:《中国宪法精释》,中国民主法制出版社1996年版,第163页。

为"人格尊严",而现在一般翻译为"人的尊严"。同时,对于我国宪法所规定的"人格尊严",我们一般翻译为"Personal dignity",与外国宪法及国际人权文件所规定的"Human dignity"或"The inherent dignity of the human person"或"The dignity of the person"或"The dignity of the human person"相差无几。显然,不管是从人格尊严的英文翻译来看,还是从我国人格尊严的立宪原意来看,我国宪法上的"人格尊严"就是指"人的尊严",只是我国习惯称为"人格尊严"。本来中国宪法上的"人格尊严"的重心在"尊严"上,而我们通常将其重心放在"人格"特别是人格权上,可以说存在误读之嫌。

当然,我国宪法上的"人的尊严"(即"人格尊严")与外国宪法上的"人的尊严"也有所不同:一则没有像一些国家的宪法那样将人的尊严作为一项基本原则来规定,只是将其作为一项基本权利来规定。二则即使作为一项基本权利来规定,也没有像另外一些国家的宪法那样具体规定不得给予侮辱性对待和惩罚、不得将人用来做实验等内容。而且,《宪法》第38条后一句关于"禁止用任何方法对公民进行侮辱、诽谤和诬告陷害"的规定,含义不明确,好像是对前一句"公民的人格尊严不受侵犯"的解释,但"诽谤"、"诬告陷害"似乎又告诉人们不得侵害公民的名誉权、荣誉权等,这也是目前大多数学者将这一条的规定理解为关于人格权的规定并且把人格尊严与名誉权、荣誉权等具体人格权混为一谈的主要原因。今后在修改宪法时最好像外国宪法那样设立专门的条款规定名誉权、荣誉权和隐私权等,与规定"人的尊严"的条款分开。

4. 设立全国哀悼日是对"人的尊严"的尊重和维护

第一,从对待死者的态度上看,设立全国哀悼日体现了对"人的尊严"的尊重和维护。草菅人命,对人的死亡无动于衷,对死者的遗体缺乏起码的尊重,显然不是把人当做人,没有把人的尊严放在眼里。把人当人,维护人的尊严,这不仅反映在是否将活着的人当做人,而且还体现在如何对待死去的人。可以说,一个民族对死者的态度,在很大程度上,体现着这个民族对生者的态度,体现着对人的尊严的态度。国务院为汶川大地震遇难同胞设立全国哀悼日,举国哀悼,我国政府和全国人民对此次震灾的哀痛之心和感伤之意,充分体现了对遇难者的追悼和尊重,充分表明人性的光辉正在升起,充分体现了对"人的尊严"的尊重和维护。

第二,从国家对义务的履行来看,设立全国哀悼日也体现了国家对"人的尊严"的尊重和维护。众所周知,公民在宪法上的权利,对国家来说,就是义务。2004年我国宪法修正案将"国家尊重和保障人权"正式载入宪法,更是明确规定了国家对人权的基本义务——尊重与保障。显然,维护人的尊严,这主要是国家的义务。国家如何对待死去的人,这也就明显体现着国家对尊重和维护"人的尊严"义务的履行情况。国务院专门为汶川大地震遇难同胞设立全国哀悼日,体现了国家对遇难者的尊重,体现了国家对"人的尊严"的尊重和维护。

第三,从仪式上看,设立全国哀悼日充分体现了国家对"人的尊严"的尊重和维护。仪式的有无、仪式的具体设计状况,在很大程度上意味着正式与否,体现着庄重的程度,反映着虔诚的程度。国家专门明确为汶川大地震遇难同胞设立全国哀悼日,而且确定全国哀悼日为三天,“全国和各驻外机构下半旗志哀”、“停止公共娱乐活动”、“全国人民默哀3分钟”、“届时汽车、火车、舰船鸣笛,防空警报鸣响”,显然这种举国哀悼的仪式是对于逝者的最高礼仪,是共和国对遇难者的最高祭奠,它充分体现了国家对遇难者“人的尊严”的最大尊重和维护。

第四,从哀悼的对象来看,设立全国哀悼日体现了国家尊重和维护“人的尊严”的平等。作为人来说,不论是谁,不管是国家领导人还是普通的平民,在人的尊严上都是平等的。然而,在过去,我国只为逝世的国家领导人降半旗、设立全国哀悼日。国务院为汶川大地震遇难同胞设立全国哀悼日,这是共和国历史上首次为普通的死难者设立全国哀悼日,这是一个很大的进步,体现了国家尊重和维护“人的尊严”的平等性,这更加充分地体现了国家对逝者的尊重以及对“人的尊严”的真诚维护。

总之,国务院专门为汶川大地震遇难同胞设立全国哀悼日,充分体现了我国宪法所包含的尊重和维护“人的尊严”的精神。

(二)设立全国哀悼日体现了国家尊重和保障生命权的宪法精神

1. 什么是生命权

生命权是指自然人按照自然规律,安全地存在于世界上,其生命不受非法剥夺的权利。

众所周知,生命是我们人类从事一切活动的前提和基础。没有生命,就没有一切,再也没有比人的生命更为宝贵的东西了。“生命权是人类的最高权利。它是其他一切权利的本源,是所有人权的基础”。[①] 没有生命权,其他一切权利均无从谈起,其他任何权利也都没有意义,也不可能存在。可以说,生命权在整个人权和公民权利体系中处于基础地位,是一种最为基础的权利,是第一位的人权,是首要人权,是天下第一权。生命权是一项不可克减的权利,在与其他权利发生冲突时应当优先保障生命权。

值得注意的是,生命权与生存权是两个不同的概念。过去,国内一些著作通常将国际人权宪章以及外国宪法中的“生命权”(Right to life)翻译为“生存权”,这是误译。从国际人权宪章以及外国宪法的规定来看,“生存权”(Right to subsistence),又称生活权或相当生活水准权,[②]是指人人享有为他自己和家庭获得相当的生活水准,包括足够的食物、衣着、住房、医疗和必要的社会服务的权利。1991年国务院新闻办公

① Nihal Jayawickrama, *The Judicial Application of Human Rights Law: National, Regional and International Jurisprudence*, published by the Press Syndicate of the University of Cambridge, 2002, p. 243.

② 关于相当生活水准权(The right to an adequate standard of living),国内学者有的翻译为“适当生活水准权”或“基本生活水准权”等。

室发布的中国第一份人权白皮书《中国的人权状况》指出:"人民的温饱问题基本解决了,人民的生存权问题也就基本解决了。"中国政府所主张的"生存权"主要是指温饱权,它属于国际人权宪章所规定的相当生活水准权的范畴,不过目前中国的标准还比较低,仅指吃饱穿暖。① 生命权与生存权是两个性质不同的权利,生命权主要是一项消极权利,强调的是国家消极不为,不得非法剥夺人的生命,故世界上许多国家的宪法通常将生命权与死刑的废除放在一起规定。而生存权在性质上主要属于积极权利,它要求国家积极作为,有责任采取必要的措施以确保本国公民维持相当的生活水准。

2. 生命权是世界各国宪法所保障的一项基本权利

世界上第一个在宪法上保障生命权的国家是美国。早在1776年的美国《独立宣言》就宣布生命权、自由权和追求幸福的权利是人的"不可转让的权利"。1789年美国宪法修正案第5条明确规定:"未经正当法律程序,不得剥夺任何人的生命、自由和财产。"1875年汤加宪法和1917年墨西哥宪法作了类似的规定。1853年阿根廷宪法、1868年卢森堡宪法、1874年瑞士宪法等早期宪法则通过规定废除对政治犯的死刑而间接规定了生命权。

在世界范围,大规模在宪法上规定生命权并明确使用"生命权"(Right to life)概念则是第二次世界大战以后的事情。第二次世界大战给人类生命带来的灾难性后果,特别是德国纳粹灭绝生命的暴行,引起了全世界人民的震惊和愤怒,同时也使人类生命的保障问题更加受到重视,《世界人权宣言》和《公民权利和政治权利国际公约》以及美洲、欧洲、非洲等区域性人权宣言和公约纷纷宣布人人享有生命权。在此影响下,世界各国宪法也纷纷规定生命权,由此生命权入宪进入了一个规模化阶段。20世纪80年代末90年代初苏联东欧剧变后,生命权入宪在世界上又掀起一个新高潮。自1989年以来,全球至少有85个国家通过制定新宪法或修改宪法规定了生命权。例如,1989年匈牙利宪法第54条第1款规定:"在匈牙利共和国,每个人对生命和人的尊严都享有与生俱来的权利,不得任意剥夺。"1990年克罗地亚宪法第21条规定:"(一)每个人都享有生命权。(二)在克罗地亚共和国没有死刑。"1991年哥伦比亚宪法第11条规定:"生命权是不可侵犯的。废除死刑。"1992年安哥拉宪法第22条规定:"(1)国家尊重和保护人的生命。(2)禁止死刑。"1993年俄罗斯宪法第20条规定:"一、每个人都享有生命权。二、死刑在废除之前可由联邦法律规定,作为惩罚侵害生命的特别严重犯罪的特殊措施,同时要为被告提供由陪审团参加的法庭审判其案件的权利。"1996年乌克兰宪法第27条规定:"每个人都享有不可剥夺的生命权。""任何人的生命都不得任意剥夺。保护人的生命是国家的义务。"2002年东帝汶宪法

① 值得关注的是,2009年4月13日国务院新闻办公室发布的《国家人权行动计划(2009~2010年)》首次使用了"基本生活水准权利"的概念,而没有使用"生存权"概念。

第29条规定:“1. 人的生命是不可侵犯的。2. 国家承认并保障生命权。3. 东帝汶民主共和国没有死刑。”2004年阿富汗宪法第23条规定:“生命是上帝赋予的,是人类的自然权利。除法律规定外,不得剥夺任何人的生命权。”

据笔者统计,在世界公认的193个主权国家中,[①]目前至少有154个国家的现行宪法直接或间接地规定了生命权,高达80%。可以说,生命权已成为当今世界一项最普遍的宪法基本权利之一,宪法保障生命权已经成为一种全球化的潮流。

3. 为什么生命权需要宪法的保障

由于生命权的重要,各种法律都非常重视对生命权的保护。生命权的法律保护可分为国际法保护与国内法保护。国内法的保护,又包括民法、行政法、刑法、诉讼法等部门法以及根本法——宪法的保护。为什么生命权需要宪法的保护即宪法的保障?为什么世界各国宪法都重视保障生命权?

首先,宪法上的生命权与民法上的生命权的功能不同。作为公法的宪法规定的生命权属于公权利,反映的是公民与国家之间的关系,具有对抗或防御国家的功能;而作为私法的民法规定的生命权属于私权利,反映的是市民与市民之间的关系,是用来对抗或防御平等的私人主体的。显然,民法上的生命权,只能对抗其他私人主体对生命权的侵害,不能对抗国家权力对生命权的侵害,功能上的缺陷使生命权的民法保护具有很大的局限性。所以,生命权仅有私法保护是不够的,它还需要公法特别是宪法的保障。

其次,生命权的宪法保障不同于其他一般公法对生命权的保护。显然,行政法、刑法、诉讼法等公法对生命权的保护同样具有防御和对抗国家权力的功能,行政法规定行政机关及工作人员保护生命权的职责和对侵害生命权行为的行政制裁以及刑法规定对侵害生命权行为的刑事制裁、诉讼法对保护生命权的程序规定等,均直接或间接地限制了行政权和司法权,防御着行政机关和司法机关的侵害。然而,生命权的宪法保障具有其他公法所不具备的独特价值。因为宪法是高级法、最高法,宪法具有至上性,所以宪法规定生命权,意味着宪法对普通法律包括其他公法保护生命权的行为加以约束,正如1789年麦迪逊提出美国宪法修正案《权利法案》草案建议时所指出,权利法案的目的主要是“对立法机关加以防范”。[②]“与其说宪法的存在是为了给各种立法提供立法基础,倒不如说是为了审查各种立法提供规范依据”。[③] 可以说,宪法规定生命权,主要是为监督审查普通法律对生命权的规定以及国家机关有关保护和限制生命权的行为是否违宪提供依据和标准。宪法保障生命权,意味着对有关生命权的立法和其他公权力行为进行违宪审查。这正是生命权必须有宪法保障的关键

① 193个主权国家是指192个联合国会员国以及梵蒂冈。联合国现有192个会员国(参见联合国网页“会员国名单”http://www.un.org/chinese/members/unmember.html)。

② [美]伯纳德·施瓦茨著:《美国法律史》,王军等译,中国政法大学出版社1990年版,第35页。

③ 林来梵著:《从宪法规范到规范宪法:规范宪法学的一种前言》,法律出版社2001年版,第308页。

所在。

4. 我国宪法有无规定生命权

目前我国现行宪法还没有明文规定生命权。有学者认为,"在我国《宪法》中,生命权属于一项隐含权利,即没有明文规定,但从其他条文中可以推导出的权利。例如,第37条关于人身自由的保护、第38条关于人格尊严的保护、第43条关于休息的权利、第45条关于弱者的特殊保护等条文,都是以生命权为前提的,是生命权的延伸。"①2004年宪法修正案通过后,又有学者认为,可以从我国2004年宪法修正案关于"国家尊重和保障人权"的规定中推论出来,我国宪法中也有关于保护公民生命权的规定和含义。②

对于上述观点,笔者基本上是赞同的,否则我国现行刑法、民法及行政法律法规有关保护生命权的规定就缺乏宪法依据。也就是说,我国现行宪法是包含有关尊重和保障生命权的精神的。特别是2004年宪法修正案将"国家尊重和保障人权"正式载入宪法之后,作为首要人权的生命权,自然更属于国家尊重和保障的范围,由此我们可以说,生命权是我国宪法保障的一项公民基本权利。

当然,我国现行宪法没有有关生命权的明文规定,也无相关的宪法解释,这毕竟是一个缺憾。我国应当尽快通过宪法解释或宪法修改的方式将生命权明确写入宪法,建立健全生命权的宪法保障机制。

5. 为什么说设立全国哀悼日体现了国家尊重和保障生命权的宪法精神

第一,设立全国哀悼日充分体现了国家尊重公民生命权的宪法精神。正如前面所述的,生命权首先是一项消极权利,要求国家首先不要任意剥夺人的生命,为此世界上许多国家的宪法在规定人人享有生命权的同时,规定废除或禁止死刑。当然,对生命权的尊重不限于对死刑的废除或限制,还体现在情感上和行为上对生命(包括逝去的生命)的尊敬和敬畏。面对汶川大地震对众多生命的无情剥夺,国务院设立全国哀悼日进行举国哀悼,这不只是一个简单的表达哀思的方式,而是对生命的一种必不可少的尊重的体现,是对那些不幸的遇难者的尊重,给他们以生命最后的尊严和最为沉痛的哀思。领导是人,普通的平民也是人,每个生命都应该得到尊重。首次为死难的普通平民设立全国哀悼日,体现了我国政府对生命价值的重视和尊重,体现了国家对普通百姓生命的珍惜和敬重,体现了国家尊重公民生命权的宪法精神。

第二,设立全国哀悼日充分体现了国家积极保障公民生命权的宪法精神。生命权不仅是一项消极权利,而且也是一项积极权利。生命权不仅要求国家消极尊重而

---

① 谢鹏程著:《公民的基本权利》,中国社会科学出版社1999年版,第74页。

② 屠振宇、李剑锋:"宪法学者聚焦2004年宪法修正案——'宪法修正案座谈会'综述",载中国宪政网(http://www.calaw.cn/include/shownews.asp?key=生命权&newsid=4237)。

不侵犯,而且需要国家的积极保障。特别是"在现代意义上,生命权不仅仅意味着不得故意或任意剥夺生命,而且意味着政府有责任为本国的每个人制定能够保证增加生存机会的各种政策……国家有责任确保满足本国每个人的生存需要,必须视为现代意义上生命权的不可缺少的内容。"①联合国人权委员会还曾特别作出声明,生命权不应被理解为仅仅针对国家的一种消极权利,它更要求采取积极措施来确保其实现。② 国家对生命权的积极保障(或保护)义务,是指国家有义务采取各种积极措施保护个人的生命免受任何组织和个人以及自然灾害的侵害。在这次抗震救灾中,从第一天开始,国家积极履行保障公民生命权义务的行动和精神就充分体现出来了。5月12日四川汶川发生地震后,国家主席胡锦涛立即作出指示,要求"尽快抢救伤员,保证灾区人民生命安全"。后来又指出:"现在虽然已经过了震后72小时的'黄金救援'时间,但仍然要把挽救人的生命作为当务之急、作为重中之重。"国务院总理温家宝在灾区多次强调:"第一位的工作是抓紧时间救人,多争取一分一秒时间就可能多抢救出一个被困者。""当前最重要的任务就是尽力救援幸存者,哪怕只有1%的希望,也要尽100%的努力。"5月18日国务院决定为汶川大地震遇难同胞设立全国哀悼日,可以说,这是国家为保障公民生命权而采取的又一项积极措施。对逝者的哀悼,无疑是对生者最大的慰藉。举国哀悼3日,"全国和各驻外机构下半旗志哀"、"停止公共娱乐活动"、"全国人民默哀3分钟"、"届时汽车、火车、舰船鸣笛,防空警报鸣响",从国家领导到普通人,每个人的心中都流淌着悲伤和一种信念,这一积极措施不仅向全世界呈现我们对生命的关爱,对民众的重视,更是开始构建一种尊重生命、敬畏生命、保护生命的生命文化,使国人从今以后更加尊重生命、珍惜生命、爱护生命,使我们的政府及其工作人员今后更加重视对公民生命权的保护,采取有效措施,积极保障公民生命权的充分实现。

四、首次为平民设立全国哀悼日对基本权利的宪法保护有什么启示

在过去,我们一谈基本权利的宪法保护(包括人的尊严和生命权的宪法保护),就强调违宪审查。违宪审查对基本权利的保护,固然非常重要,甚至是关键,但可能不是唯一的保护方法,更可能不是当下中国容易操作的保护方法。

2008年5月18日,为表达全国各族人民对四川汶川大地震遇难同胞的深切哀悼,国务院依照"国家尊重和保障人权"的宪法精神,创造性地理解、解释和适用《国旗法》的有关规定,首次决定为平民设立全国哀悼日,这给我们很大的启示:在日常的行

① B. G. Ramcharan, *The Concept and the Dimensions of the Right to Life*, in B. G. Ramcharan ed. The Right to Life in International Law. 1985 by Martinus Nijhoff Publishers, Dordrecht/Boston/Lancaster, p.6.

② [奥]曼弗雷德·诺瓦克著:《民权公约评注:联合国〈公民权利和政治权利国际公约〉》(上册),毕小青、孙世彦主译,生活·读书·新知三联书店2003年版,第107页。

政执法和司法中，国家机关可以通过“合宪解释”的方式对公民的基本权利加以保护。我们应当充分重视“合宪解释”在基本权利的宪法保护中的应用。

“合宪解释，系指以较高或宪法规范之意旨，而为解释位阶较低法规之方法而言”。[①] 简单地说，合宪解释就是依照宪法来解释法律。国家行政机关和司法机关在行政执法和司法中适用法律，首先必须理解和解释法律。[②] 而一般认为，法律解释的方法主要有6种：文义解释、体系解释、历史解释、比较解释、目的解释、合宪解释，此外还有偏重于社会效果的预测和社会目的的考量的社会学解释。[③] 其中，合宪解释是法律解释的基本方法。显然，国家行政机关和司法机关依照宪法来解释法律，间接地适用宪法，是国家行政机关和司法机关适用法律的应有之义和基本前提。

国家行政机关和司法机关在行政执法和司法的过程中适用法律时要有宪法思维，依据宪法来理解、解释和适用法律，也是我国宪法的明确要求。我国现行宪法明确规定，宪法“是国家的根本法，具有最高法律效力”（序言）、“一切法律、行政法规和地方性法规都不得同宪法相抵触”（第5条第2款）、“一切国家机关和武装力量、各政党和各社会团体、各企业事业组织都必须遵守宪法和法律”（第5条第3款），“都必须以宪法为根本的活动准则，并且负有维护宪法尊严、保证宪法实施的职责”（序言）。显然，作为国家机关的行政机关和司法机关在行政执法和司法过程中适用法律时必须以宪法为根本的活动准则，理应根据宪法的基本精神来理解、解释和适用法律，必须符合宪法的基本精神，不得与宪法的基本精神相抵触。

对于行政执法中的“合宪解释”，行政执法要遵守、执行和维护宪法，国务院总理温家宝就曾经强调过。他在2004年3月31日主持国务院第三次学习讲座时指出：“依法治国，最根本的是依宪治国；依法行政，最根本的是依宪行政。各级政府都要把宪法作为根本的行为准则，严格按照法定权限和程序行使权力、履行职责。”“各级政府是贯彻实施宪法的重要主体，不折不扣地执行宪法的各项规定是政府的重要职责和任务。”“各级政府工作人员特别是领导干部，要充分认识宪法在国家政治和社会生活中的崇高地位，学习宪法，遵守宪法，执行宪法，维护宪法。”[④]

在此，笔者呼吁：合宪解释或许是当下中国公民基本权利宪法保护的可行之路，

---

① 杨仁寿著：《法学方法论》，中国政法大学出版社1999年版，第171页。

② 有许多学者认为行政执法者和法官只能理解法律，而无权解释法律。其实，理解与解释是不可分的。马克思早在1842年第六届莱茵省议会的辩论中就明确指出：“法官的责任是当法律运用到个别场合时，根据他对法律的诚挚的理解来解释法律。”承认在实践中事实存在的行政执法者和法官的法律解释权，与我国现行宪法和立法法关于法律由全国人大常委会负责解释的规定也并不相悖，因为行政执法者和法官对法律的解释只是应用性解释，而全国人大常委会的解释是立法性解释和最高解释。

③ 杨仁寿著：《法学方法论》，中国政法大学出版社1999年版，第132页。

④ 秦杰：“温家宝在主持国务院第三次学习讲座时强调：认真学习贯彻宪法，全面推进依法行政”，载2004年4月1日《人民日报海外版》第1版。

我国法学界和法律实务界应当充分重视合宪解释,并加以广泛应用。每一位行政执法人员和司法人员在日常的行政执法和司法时心中要有宪法,要有宪法思维,要有依宪执法和司法的理念,在适用法律时都应当考虑到宪法,进行合宪解释,依照宪法的基本精神(特别是尊重和保障人权的精神)来理解、解释和适用法律,切实保护公民的基本权利,积极保障公民基本权利的实现。

事例4:律师依据新律师法会见当事人遭拒事件
——基本法律与一般法律的位阶关系

张步峰

一、律师会见当事人遭拒事件始末

海口市民林师皇、王明晖,于2008年6月3日被海口市公安局刑事拘留后羁押在海口市第一看守所,海口市公安局一直没有向家属送达拘留通知书。林师皇之妻李小妹委托北京市正海律师事务所律师程海担任林师皇的律师,王明晖亲属委托北京市高博隆华律师事务所律师黎雄兵担任其律师。2008年6月10日上午9点,两名律师至海口市第一看守所,按照新《律师法》第33条的规定要求会见这两名犯罪嫌疑人,但是遭到拒绝。在向海口市公安局、检察院等多个部门投诉无果后,北京律师程海将海口市公安局告到法院,请求法院判令被告立即依据新《律师法》的规定,安排两名律师会见犯罪嫌疑人。7月28日,程海律师收到了龙华法院驳回起诉的行政裁定书。法院认为被告对林师皇实施刑事拘留行为,是《刑事诉讼法》明确授权的行为,不属于人民法院行政诉讼的受案范围,遂驳回原告的起诉。程海律师认为,法院认定的事实和适用法律错误。在事实认定上,原告并没有就被告对林师皇刑事拘留的行为起诉,起诉的是其下属海口市第一看守所拒绝原告会见被羁押人的行为;被告拒绝律师会见的行为并非刑事诉讼法"明确授权"的行为。在法律适用上,程海认为,律师会见权是新《律师法》赋予的,行政诉讼法司法解释实施于2000年,并不能涵盖和解释《律师法》规定的律师会见权。用对该司法解释无限扩大的解释来对抗《律师法》关于律师会见的规定,于法无据;把行政诉讼法法释第1条无限扩大解释成只要涉及刑事诉讼的侦查、审查起诉、羁押等行为,甚至包括没有明确授权而是违法行为的,也一概不予受理,完全是适用法律错误。①

---

① 参见刘百军:"首例律师会见案被驳律师程海上诉",载法制网(http://www.legaldaily.com.cn/2007ajzj/2008-08/06/content_917957.html)。程海:"为捍卫会见权,律师程海又诉海口市公安局",载律师沙龙(http://www.lvshishalong.com/ShowArticle.asp?ArticleID=1665)。

此案后被选入“2008 年度中国十大宪法事例”。有学者评论说:这一事件的实质是十届全国人大常委会第三十次会议通过的新《律师法》第 33 条和八届全国人大第四次会议通过的《刑事诉讼法》第 96 条第 2 款内容冲突:律师会见一般案件的当事人是否需要批准;律师会见涉及国家秘密案件的当事人是否需要批准;侦查机关是否有权监听。与此相似的冲突还包括对律师阅卷权、调查取证权的相关规定。①

2008 年 6 月 1 日开始实施的新《律师法》第 33 条规定:“犯罪嫌疑人被侦查机关第一次讯问或者采取强制措施之日起,受委托的律师凭律师执业证书、律师事务所证明和委托书或者法律援助公函,有权会见犯罪嫌疑人、被告人并了解有关案件情况。律师会见犯罪嫌疑人、被告人,不被监听。”而 1996 年 3 月 17 日颁布实施的《刑事诉讼法》第 96 条第 2 款规定:“受委托的律师有权向侦查机关了解犯罪嫌疑人涉嫌的罪名,可以会见在押的犯罪嫌疑人,向犯罪嫌疑人了解有关案件情况。律师会见在押的犯罪嫌疑人,侦查机关根据案件情况和需要可以派员在场。涉及国家秘密的案件,律师会见在押的犯罪嫌疑人,应当经侦查机关批准。”

在理论界和实务界一种颇为常见的观点是:《刑事诉讼法》是全国人大制定的基本法律,《律师法》是全国人大常委会制定的一般法律,基本法律的效力优于一般法律的效力,按照“上位法优于下位法”的原则,应该执行《刑事诉讼法》的规定。那么,究竟应该如何理解这二者的关系呢?这是第一个问题。该案涉及的第二个问题是:公安机关拒绝律师会见当事人的行为是否属于行政诉讼的受案范围?下文主要从宪法学的角度分析这两个问题。

二、国家立法权的分配——基于实定法的解释

在我国目前的实定法体系中,“基本法律”一词出现在作为根本法的现行《宪法》中,不过仅仅出现过一次,亦即第 62 条:“全国人民代表大会行使下列职权:……(三)制定和修改刑事、民事、国家机构的和其他的基本法律……”

从语义上来说,“基本法律”的限定词是“基本”加“法律”组成。按照现代汉语词典的解释,“基本”一词有四种含义:一是根本;二是根本的;三是主要的;四是大体上。②

现行法学工具书中直接对“基本法律”作出的解释可供参考。《法学大词典》认为“基本法”包括三层含义:(1)某些国家对宪法的别称,如 1949 年 5 月 8 日德国通过的宪法即联邦基本法;(2)某些国家适用于特别行政区的单行法律的名称,如香港特

① 见“2008 年度中国十大宪法事例发布会暨学术研讨会实录”,载中国宪政网(http://www.calaw.cn/Pages_Front/Article/ArticleDetail.aspx?articleId=4454)。

② 中国社会科学语言研究所编:《现代汉语词典》,商务印书馆 1990 年版,第 519 页。

别行政区基本法;(3)泛指一个国家重要的法律。如中国全国人民代表大会制定和修改的刑事的、民事的、国家机构的法律,称“基本法律”。《法学大词典》还对“基本法律”以外的法律作出解释,认为,在中华人民共和国,它的渊源是指全国人大常委会制定和修改的法律。其内容较“基本法律”涉及的面较为窄,问题也较为具体,如律师条例、文物保护法、会计法等就属于此类。《北京大学法学百科全书》(宪法学行政法学卷)对“基本法律”的解释是,它包括两种含义:一是指“除宪法以外,依据宪法而由全国人民代表大会制定的我国重要的法律,如民法、刑法、诉讼法、选举法、各个组织法、民族区域自治法、特别行政区的法律等。基本法律的特点主要有:(1)仅依据宪法而制定,即任何一部基本法律的效力来源只是宪法,不以其他法律为制定的依据;基本法律的制定和实施不能违背宪法的规定和原则。(2)只能由全国人民代表大会制定,其他任何国家机关,包括全国人大常委会均无权制定基本法律;全国人大有修改基本法律的当然权力;而在全国人大闭会期间,全国人大常委会对基本法律可以进行部分的补充和修改,但不得同该基本法律的基本原则相抵触。(3)是国家重要的法律,即基本法律的内容是涉及整个国家生活、社会生活和全国各族人民全体利益的事项,包括其所涉及的事项的极其特殊性,如规定我国特别行政区的法律”。二是“包括国家宪法、宪法性法律在内的一切规定国家重要事务的法律或根本立法如我国的‘基本法律’、联邦德国的《基本法》即宪法。亦称为‘基本法’”。[①] 可见,对于“基本法律”一词的内涵和外延,宪法和下位法都没有进行准确的界定,如果从该宪法条文来理解,参考工具书的解释,可以看出:第一,基本法律的制定主体只是全国人民代表大会;第二,基本法律包括的外延至少可以进行如下四种类型学划分:刑事、民事、国家机构和其他的基本法律;第三,基本法律涉及的是国家事务的重要事项。

除了全国人民代表大会享有基本法律制定权之外,作为其常设机构的全国人民代表大会常务委员会也享有法律制定权。《宪法》第58条规定:“全国人民代表大会和全国人民代表大会常务委员会行使国家立法权。”《宪法》第67条规定:“全国人民代表大会常务委员会行使下列职权:……(二)制定和修改除应当由全国人民代表大会制定的法律以外的其他法律;(三)在全国人民代表大会闭会期间,对全国人民代表大会制定的法律进行部分补充和修改,但是不得同该法律的基本原则相抵触……”对于此条款,人们容易提出疑问的是,该条中并未采用“基本法律”一词,而采用“应当由全国人民代表大会制定的法律”,那么,这二者在内涵和外延上是否同一呢?“基本”一词与“应当由全国人民代表大会制定”是否一致呢?

上述《宪法》的规定被直接移用到《立法法》中,该法第7条规定:“全国人民代表大会和全国人民代表大会常务委员会行使国家立法权。全国人民代表大会制定和修改刑事、民事、国家机构的和其他的基本法律。全国人民代表大会常务委员会制定和

① 《北京大学法学百科全书》(宪法学 行政法学),北京大学出版社1999年版,第219页。

修改除应当由全国人民代表大会制定的法律以外的其他法律;在全国人民代表大会闭会期间,对全国人民代表大会制定的法律进行部分补充和修改,但是不得同该法律的基本原则相抵触。”两相对照,《立法法》的规定几乎与《宪法》的上述规定一字不差。

有学者认为,这是我国《宪法》对最高权力机关和它的常设机关行使国家立法权的范围和限度的确定与划分,即基本法律的制定权属于全国人民代表大会,全国人大常委会只能制定基本法律以外的法律。因此,从该条文所包含的意思来看,“全国人民代表大会常务委员会制定和修改应当由全国人民代表大会制定的法律以外的法律”,这里的第一个“法律”应该是指全国人民代表大会制定的基本法律,“法律以外的法律”,即第二个法律是指全国人大常委会有权制定的法律,而第三个法律,即“对全国人民代表大会制定的法律进行部分补充和修改”和“不得同该法律的基本原则相抵触”,这里的“法律”也是指基本法律。以上推断是按照宪法规定的内容所表现的逻辑性来认定的。但从立法技术对法律语言的准确性、一致性、逻辑性的要求来看以上的表达是有问题的。①

笔者认为,《宪法》在第67条采用“应当由全国人民代表大会制定的法律”而不是“基本法律”这种表述,说明这二者是存在区别的。首先,从字面上来看,并不相同。因此,至少按照最基本的解释方法文义解释,这两个表述并不同一。其次,按照《宪法》第62条的规定,“基本法律”“应当由全国人民代表大会制定”,但是,“应当由全国人民代表大会制定”的法律一定是“基本法律”吗?显然,判断是否“应当由全国人民代表大会制定”的主体只能是最高权力机关亦即“全国人民代表大会”自身。从若干年来全国人民代表大会制定的法律来看,并非所有其制定的法律都是“基本法律”。例如,同样属于公民基本权利义务的立法,《兵役法》由全国人大制定,而《集会游行示威法》则由全国人大常委会制定;同样是就教育立法,《义务教育法》由全国人大制定,而《职业教育法》和《高等教育法》则由全国人大常委会制定;同样是对特殊人群立法,《妇女权益保障法》由全国人大制定,而《残疾人保障法》、《未成年人保护法》、《归侨侨眷权益保护法》、《消费者权益保护法》则由全国人大常委会制定。② 换句话说,根据《宪法》第62条:“全国人民代表大会行使下列职权:……(十五)应当由最高国家权力机关行使的其他职权”,全国人民代表大会作为最高权力机关,可以基于某种考虑认定某些本不属于“基本法律”的法律成为“应当由全国人民代表大会制定的法律”。如果这样解释,则《宪法》第62条和第67条之间并不存在矛盾,也不存在“法律语言的准确性、一致性、逻辑性”上的缺点了。

---

① 薛佐文:“论‘基本法律’和‘法律’的性质和地位”,载《西南政法大学学报》2003年第2期。持有相同观点的论文可参见韩大元、刘松山:“宪法文本中‘基本法律’的实证分析”,载《法学》2003年第4期;崔敏:“关于对基本法律的修改权限问题”,载《人大研究》2007年第4期。

② 林彦:“全国人大常委会基本法律修改权实践分析”,华东政法学院2003年硕士论文,第9~10页。

因此，对于国家立法权在全国人民代表大会和全国人民代表大会常务委员会之间的分配，并不是学界实务界通常认为的“基本法律制定权”和“一般法律制定权”，而是如下表所示：

立法机关	立法权限（制定权和修改权）	宪法依据
全国人大享有的立法权限	基本法律	第62条第（三）项
	应当由全国人大制定的一般法律	第62条第（十五）项
全国人大常委会的立法权限	应当由全国人大制定的法律之外的一般法律	第67条第（二）项

三、“基本法律”和“法律”的效力关系如何

一些学者认为，“基本法律”的效力较“法律”高。典型的观点如下：“在宪法里，‘基本法律’与‘法律’这两个概念所表达的内容，体现了全国人民代表大会与全国人大常委会在行使国家立法权时的不同范围和两者不同的效力等级。”其基本的论证思路如下：“从我国宪法和立法法的规定来看，全国人民代表大会与全国人大常委会既不是一种并列的平权的关系，也不是一种简单的隶属关系。如宪法规定：全国人大常委会由全国人民代表大会选举产生，它对全国人民代表大会负责并报告工作，全国人民代表大会有权罢免其常委会的组成人员，全国人民代表大会有权改变或者撤销全国人大常委会不适当的决定，全国人民代表大会有权修改宪法和制定基本法律，全国人大常委会只是全国人民代表大会的常设机关，只能制定‘法律以外的法律’，它对全国人民代表大会负责并报告工作，接受其监督；立法法还规定，全国人民代表大会有权改变或撤销它的常委会制定的不适当的法律，有权撤销全国人大常委会批准的违背《宪法》和《立法法》第66条第2款规定的自治条例和单行条例等。这一系列规定说明全国人民代表大会的权力是至上的，基本法律的位阶高于法律。”①

这种观点认为，全国人大的立法权限是制定和修改基本法律，全国人大常委会的立法权限是制定和修改法律，基本法律的效力较法律高。实际上，当本文在前面论证了全国人大制定的并非仅仅是“基本法律”时，那么，这个命题应该转换成：全国人大制定的法律比全国人大常委会制定的法律效力位阶要高。这似乎是不言而喻的。

但是，从我国实定法的规定来看，这一结论是存在疑问的。

首先，我国对于规范性法律文件的效力位阶关系，由《立法法》来加以规定。《立法法》第五章第78、79条仅仅规定了法律的效力低于宪法，高于行政法规、地方性法

① 薛佐文：“论‘基本法律’和‘法律’的性质和地位”，载《西南政法大学学报》2003年第2期。持有相同观点的论文可参见韩大元、刘松山：“宪法文本中‘基本法律’的实证分析”，载《法学》2003年第4期；崔敏：“关于对基本法律的修改权限问题”，载《人大研究》2007年第4期。

规、规章。《立法法》并没有区分全国人大制定的法律和全国人大常委会制定的法律的效力位阶关系，也没有区分基本法律和法律的效力位阶关系。

对全国人大制定的法律和全国人大常委会制定的法律效力不作区分，是贯穿于《立法法》的整部立法之中。如《立法法》第83条规定："同一机关制定的法律、行政法规、地方性法规、自治条例和单行条例、规章，特别规定与一般规定不一致的，适用特别规定；新的规定与旧的规定不一致的，适用新的规定。"第85条规定："法律之间对同一事项的新的一般规定与旧的特别规定不一致，不能确定如何适用时，由全国人民代表大会常务委员会裁决。"从这两条可以明显看出，全国人大制定的法律和全国人大常委会制定的法律被视为是"同一机关"制定的法律，而且将法律之间不一致的裁决权授予全国人大常委会。再如《立法法》第8条规定："下列事项只能制定法律：(一)国家主权的事项；(二)各级人民代表大会、人民政府、人民法院和人民检察院的产生、组织和职权；(三)民族区域自治制度、特别行政区制度、基层群众自治制度；(四)犯罪和刑罚；(五)对公民政治权利的剥夺、限制人身自由的强制措施和处罚；(六)对非国有财产的征收；(七)民事基本制度；(八)基本经济制度以及财政、税收、海关、金融和外贸的基本制度；(九)诉讼和仲裁制度；(十)必须由全国人民代表大会及其常务委员会制定法律的其他事项。"第9条规定："本法第8条规定的事项尚未制定法律的，全国人民代表大会及其常委会有权作出决定，授权国务院可以根据实际需要，对其中的部分事项先制定行政法规，但是有关犯罪和刑罚、对公民政治权利的剥夺和限制人身自由的强制措施和处罚、司法制度等事项除外。"从这两条的规定可以看出，对于一些国家基本制度的规定，第8条所用的词汇仅仅是"法律"，而没有区分"基本法律"，而且第9条还允许全国人大常委会以决定的方式将那些涉及国家基本制度的事项授权国务院制定行政法规。

由此可见，《立法法》将全国人民代表大会制定的法律与全国人大常委会制定的法律不作区分，其效力是相同的。

其次，认为全国人大制定的"基本法律"效力高于全国人大常委会制定的"法律"的主要论据，在于《宪法》第62条第(十一)项和《立法法》第88条第(一)项的规定。《宪法》第62条规定："全国人民代表大会行使下列职权：……(十一)改变或者撤销全国人民代表大会常务委员会不适当的决定……"《立法法》第88条规定："改变或者撤销法律、行政法规、地方性法规、自治条例和单行条例、规章的权限是：(一)全国人民代表大会有权改变或者撤销它的常务委员会制定的不适当的法律，有权撤销全国人民代表大会常务委员会批准的违背宪法和本法第66条第2款规定的自治条例和单行条例……"结合《宪法》第57条规定："中华人民共和国全国人民代表大会是最高国家权力机关。它的常设机关是全国人民代表大会常务委员会。"从上述规定可以看出，全国人大作为最高权力机关，其意志要高于作为其常设机关的全国人大常委会，因此，宪法和法律赋予了全国人大改变或撤销全国人大常委会所制定的不适当的决定或法律的职权。但是,并不能由此推导出:全国人大制定的法律效力高于全国人大常委会制定的法律。因为这是两个层次的问题。

第一个层次,从内部组织上来讲,全国人大常委会并不享有独立于全国人大的意志,全国人大常委会只是全国人大的常设机关。全国人大是最高民意机关和最高权力机关,因为其短期会议的组织形式而设立了一个常设机关,这个常设机关是隶属于全国人大并对其负责和报告工作。因此,全国人大自然有权撤销作为其常设机关的全国人大常委会所发布的不适当的决定或法律。如果全国人大改变和撤销全国人大常委会的法律,那么最终执行的就是全国人大的意志,从而变成了全国人大的立法。如果全国人大没有改变或撤销其常委会的立法,则意味着全国人大以默示的方式同意其常委会的立法。从这个角度来看,全国人大常委会的立法仍然执行的是全国人大的立法意志。另外,从法律修改方面全国人大对全国人大常委会的限制,也可以看出全国人大和全国人大常委会之间意志的一致性。《立法法》第7条规定全国人大常委会对全国人大制定的基本法律的补充修改必须受到一定的限制:(1)只能在全国人大闭会期间进行补充和修改。(2)这种补充和修改必须限于部分的范围内,即在原有法律的基础上增加部分内容,或者对原有法律的内容进行部分改变。(3)这种补充和修改不得同该法律的基本原则相抵触,所谓法律的基本原则是指贯穿于该法律始终的核心和精神,也即该法的基本原则、指导思想和基本任务。可见,贯穿于全国人大和全国人大常委会之间的核心意志(核心和精神)是一致的。[①]

第二个层次,从外部效力上来说,全国人大及其常设机关所制定的法律的效力是一样的。作为行使国家立法权的主体,两者是一个整体而不是两个。根据《宪法》第2条"中华人民共和国一切权力属于人民。人民行使国家权力的机关是全国人民代表大会和地方各级人民代表大会"规定的人民主权原则,以及中国实行的全国人民代表大会制度的代议制模式,"国家立法权"是我国最高权力,是主权的象征,主权不可分割,所以作为人民行使主权的机关全国人大的宪定职权"国家立法权"也是不可分割的。[②] 全国人大常委会不享有独立于全国人大的国家立法权,其制定的法律当然也是最高权力机关意志的体现,其效力等于最高权力机关制定的法律的效力。作为一个立法主体,《宪法》和《立法法》对全国人大及其常委会的立法权限进行了划分,这种划分只是主体内部的一种分工,这种分工更多的是技术意义上的,而不涉及立法权限的分割。全国人大原则上制定"基本法律",还可以制定其认定的"应该由全国人大制定的法律",而全国人大常委会制定"法律",这种分工是为了保证涉及国家基本制度、重大事务和公民基本权利等重要事项的法律能够得到最广泛民意的支持。

再次,全国人大常委会制定的法律与全国人大制定的(基本)法律不相一致时如

① 冯国超:"基本法律和法律之间的'效力冲突'",载《金卡工程·经济与法》2008年第6期。

② 同上。

何处理,《立法法》已经进行了明确的规定:由全国人大常委会来进行裁决,因为《宪法》还赋予了全国人大常委会解释宪法和法律的权力。如果要解决法律之间的不一致,必然涉及法律解释的问题,由法定的解释机关来充当法律冲突的裁决机关,从法律技术上来说是妥当的;而且从理论上来说,由最高权力机关的常设机关来裁决法律之间的冲突,也符合我国现行的宪制。因此,没有必要区分所谓的"基本法律"和"法律"的效力。[①] 如果将"基本法律"单列出来,认定其效力高于"普通法律"而低于"宪法",必然带来法律体系上的混乱。因为全国人大制定的"基本法律"效力高于全国人大常委会制定的"法律",而《宪法》和《立法法》却"在全国人民代表大会闭会期间,对全国人民代表大会制定的法律进行部分补充和修改,但是不得同该法律的基本原则相抵触",同时,《宪法》和《立法法》将宪法和法律的解释权和法律冲突的裁决权赋予全国人大常委会,这必将导致全国人大常委会僭越全国人大的立法权。

复次,历史地看,1954 年宪法只规定"全国人民代表大会是最高国家权力机关",是"行使立法权的唯一机关",直到 1982 年宪法,才扩大了全国人民代表大会常务委员会的职权,将直属于全国人民代表大会的一部分职权交由全国人大常委会行使。这个嬗变过程说明,随着社会发展和国家事务的繁多,需要立法的事项也逐渐增多,这样 1954 年宪法所规定的全国人大是唯一的立法机关,就不免适应不了社会的发展,因此 1982 年宪法才将部分职权交给全国人大常委会来行使。可见,现在的全国人大行使的包括立法职权在内的职权,是全国人大的部分职权"分给"全国人大常委会的结果,其原本就是全国人大的职权,从 1954 年宪法关于立法权的规定和 1982 年宪法的规定的对比就能得出这个结论。[②]

最后,在司法实践中,全国人大制定的法律和全国人大常委会制定的法律的效力一般被视为是一致的。在 2005 年云南省"朱某上诉公安交通行政处罚案"中,一审宣判后,原告朱某不服,上诉至云南省昆明市中级人民法院称:一审判决对适用法律的审查认定错误,认为全国人大制定的《行政处罚法》是上位法,全国人大常委会制定的《道路交通安全法》是下位法,交警对其作出的行政处罚只能适用《行政处罚法》,而不是《道路交通安全法》。而按《行政处罚法》的规定,对公民处以 50 元以下罚款的,才可适用简易程序。交警对其处以的罚款金额为 100 元,适用简易程序构成违法,请求撤销一审判决,改判支持其诉讼请求。针对上诉人所诉称的法律冲突问题,云南省昆明市中级人民法院经二审审理认为:首先,在我国的立法体系中,全国人大与全国

---

① 有的学者将我国的法律分为三个档次:第一个档次是宪法。宪法是国家的根本大法,具有最高的法律效力。第二个档次是基本法律。凡涉及国计民生中特殊重大事项的法律,称为"基本法律",由"全国人大"制定和修改。第三个档次是"除应当由全国人民代表大会制定的法律以外的其他法律"。此处所称"其他法律",是与"基本法律"相对而言,通常称为"普通法律"。参见崔敏:"关于对基本法律的修改权限问题",载《人大研究》2007 年第 4 期。

② 冯国超:"基本法律和法律之间的'效力冲突'",载《金卡工程·经济与法》2008 年第 6 期。

人大常委会都是法律的制定主体,均为行使最高立法权的国家立法机构,全国人大常委会是全国人大的常设机关,在全国人大闭会期间,其可行使国家最高立法权,两个国家最高立法机构所制定的法律不应存在位阶上的"层级冲突",即不会产生"上位法"与"下位法"之间冲突的问题,故上诉人朱某在该案中认为全国人大制定的《行政处罚法》系"上位法",全国人大常委会制定的《道路交通安全法》系"下位法"的上诉理由不成立。其次,全国人大制定的《行政处罚法》是对所有行政处罚作较原则的规范性规定,属于普通法规范;而由全国人大常委会制定的《道路交通安全法》则是对道路交通安全管理的有关事项作具体规定,属特别法规范,按照我国《立法法》第83条的规定,"特别规定与一般规定不一致的,适用特别规定"。故本案应当适用特别规定。①

四、《刑事诉讼法》与《律师法》的效力关系

单纯从法条内容上看,律师会见当事人的程序,《刑事诉讼法》和《律师法》两部法律的规定确有不一致,早有学者提出了质疑。2008年3月份的"两会"期间,全国政协委员、致公党天津市委会副主委、天津大学法学教授何悦在一件名为《关于尽快将刑事诉讼法与律师法内容相统一的建议》的提案中,指出了《刑事诉讼法》与新修订的《律师法》在律师会见、阅卷、调查取证等问题上规定不一致的几个方面,如新修订的《律师法》规定,从侦查机关第一次讯问犯罪嫌疑人时起,律师可凭"三证"直接会见犯罪嫌疑人,但现行《刑事诉讼法》则规定,如果律师会见犯罪嫌疑人,必须在侦查机关第一次讯问犯罪嫌疑人后(有些案件还需侦查机关批准)方可会见犯罪嫌疑人;新修订的《律师法》规定,律师自审查起诉之日起有权查阅、摘抄和复制与案件有关的所有案卷材料,但现行《刑事诉讼法》规定,在此阶段律师只能查阅、摘抄、复制本案的诉讼文书及技术性鉴定材料等。

2008年8月初,全国人民代表大会常务委员会法制工作委员会对政协十一届全国委员会第一次会议第1524号(政治法律类137号)提案进行了答复,其中进行了如下确认:"依照宪法规定,全国人大常委会对于全国人民代表大会制定的法律,在不与其基本原则相抵触的情况下,可以进行修改和补充。新修订的律师法,总结实践经验,对刑事诉讼法有关律师在刑事诉讼中执业权利的有些具体问题作了补充完善,实际上是以新的法律规定修改了刑事诉讼法的有关规定,对此应按修订后的《律师法》的规定执行。"②

---

① 王翁阳、储皖中:"朱某上诉公安交通行政处罚案",载法制网(http://www.legaldaily.com.cn/misc/2007-04/16/content_592401.html)。

② 孙继兵:"律师法与刑诉法冲突　人大法工委:按律师法执行",载《法制日报》2008年8月17日。

仔细分析全国人大常委会法工委的这个批复的内在逻辑,实际上承认了两部法律的关于律师的相关规定的不一致,并认为应该按照新《律师法》的规定执行,理由是"实际上是以新的法律规定修改了刑事诉讼法的有关规定",遵循"新法优于旧法"的原则,所以执行《律师法》的规定。这个批复包含两层意思:

第一,依照宪法和立法法的规定,在全国人民代表大会闭会期间,对全国人民代表大会制定的法律进行部分补充和修改,但是不得同该法律的基本原则相抵触。全国人大常委会对全国人大制定的法律进行部分补充和修改,既包括对法律本身的修改,也包括以其他法律修改原法律所规范的相同事项,只要不与原法律的基本原则相抵触。

第二,全国人大常委会法工委并没有认为《刑事诉讼法》是全国人大制定的"基本法律",因而其效力高于全国人大常委会制定的《律师法》,而是将二者视为同一位阶的法律。既然是同一位阶的法律,按照《立法法》第83条的规定:"同一机关制定的法律、行政法规、地方性法规、自治条例和单行条例、规章,特别规定与一般规定不一致的,适用特别规定;新的规定与旧的规定不一致的,适用新的规定",应该按照从新原则适用《律师法》的规定。

这个结论,与本文的分析是一致的。实际上,一些地方出台的"律师会见当事人具体办法",如北京市2008年6月2日颁布实施的《关于律师会见在押犯罪嫌疑人、被告人有关问题的规定(试行)》,便开始执行新《律师法》的规定,如第21条规定:"对于不涉及国家秘密的案件,办案机关应当在律师提出会见要求后48小时内开具《安排律师会见非涉密案件在押犯罪嫌疑人通知书》,由律师接待室尽快通知律师并安排律师会见。"第23条规定:"律师会见不被干扰、不被监听,侦查机关一般情况下不派员在场。"这些规定都体现了新《律师法》的立法精神。

五、拒绝律师会见当事人的决定是否属于行政诉讼的受案范围

一个行为是否属于行政诉讼的受案范围,如果缺乏法律上的明确依据,则主要根据行为的性质,如果该行为属于行政行为,则应纳入行政诉讼的受案范围,反之则否。而判断一个行为是否属于行政行为,则要依据该行为是否属于行使法定行政职权的行为。

(一)公安局拒绝律师会见当事人的申请这一行为的性质

根据《行政诉讼法》第2条的规定:"公民、法人或者其他组织认为行政机关和行政机关工作人员的具体行政行为侵犯其合法权益,有权依照本法向人民法院提起诉讼。"《最高人民法院关于执行〈中华人民共和国行政诉讼法〉若干问题的解释》(下文简称《行诉解释》)第1条对此解释:"公民、法人或者其他组织对具有国家行政职权的

机关和组织及其工作人员的行政行为不服,依法提起诉讼的,属于人民法院行政诉讼的受案范围。”由此可知,我国法律确定“行使国家行政职权的具体行政行为”作为行政诉讼受案范围的概括性标准。

《行政诉讼法》第12条的规定,明确排除作为行政诉讼受案范围的行为有四项,分别为国家行为、抽象行政行为、内部行政行为和终局行政行为。《行诉解释》明确排除作为行政诉讼受案范围的行为除此四项外,另有五项,即调解行为和法律规定的仲裁行为、行政指导行为、驳回当事人对行政行为提起申诉的重复处理行为、对行政相对人权利义务不产生实际影响的行为,以及公安、国家安全机关依照刑事诉讼法明确授权实施的行为。在《行诉解释》排除的五项行为中,公安机关安排或拒绝安排律师会见犯罪嫌疑人的行为肯定不属前四项,但似乎与第五项行为有关。

《行诉解释》之所以将刑事司法行为排除在行政诉讼的受案范围之外,是因为:一方面,刑事强制措施行为和刑事侦查行为与作为司法行为的对刑事案件的审理、裁判行为具有关联性和连续性,如在未进行审理裁判前过早地对刑事强制措施行为和刑事侦查行为进行司法审查,可能不利于刑事案件办理的顺利和连续进行,不利于对犯罪行为的追究;另一方面,我国《刑事诉讼法》已经授权检察机关对刑事侦查等刑事司法行为进行监督,《国家赔偿法》规定因刑事司法行为违法致人损害的,受害人可以根据国家赔偿法的有关规定获得救济。基于上述理由,法律和司法解释将其从行政诉讼范围中排除。①

在目前的法制实践中,公安机关常常以执行《刑事诉讼法》为由,拒绝律师会见当事人,而法院针对这类案件,也常常以公安机关拒绝律师会见当事人属于刑事司法行为而不在行政诉讼的受案范围内为由,不受理律师对此提起的行政诉讼。② 本案就是典型的事例。龙华法院认为被告对林师皇实施刑事拘留行为,是刑事诉讼法明确授权的行为,不属于人民法院行政诉讼的受案范围,遂驳回程海律师的起诉。法院的逻辑是:公安机关对林师皇实施刑事拘留行为,是刑事诉讼法明确授权的行为,而对律师会见林师皇进行管理和审查,是该行为的一部分。这种逻辑在一些类似的案例中被普遍应用,如云南省昆明市官渡区人民法院裁决认为:公安机关作为国家侦查机关,对犯罪嫌疑人、被告人采取强制措施并进行羁押、看管,是《中华人民共和国刑事诉讼法》规定其依法享有的司法权力,而不是由行政法律、法规授权实施的行政管理职权。官渡区看守所对律师会见的在押的犯罪嫌疑人进行审查、管理,属于依照刑事诉讼法明确授权实施的刑事诉讼行为,而非行政管理行为。因此,起诉人以上述理由提起行政诉讼,不符合行政诉讼受案范围。③

---

① 胡建淼主编:《行政诉讼法》,法律出版社2004年版,第54页。

② “新律师法实施1年:三大执业难题如何突破?”,载《检察日报》2009年6月1日。

③ “律师会见嫌犯状告看守所未被受理”,载浙江律师网(http://www.zjlawfirm.com.cn/html/2009-02/825.html)。

公安机关行使职权的行为,包括具体行政行为和刑事司法行为。这两种职权都由公安机关来行使,这增加了区分这两种行为的困难。目前,对于这两种行为划分标准的理论有如下一些:

其一,授权标准学说。这种学说认为,公安机关在刑事案件侦查过程中所采取的措施不全都是刑事司法行为,只有符合《刑事诉讼法》明确规定和授权的刑事司法行为种类的,才属于刑事司法行为。一方面,具有刑事侦查等刑事司法权的主体,目前只限于公安机关、国家安全机关、海关、军队保卫部门、监狱等机关,其他机关无权作出这种行为。另一方面,这些机关实施的行为必须是《刑事诉讼法》明确授权的行为,包括对犯罪嫌疑人、被告人的拘传、取保候审、监视居住、执行逮捕、刑事拘留等强制措施行为,以及对犯罪嫌疑人讯问、对证人询问、对与犯罪有关的场所、物品、人身、尸体的勘验、检查、对犯罪嫌疑人以及可能隐藏罪犯或犯罪证据的人的身体、物品、住处和其他有关的地方的搜查、扣押物证、书证、鉴定和对在逃犯罪嫌疑人的通缉等刑事侦查行为。如果公安机关在执法过程中所采取的强制措施不属于刑事法律所规定的种类,而是行政法上所规定的强制措施,那么,就应当属于行政行为。所以,公安机关采取类似留置盘问这样的由行政法所规定的措施种类时,则属于行政行为而不是刑事司法行为。

其二,程序标准学说。该学说认为,区分刑事司法行为与行政行为的标准在于行为的程序,即主要看公安、安全等机关的行为是否依据《刑事诉讼法》有关程序性规定作出,只要符合刑事案件立案程序的规定,就可以认为是刑事司法行为。公安行政行为适用的是公安行政执法程序,由各种公安行政执法程序所组成,如治安管理处罚程序、道路交通管理处罚程序、出入境管理处罚程序等,适应公安机关内部行政管理职能的分工,各个程序相对应的公安行政管理实体法不同。公安行政执法程序呈现多样化、分散化特点。刑事侦查行为适用的是刑事诉讼程序,体现高度集中、统一的特点。公安行政执法程序的另一特点是执法行为所需的环节少,简单、快捷,时间要求短,适应对治安问题快速、高效处理,与此相比较,刑事侦查程序则要复杂、繁杂得多,时间也相对较长,适应对犯罪案件质量的更高、更严的要求。公安行政行为与刑事侦查行为所使用的法律文书也是完全不同的,前者使用的是公安行政法律文书,后者使用的是刑事法律文书,这些文书在名称、格式、所载内容上均截然不同。

其三,结果标准说。这种学说认为,即主要看公安、安全等机关所办理的待定案件最终处理结果如何,如果案件作为刑事犯罪起诉、审判并作了有罪处理,则作为刑事司法行为;反之则是行政行为。公安机关具有打击犯罪和对社会治安进行管理的双重职责,既受刑事法律又受行政法律的调整,在一般情况下,公安机关实施强制措施后,如果不按照《刑事诉讼法》的规定,对行为人的行为给予定论和必要的处理,就没有理由认为这些措施是刑事强制措施,只有最终结果是按刑事犯罪处理的,采取的才是刑事司法行为；否则，则是行政行为。①

其四，综合标准说。即兼顾上述各种观点，主张进行全面审查、综合判断，从而确定公安机关行为的性质。②

那么，本案中，海口市公安机关拒绝程海律师申请会见当事人的行为，是属于哪一种性质的行为呢？以综合的标准来看，海口市公安机关拒绝程海律师申请会见当事人的行为，属于具体行政行为。

首先，海口市公安机关的这一行为不是《刑事诉讼法》明确授权的刑事司法行为。公安机关和法院认为其拒绝律师会见当事人的申请的理由通常都是"执行《刑事诉讼法》的规定"。《刑事诉讼法》在第96条第2款中规定了律师会见当事人的相关事项："受委托的律师有权向侦查机关了解犯罪嫌疑人涉嫌的罪名，可以会见在押的犯罪嫌疑人，向犯罪嫌疑人了解有关案件情况。律师会见在押的犯罪嫌疑人，侦查机关根据案件情况和需要可以派员在场。涉及国家秘密的案件，律师会见在押的犯罪嫌疑人，应当经侦查机关批准。"可见，除了涉及国家秘密的案件，律师会见在押的犯罪嫌疑人，并不需要侦查机关批准。换句话说，对于一般的不涉及国家秘密的案件，侦查机关拒绝律师会见当事人的申请，并不属于《刑事诉讼法》明确授权的刑事司法行为。这一点，在一些下位法规范中得到了明确规定。最高人民法院、最高人民检察院、公安部、国家安全部、司法部、全国人大常委会法制工作委员会（六部委）《关于执行刑事诉讼法若干问题的规定》对律师会见犯罪嫌疑人的具体时间及操作流程做了规定，即第11条："对于不涉及国家秘密的案件，律师会见犯罪嫌疑人不需要经过批准……律师提出会见犯罪嫌疑人的，应当在48小时内安排会见，对于组织、领导、参加黑社会性质组织罪、组织、领导、参加恐怖活动组织罪或者走私犯罪、毒品犯罪、贪污贿赂犯罪等重大复杂的两人以上的共同犯罪案件，律师提出会见犯罪嫌疑人的，应当在5日内安排会见。"公安部发布的《公安机关办理刑事案件程序规定》第35条和第44条规定，公安机关应当保障律师在侦查阶段会见犯罪嫌疑人，律师提出会见犯罪嫌疑人的，公安机关（除特定案件外）应当在48小时内安排会见。全国律协发布的《律师办理刑事案件规范》第32条规定，律师可根据案件情况和需要决定会见在押犯罪嫌疑人的时间和次数，要求侦查机关予以安排。律师会见犯罪嫌疑人不受非法干涉。③

其次，从行为性质上来说，海口市公安局拒绝程海律师申请会见当事人的行为是一种行政行为，是公安机关对被羁押的嫌疑人进行管理的一种行政职权的体现。虽然海口市公安局对林师皇实施刑事拘留行为，是《刑事诉讼法》明确实施的刑事司法

① 姜明安主编：《行政诉讼与行政执法的法律适用》，人民法院出版社1995年版，第124页。

② 杨小君："试论行政强制措施与刑事强制措施的区别及其与行政诉讼的关系"，载《甘肃政法学院学报》1998年第3期；胡建森主编：《行政诉讼法》，法律出版社2004年版，第54～55页。

③ 姜明安："对公安机关拒绝安排律师会见犯罪嫌疑人的行为是否可提起行政诉讼？"，载《检察日报》2003年8月11日。

行为,此时公安机关的角色应该是刑事侦查机关;但公安机关拒绝程海律师会见其当事人林师皇的行为,并非刑事司法行为的一个附带的部分,而是一个独立的行为,其目的在于保障当事人获得有效辩护,此时公安机关的角色应该是嫌疑人的羁押管理机关。其实,《刑事诉讼法》规定:涉及国家秘密的案件,律师会见在押的犯罪嫌疑人,应当经侦查机关批准。此时,侦查机关的批准行为,也属于一般的行政许可行为,而不是具有刑事追诉色彩的刑事司法行为。因为刑事司法行为的本质,是国家追查犯罪行为而授权有权机关采取的措施。侦查机关批准律师会见当事人的行为,其直接目的并非为了追查犯罪,而在于维护当事人的获得辩护的权利,仅仅是与国家追查犯罪行为有关的一种行政行为。

最后,前文已经论证,当《刑事诉讼法》与《律师法》关于律师会见当事人的规定不一致时,应按照"新法优于旧法"的原则,适用《律师法》的规定。换句话说,公安机关和法院不应该再适用《刑事诉讼法》,将拒绝律师会见当事人的行为作为刑事司法行为,并排除在行政诉讼法的受案范围之外。律师会见当事人的权利是《律师法》赋予的,公安机关拒绝律师会见当事人,便是违法的行政行为。

(二)获得辩护权原则

《宪法》第125条规定:"被告人有权获得辩护。"《刑事诉讼法》第11条规定:"被告人有权获得辩护,人民法院有义务保证被告人获得辩护。"因此辩护原则不仅只是一项刑事诉讼原则,而且还是一条宪法原则。

对于获得辩护权原则在我国刑事诉讼制度中的演变历史,可作如下梳理:

第一阶段,1979年颁布的《刑事诉讼法》,仅仅将辩护权赋予了审查起诉阶段的被告人。对于被告人而言,被告人有权针对控诉进行申辩,聘请律师或者自己提出说明自己无罪、罪轻或减轻、免除其刑事责任的材料和意见,以维护自己合法权益的权利。

第二阶段,我国1996年修改之后的《刑事诉讼法》将辩护权赋予了犯罪嫌疑人。其第96条第1款规定:"犯罪嫌疑人在被侦查机关第一次讯问后或者采取强制措施之日起,可以聘请律师为其提供法律咨询、代理申诉、控告。"据此,《刑事诉讼法》赋予犯罪嫌疑人在第一次讯问后或采取强制措施之日起,可以聘请律师辩护。也就是说,《刑事诉讼法》将辩护权不仅赋予审查起诉之后的被告人,同样赋予了侦查阶段的犯罪嫌疑人。

第三阶段,2008年6月1日开始实施的新《律师法》第33条规定:"犯罪嫌疑人被侦查机关第一次讯问或者采取强制措施之日起,受委托的律师凭律师执业证书、律师事务所证明和委托书或者法律援助公函,有权会见犯罪嫌疑人、被告人并了解有关案件情况。律师会见犯罪嫌疑人、被告人,不被监听。"据此,犯罪嫌疑人在第一次讯问时便可以得到律师的帮助。也就是说,当公民被有权机关确定为犯罪嫌疑人的第一时间就能够获得辩护。

因此，对于《宪法》第125条的理解，必须结合上述法律的规定来进行。因为这些法律都是由全国人大及其常委会制定和修改的，基于合宪性推定和法的安定性的考虑，这些法律在其效力时间内都应被解释为合宪的，随着这些法律的修改，《宪法》第125条规定中的“被告人”的范围应随之扩大解释为“犯罪嫌疑人和被告人”。

公民在受到刑事追诉的第一时间应该获得辩护，这是国际公认的原则。联合国制定和通过的一系列文件都把对被刑事追究人的权利保障作为国际刑事司法准则的核心内容。1966年《公民权利和政治权利国际公约》、1998年《保护所有遭受任何形式拘留或监禁的人的原则》、1985年《少年司法最低限度标准规则》、1990年《关于律师作用的基本原则》都规定了被刑事追究人有权获得律师及时、有效的辩护的权利。

我国已加入的联合国《公民权利和政治权利国际公约》第2条第3款要求缔约国承担下列义务：(1)保证任何一个公约所承认的权利或自由被侵犯的人，能得到有效的补救；(2)保证合格的司法、行政或立法当局或由国家法律制度规定的任何其他合格当局断定其在这方面的权利，并发展司法补救的可能性；(3)保证这种补救确能付诸实施。该公约在第14条第3款明确规定，国家“在判定对他提出的任何刑事指控时，人人完全平等地有资格享受以下的最低限度的保证”，受刑事指控的人，“有相当时间和便利准备辩护和与自行择定的律师联络”，在必要时还要为受刑事指控的人提供免费的法律援助。没有救济的权利是无保障的权利。公民在受到刑事追诉，特别是人身自由被限制后，许多与人身相联系的权利无法亲自行使。在现代国家中，律师给予犯罪嫌疑人提供帮助是救济公民权利的重要途径。公民享有律师提供法律帮助的基本诉讼权利。毫无疑问，根据国际公约的规定为受刑事指控的人进行救济这是被刑事指控的人所在国的国家的义务。

《公民权利和政治权利国际公约》规定公民获得律师帮助应该开始于对他提出刑事指控时，即侦查机关对其第一次讯问或者采取强制措施时。1990年第八届联合国预防犯罪和罪犯待遇大会通过的《关于律师作用的基本原则》第1条规定：“所有的人都有权请求由其选择的1名律师协助保护和确立其权利并在刑事诉讼的各个阶段为其辩护”；第7条规定，“各国政府还应确保，被逮捕或拘留的所有的人，不论是否受到刑事指控，均应迅速得到机会与1名律师联系，不管在何种情况下至迟不得超过自逮捕或拘留之时起的48小时。”①

结合上述实定法的分析和国际公约的规定，可以得出结论，获得辩护权原则作为一种宪法原则，作为公民的一项基本权利，贯穿于整个刑事诉讼的过程中，不受诉讼阶段的限制。任何人从被确定为犯罪嫌疑人开始，就享有完全的辩护权，不论是在侦

① 参见洪树涌：“犯罪嫌疑人在什么时候可以获得律师帮助”，载中思网（http://laws.sinoth.com/Doc/article/2009/6/13/server/1000042007.html）。

查阶段还是审查起诉之后,他既可以自行行使这项权利,也可以聘请律师来行使这项权利,侦查机关也有义务保证他们行使辩护权,应当在调查案件的同时认真听取他们所作的申辩和解释。

获得辩护权这一宪法基本原则和公民基本权利的一个重要内容便是:犯罪嫌疑人有权在第一时间获得律师的辩护帮助,相应地,侦查机关在第一时间负有告知犯罪嫌疑人享有辩护权的义务,并负有安排犯罪嫌疑人的律师与其会见或联系的义务,犯罪嫌疑人没有律师的还应该安排律师提供法律援助。例如,1990年联合国预防犯罪和罪犯待遇大会通过的《关于律师作用的基本原则》第8条规定:"遭逮捕、拘留或监禁的一切个人应有充分的机会、时间和便利条件,毫不迟延地、在不被窃听、不经检查和完全保密的情况下接受律师来访和与律师联系协商。这种协商可在执法人员能看得见但听不见的范围内进行。"

被指控刑事犯罪的公民在第一时间获得律师的辩护帮助,这本是《刑事诉讼法》在贯彻宪法保护公民获得辩护权的基本原则时应该予以规定的内容,但《刑事诉讼法》没有完全体现这一宪法原则。如今《律师法》以律师权利的形式在第33条规定:"犯罪嫌疑人被侦查机关第一次讯问或者采取强制措施之日起,受委托的律师凭律师执业证书、律师事务所证明和委托书或者法律援助公函,有权会见犯罪嫌疑人、被告人并了解有关案件情况。律师会见犯罪嫌疑人、被告人,不被监听。"据此,律师享有会见权、了解权、会见当事人不被监听权,并且,这种权利不受侦查机关的干涉,不需要获得侦查机关的批准;相反,侦查机关必须保障律师上述权利的实现。律师的这一权利可视为公民在遭受刑事指控时有获得辩护这一基本权利的衍生权利,其目的在于保障公民的基本人权不受侵犯。

会见权指辩护律师有权会见在押和不在押的被追诉人。由于与不在押的被追诉人会见不受任何外部条件的限制,所以,会见权的核心是保障与在押的犯罪嫌疑人的会见。通过会见,辩护律师可以向被追诉人了解有关案件情况并为其提供法律咨询,解释有关问题并向其提出法律建议。辩护律师与犯罪嫌疑人的会见,是辩护律师在侦查阶段为犯罪嫌疑人提供法律帮助、代理申诉和控告、申请保释等权利行使的前提,所以,辩护律师与犯罪嫌疑人会见权的保障直接决定着侦查阶段辩护机能的发挥。英、美、法、德、意、日等国的刑事诉讼法均对这一权利予以确认。作为原则,会见权是不受限制的,只是基于侦查上的需要,有些国家的法律允许有关机关在案件具有法定的例外情形时推迟会见的时间。如意大利《刑事诉讼法》规定,当出现特殊预防的理由时,可推迟犯罪嫌疑人与辩护律师会晤的时间。日本《刑事诉讼法》也规定,侦查上有必要时,可以指定会见的日期、场所和时间。①

① 参见宋英辉、吴宏耀:"刑事审前程序辩护律师权利之保障",载法律快车网站(http://www.lawtime.cn/info/xsbhdl/chengxubianhu/2008102336310_3.html)。

会见权是律师的一项重要权利,关系到犯罪嫌疑人的权利的保障是否及时有效,因此可以说是遭受刑事指控的公民获得辩护权这一基本人权的一项重要内容。但在我国,犯罪嫌疑人常常无法在第一时间获得律师的法律帮助。最高人民法院、最高人民检察院、公安部、国家安全部、司法部、全国人大常委会法制工作委员会(六部委)《关于执行刑事诉讼法若干问题的规定》对律师会见犯罪嫌疑人的具体时间及操作流程做了规定,即第11条:"对于不涉及国家秘密的案件,律师会见犯罪嫌疑人不需要经过批准……律师提出会见犯罪嫌疑人的,应当在48小时内安排会见,对于组织、领导、参加黑社会性质组织罪、组织、领导、参加恐怖活动组织罪或者走私犯罪、毒品犯罪、贪污贿赂犯罪等重大复杂的两人以上的共同犯罪案件,律师提出会见犯罪嫌疑人的,应当在5日内安排会见。"这条规定中的"安排",在实践中便是"批准",要求律师填写"申请单",由律师提出会见的申请,然后层层报批,经有权领导的批准之后才允许律师会见。即使不要求律师填写"申请单","安排"的主动权也不在律师手里。普遍的做法是:侦查机关取得了犯罪嫌疑人的有罪供述之后才让律师会见犯罪嫌疑人。律师即使会见过犯罪嫌疑人,犯罪嫌疑人的供述发生了变化,侦查机关会"要求"律师"配合"做犯罪嫌疑人认罪的工作,如若不然就会拒绝律师再次会见。侦查机关确定了律师会见犯罪嫌疑人的时间,律师会见犯罪嫌疑人仍然是困难重重。会见次数、会见时间、会见内容的限制不一而足:律师联系安排会见时,常常被告知"办案人员工作忙,时间实在安排不过来"、"领导不在";有的地方规定侦查阶段只准会见一次,一次不能超过30分钟;有的地方的侦查人员对律师的会见随意打断干扰;有的地方则不让律师了解案情,等等。①

实践中出现这些问题的一个重要原因,在于法律没有明确规定侦查机关在保障遭受刑事指控的公民获得辩护权时所负有的义务,以及没有明确规定侦查机关不履行该义务时公民能够获得的有效救济途径。也就是说,当律师被公安机关拒绝会见当事人时,如果被排除在行政诉讼的受案范围之外,那么遭受刑事指控的公民获得辩护的权利便受到侵犯,且无法得到有效的救济。西谚有云:无救济无权利。从这个角度上来说,将公安机关拒绝律师会见当事人的行为排除在行政诉讼的受案范围之外,将构成对公民在遭受刑事指控时获得辩护这一基本人权的限制。对于基本人权的限制,按照依法治国理论,是不能排除司法审查的。②

相反,将公安机关拒绝律师会见当事人的行为解释为侵犯律师和遭受刑事指控的公民会见权的行政行为,在法律上具有非常重要的意义:第一,有利于保护律师、当事人的诉权,防止其合法权益受到侵犯后失去有效的救济途径;通过对律师、当事人

① 参见洪树涌:"犯罪嫌疑人在什么时候可以获得律师帮助",载中思网(http://laws.sinoth.com/Doc/article/2009/6/13/server/1000042007.html)。

② 王喆、王华秀:"建立我国刑事侦查阶段的司法审查制度——源于人权保障的思考",载《行政与法》2006年第11期。

的诉权的保护,有利于保护当事人的实体权益;第二,有利于监督行政机关依法行政,防止某些行政机关通过混淆两种行为的界限而规避司法审查;第三,有利于贯彻执行《行政诉讼法》及其司法解释排除某些行为或事项作为行政诉讼受案范围的目的和宗旨。就《行政诉讼法》及其司法解释排除刑事司法行为作为行政诉讼受案范围而言,其目的和宗旨在于保证各相应国家机关办理刑事案件程序的顺利和连续进行,而公安机关拒绝安排律师会见犯罪嫌疑人的行为显然与这一目的和宗旨无关:法院受理和审理公安机关的此种行为,并不会对公安机关继续办理案件造成何种不利影响。如果认为律师会见犯罪嫌疑人会对刑事诉讼行为产生何种实体上的消极影响的话,那就不是要不要将公安机关拒绝安排律师会见犯罪嫌疑人的行为列入司法审查范围的问题,而是应在法律上取消律师会见犯罪嫌疑人的规定的问题。由此可见,理解和解释法律,一定要结合法律的目的和宗旨,要进行合目的性的解释。①

六、结论

新《律师法》与《刑事诉讼法》关于律师会见当事人的规定存在不一致,但两部法律是同一个立法主体制定的,法律效力处于同一位阶,因此并不存在层级冲突,应按照“新法优于旧法”的原则,适用新《律师法》的相关规定。由此,海口市公安局适用《刑事诉讼法》的相关规定拒绝程海律师会见当事人的要求,属于适用法律错误;而法院将海口市公安局的这一行为解释为“刑事诉讼法明确授权实施的行为”,从而排除在行政诉讼的受案范围之外,同样属于适用法律错误。遭受刑事指控的公民获得辩护,是一项基本人权。律师在第一时间会见遭受刑事指控的当事人,是该基本人权的一项重要内容。侦查机关拒绝律师会见当事人,构成了对该项基本人权的限制。基于法治理论,对于基本人权的限制,不能排除司法审查。因此,将海口市公安局拒绝律师会见当事人的行为排除在行政诉讼的受案范围之外,从合法性和合理性上来说,都是不妥当的。

① 姜明安:“对公安机关拒绝安排律师会见犯罪嫌疑人的行为是否可提起行政诉讼?”,载《检察日报》2003年8月11日。

事例5：梁广镇身兼两地人大代表事件

——被选举权保护

秦奥雷

一、梁广镇事件始末及问题发现

梁广镇出身于广东省郁南县都城镇水松根村一个农民家庭，连任广东省云浮市三届人大代表，一起本来与他无关的诽谤案件牵出了其在十多年前发生的一桩旧案。2006年7月，一起诽谤云浮市委书记的案件破获，时任云浮市公安局党委委员的江纲及其他5人，被广东省云浮市检察院以涉嫌诽谤罪依法批捕。另外检察机关查明，江纲是梁广镇的"连襟"。1997年9月，梁广镇通过江纲，将公安局的300万元罚没收入挪作企业的流动资金，当年12月30日将这笔钱归还。按照《刑法》第384条规定，梁广镇明知300万元是公款，并与江纲合谋挪用，两人构成挪用公款罪共犯，而且属于"情节严重"，应处5年以上有期徒刑。云浮市检察院对梁广镇涉嫌挪用公款一案立案侦查，并按程序报请云浮市人大常委会对梁广镇采取强制措施，该市人大常委会的态度很明确，坚决支持检察机关依法办案，许可检察机关对其采取任何强制措施，并移送法院进行刑事审判。然而，广西百色市人大常委会表示了不同的意见，原因是梁广镇同时也是当时广西百色市人大代表，未经其许可，云浮市检察院不能对其采取强制措施并移送法院进行刑事审判。据悉，梁广镇仅在广西百色市隆林县的资产就达3亿多元。2007年3月，广西百色市人大常委会副主任谭振秋携带该市人大常委会的决定，来到云浮市告诉当地检察院，云浮市检察院没有经过百色市人大常委会的许可，对身为百色市人大代表的梁广镇采取强制措施是"严重的违法"。两地人大常委会机关意见相左，检察机关无所适从，案件被迫搁置。

梁广镇事件立时吸引了大家的关注，也快速进入公众和学术研究的视野。面对和解决这一事件，几个问题是绕不开的：第一，对于广西百色市和广东省云浮市两地人大常委会所作出的截然不同的决定，如何执行？云浮市检察院可否直接依据该市人大常委会的决定对梁广镇采取强制措施？百色市不同意采取强制措施的决定是否只针对百色市检察院还是针对所有将对梁广镇采取强制措施的检察机关?当两个人大常委会作出针对同一事件相左的决定时,如何解决纠纷?第二,百色市人大常委会不予同意对梁广镇采取强制措施的决定是否合理合法?人大代表的人身豁免权是何种性质的权利?人大及人大常委会对人身豁免权保护和限制的内容是什么?第三,人大代表能否在具有相同行政级别的不同行政区划的人民代表大会任职?如果不能,如何解决人大代表两地任职的问题?上述问题是从事件事实出发依次被提出的,而回答的关键是第三个问题,这是该事件的根本性问题。一方面,第三个问题得到了解答,前面的问题便成为附带性问题;另一方面,第三个问题的提出和解决也表明这一事件所具备的超越个案而具有代表性和典型性的意义所在。

梁广镇事件因为牵涉司法程序的启动而使得"人大代表能否兼任两地"的疑问浮出水面、引人注目,但事实上,即使不存在司法程序启动的纠纷,这已经成为一个重要的实践性问题。梁广镇事件仅是我们认识这一问题的楔子。近年来,随着经济的发展、人员的迁徙以及资本财富的流动,许多"梁广镇式"的民营企业家在多个地方投资,并以其对地方经济发展的贡献而当选为多个地方的人大代表。"人大代表兼任两地"已经成为许多地方绝非个案的事实做法。但这一事实做法是否合理合法?如何来看待和解决"人大代表身兼两地"?这其中,关涉到公民的被选举权的保护和限制、人大代表的选举、人大代表与选民的关系、人大代表的权利、人大代表制度的完善等多个问题的研究。因此梁广镇事件虽直接表现为司法程序适用的纠纷,但其更深层次的问题根源则是在宪法层面的。

二、被选举权的宪法保护与限制有何特殊性

在政治性基本权利的宪法保护中,选举权更为大家所关注。梁广镇事件中所提出的"公民可否在同级的两地人大当选为人大代表"问题,所涉及的却是有关被选举权的宪法保护与限制。

(一)被选举权与选举权

选举权和被选举权是一对最为重要的政治性基本权利。许多宪法学研究将其组合在一起作为"对权利"进行研究。选举权与被选举权有广狭义之分,狭义的指的是公民参加国家机关或代表机关的创设和组织而进行的必要的选举的选举权与被选举权;广义的是指为实现任何国家机关、公共团体乃至私人组织的创设和组织而进行的各种选举的选举权与被选举权。狭义的被选举权和选举权含义是宪法学研究所通常使用的含义。

选举权与被选举权在权利性质、权利实现路径等方面有许多共性特征。被选举权往往以选举权为前提,即被选举权行使的前提必须是享有选举权。但是,两项权利

对应的权利客体不同,实现的社会价值和利益不同,因此行使选举权与被选举权的主体资格具有比较明显的差别。一般而言,经过登记在册的选民均有资格行使选举权,但被选举权的主体资格往往需要考察选举职位的具体性和特殊性来加以设置。这一点在接下来的被选举权的分析中可以看到。

(二)被选举权的性质

关于被选举权的性质,有两种基本观点的争论:一是认为被选举权是一种资格或地位,非可以主张的权利;二是认为当个人作为候选人参选的被选举权可视为宪法权利。①

被选举权可否作为基本权利被主张和救济?国外的宪法实践中给予了解答。欧洲人权法院曾经对发生在希腊、英国等国家的立法就选举候选人的主体资格限制是否侵犯候选人被选举权的一系列案件进行了审理,人权法院的法官们在案件的判决中,肯定了被选举权的"主观权利"性质。② 但判决一般对各国立法中所设定的特殊的候选人资格给予充分的尊重。因而,即使被选举权的权利属性是成立的,但其行使的核心仍与特定的主体资格相联系,即主体适格方能行使被选举权。

(三)被选举权的主体限制

如前所述,被选举权较选举权的限制要严格,体现在主体资格上。其理论依据在于,选举权与被选举权所实现的客体价值不同,权利目标指向的社会利益不同。选举权的行使其目的在于选举合适人选进行公共决策和管理,这是一项选择利益,但被选举权的行使则有可能直接进行公共决策和管理,蕴涵着更高的社会责任要求。选举权的主体有能力进行选择即可,而被选举权的主体则要求有能力担当决策和管理事务。

依据各国宪法和法律的规定,被选举权主体的限制表现在积极要件和消极要件两方面:

1. 积极要件

第一,享有法律规定的选举权,并且是合法适格的选民,这是最基础的要件。这意味着不具有选举权、不具备合法适格选民资格的主体不能够行使被选举权,而无法成为候选人。如果某人在某次选举当中的选民资格不成立,其候选人资格便不成立,其当选应当无效而不能成立。这一点对"梁广镇"事件的意义很明显。

第二,年龄要件。根据职务简繁与责任轻重的程度,不同的候选职位往往设定不

---

① 林来梵著:《从宪法规范到规范宪法——一种宪法学的前言》,法律出版社2001年版,第134页。

② [英]克莱尔·奥维等著:《欧洲人权法原则与判例》(第3版),何志鹏等译,北京大学出版社2006年版,第460~462页。

同的年龄要求。例如,美国法定选举年龄为18岁,但众议院议员候选人应年满25岁,参议院议员候选人应年满30岁,而总统候选人应年满35岁。

第三,学历和经历条件。例如,我国台湾地区,“国民大会代表”和“立法委员”候选人须高级中学以上学历毕业或普通考试以上考试及格,或曾任“省”(“市”)议员以上公职一任以上;“监察委员”候选人须专科以上学校毕业,或高等考试以上考试及格,具有行政、司法工作经验4年以上,或曾在专科以上任教或执行律师、会计师业务4年以上,或曾任“省”(“市”)议员以上公职一任以上。

第四,居住资格。大多数西方国家对候选人规定了住所资格,即候选人应是本选区的居民。如美国宪法规定,候选人当选时应是选出州的居民。有些国家还进一步规定了定居条件,如墨西哥、比利时宪法规定必须在本选区住满6个月以上才享有被选举权,挪威选举法则规定要在国内连续居住10年以上才能当选议员。这样做的目的是使当选者能充分了解、掌握当地的实际情况,具有广泛的代表性。①

除此之外,有的国家还提出候选人无政党倾向、获得一定数量的签名支持等积极要件。

2. 消极要件

消极要件是指候选人不应该具有的条件。从各国宪法和法律的规定来看,具有下述情况者不得申请候选人资格:第一,财产债务尚未清偿者;第二,因犯罪行为被法院依法剥夺政治权利,或受到某种特定惩戒而被特别限制候选人资格者;第三,其既有的职务身份可能导致选举成功后妨碍公职的公正、公平之履行者。例如,一些国家宪法和法律规定,现任行政人员不得申请登记为议员选举的候选人。

(四)被选举权的保护

1. 被选举权的平等保护原则

被选举权实现的重要原则是对被选举权加以平等保护。许多国家的宪法对此有规定,例如《俄罗斯联邦宪法》第32条规定,“俄罗斯公民有直接或通过自己的代表参加管理国家事务的权利;俄罗斯联邦公民有选举或被选入国家权力机关和地方自治机关以及参加公决的权利……俄罗斯公民有进入国家机关的平等机遇”。

被选举权的平等保护的内涵主要包括:第一,反对歧视。主要是指反对通过不平等、不合理的被选举权主体资格的设定来歧视和排斥某些公民的被选举权。例如,将财产、种族等因素纳入候选人的主体资格条件。被选举权的主体资格限制是否是“合理差别而非不平等”的标准取决于被选举公共职务的职务要求。宪法实践中,许多被选举权侵权案件的诉由均是围绕“被选举人主体资格的设定是否合理、平等”而展开的。第二,反对特权。反对给予特定人或特定群体以获得候选人资格的更优越条件。

① 胡盛仪等著:《中外选举制度比较》,商务印书馆2000年版,第168页。

例如,反对给予少数人或者少数群体多于一般人或一般群体的复数被选权。

2. 被选举权的内容

公民的被选举权的内容包括资格确认权,组织竞选机构、开展竞选活动的权利,获得公共财政支持的权利,自行募集选举经费的权利等。

候选人的资格确认是指公民如果符合某一选举产生的公职的任职资格,自己通过一定的法律程序提出参加选举,他的被选举权即应得到尊重和确认,选举组织机构应允许其参加选举。并且任何公民的这一权利都应受到法律的平等对待,而不应对某些人有比对其他人更严格的资格限制,不应施加其他不合理的资格要求。① 资格确认权中事实上包含了明显的平等保护的要求。

三、我国宪法和法律中如何保护公民的被选举权

在我国,法定的选举制度包括三部分:第一,各级人大代表的选举,其中县乡两级人大代表由选民直接投票选举,县级以上各级人大代表实行间接选举;第二,国家机关领导人的选举,包括中央国家机关和地方国家机关领导人的选举;第三,村民委员会和居民委员会这些基层自治组织的选举。按照我们前述广义的选举权内涵理解,选举包含这三个层次的选举,但按照通常的狭义的选举权内涵理解,选举只包含上述两个层次,经由我国立法具体规范和详细设计的是全国人大和各级地方人大的选举制度。而为我国符合法定条件的公民广泛和普遍地享有、行使的则只包括县乡两级人大代表的选举。② 本文所分析的"梁广镇"事件是关于人大代表的任职事件,为事件研究的针对性考虑,笔者撷取"人大代表"的选举内容,接下来要分析的被选举权就是指对应于"人大代表"选举含义的被选举权。

(一)被选举权的平等保护原则

我国《宪法》第34条、《全国人民代表大会和地方各级人民代表大会选举法》(以下简称《选举法》)第3条均规定,中华人民共和国年满18周岁的公民,不分民族、种族、性别、职业、家庭出身、宗教信仰、教育程度、财产状况、居住期限,都有选举权和被选举权;但是依照法律规定被剥夺政治权利的除外。该条规范体现的是对我国公民选举权与被选举权平等保护的原则。在实际的立宪过程中,宪法条款是参考《选举法》的规定写入的。通过上述条款所体现出的平等保护选举权与被选举权的原则是

---

① 焦洪昌著:《选举权的法律保障》,北京大学出版社2005年版,第27页。

② 县级以上人大代表的选举主要是通过代表投票选举完成的;中央国家机关领导人主要是由全国人大代表选举产生的;地方国家机关领导人是由各级地方人大代表选举产生的;而针对村民委员会和居民委员会的选举权只为村民或城市居民所享有。最广泛意义上的符合18周岁年龄条件、依法享有政治权利的公民所享有的选举权与被选举权是指县乡两级直接选举的人大代表的选举权与被选举权。

指人大代表的选举。①

我国被选举权的平等保护原则还包含下述具体的内涵与特征:第一,宪法规范中特别强调平等内涵是指公民的被选举权不受“民族、种族、性别、职业、家庭出身、宗教信仰、教育程度、财产状况、居住期限”因素的限制,表明我国公民的被选举权是广泛而平等的,每个公民的被选举权不因上述非合理因素而给予差别对待;第二,禁止复数被选举权。这一内涵特征虽非由宪法、法律所明确规定,但是能够通过已有的明确规定加以推导。《选举法》第4条规定,“每一选民在一次选举中只有一个投票权”,其明确的含义是禁止选民在一次选举中享有一个以上的投票权,即禁止选民在一次选举中的复数投票权。尽管这一明确的禁止原则是针对选民的选举权而言,但是《宪法》第34条与《选举法》第3条的“平等保护原则”均是针对“选举权与被选举权”同时而规定,亦即两项权利在“平等保护”的宪法内涵上具有相同的要求。一次选举中禁止复数的选举权也意味着禁止复数的被选举权。此处,有学者认为,《选举法》该条中有关“一次选举”的含义不够明确,这种情况可能导致二次参选或多次参选而直接危及我国选举权平等性的原则。② 如何定义“一次选举”确实是一个值得研究的重要问题。只有回答了“一次选举”的内涵,我们才能明确“禁止复数被选举权”是在何种层次、何种范围的意义上被确认的。通过该条规范中对“每一选民”的主体限定可以将“一次选举”限定为“直接选举”,因为间接选举的投票权归属于“各级人大代表”而非选民,之所以“选民”中无法纳入“各级人大代表”,笔者认为《选举法》中对二者的刻意区分可以解释出两者的法律含义是独立的,前者并不包括后者。③ 即便如此,“一次选举”是指“直接选举中的所有同级选举”,还是指“直接选举中的同级但不同地域的选举”也存有疑问。如果是指前者,选民则只可以在一次同级选举中行使一次投票权,而如果是指后者,则选民事实上可以在不同地域多次行使投票权。《选举法》第4条规范本身没有能力来回答这一问题,但是这并不意味着这个问题在《选举法》的法律体系内无法获得解答。接下来人大代表选举组织程序(尤其是在选民登记环节中)

① 蔡定剑著:《宪法精解》,法律出版社2006年版,第246~247页。

② 焦洪昌教授认为,按照《选举法》的规定,每一选民在一次选举中只有一个投票权。但是该规定可能产生不同理解,“一次选举”是仅指某一地区的选举,还是全国性的“一次”选举?以县级人大代表的直接选举为例,由于各地选举的时间不一致加上选民经常流动,如果不限定每一选民在全国区县人大代表的“一次”换届选举中只有一个投票权的话,就可能造成选民在不同的地方参加选举,出现“二次参选”或“多次参选”的现象。因此,从法律规定来讲,在面对大规模流动人口的现实时,不仅要限定选民不得在选举中重复投票(即“只有一个投票权”),亦要对“一次”选举给出明确的定义,因为二次参选或多次参选的存在可能会直接危及我国选举法关于选举权平等性的原则。参见焦洪昌著:《选举权的法律保障》,北京大学出版社2005年版,第89页。

③ 例如《选举法》第31条有关“代表候选人”提名的规定中,直接选举的代表候选人由选民和各政党、各人民团体提名推荐;间接选举的由各政党、各人民团体和代表联名推荐。由此可见,代表提名和选民提名是间接选举与直接选举候选人提名的显著差别,二者的法律含义是相互独立的。

似乎给我们提供了思路。

(二)人大代表候选人的主体资格限制

按照我国《宪法》以及《选举法》的规定来看,没有对我国各级人大代表候选人明确提出高于一般公民被选举权的主体资格要求。因此,按照《宪法》第34条、《选举法》第3条规定,我国人大代表候选人的主体资格要件是:第一,年龄要件,年满18周岁;第二,国籍要件,具有中华人民共和国国籍;第三,依法享有政治权利。

由此可见,在我国,享有选举权的公民即享有被选举权,二者是统一的。但即使法律没有提出人大代表候选人更高的主体资格要求,选举组织程序中涉及选民资格确认与登记的问题、人大代表享有的职权与行使职责等内容事实上也提出了对候选人的具体要求。因此候选人的法定资格与事实资格是存有区别的。

四、人大代表是如何选举产生的

按照《全国人民代表大会和地方各级人民代表大会选举法》(以下简称《选举法》)的规定,一个完整的人大代表的选举过程包括选区划分、选民登记、代表候选人提出、选举投票。

(一)选区划分

依据《选举法》第24条规定,不设区的市、市辖区、县、自治县、乡、民族乡、镇的人民代表大会的代表名额分配到选区,按照选区进行选举。选区可以按照居住状况划分,也可以按照生产单位、事业单位、工作单位划分。

(二)选民登记

划分选区之后,选区进行选民登记。通过选民登记、获得选民资格是行使选举权与被选举权的最基本的主体条件。

选民登记制度最早开始于法国,1832年英国也开始选民登记。早期的选民登记包括两种方法:一种是由政府对合乎选民条件的公民进行调查和登记,并给编制在册的人员发放选举证以便让其按时参加选举;另一种则由本人主动向负责选举的官员申请登记,官员们根据公民的申请审查其是否合乎选民必备条件,如果合格即予以登记入册,并发给其选民证。前一种方式被称为“职权主义”的编制方式,采用这种方式的国家认为登记选民为政府应有的职责和权限;后一种方式称为“申告主义”,采用这种方式的国家认为本人申请应是进行选民登记的前提条件。但由于后一种方式给选民增加了许多麻烦,一些选民由于种种原因没有及时申告而失去了确认选民资格登记的机会,从而使参选率降低。因此大多数西方国家今天更多地采用前一种方式进行选民登记。在“职权主义”的选民登记前提下,由于具体情况的不同,各国在选民登记的限制性条件、登记时间、选民名册的编制方法上也各有不同。有些国家如英国,选民名册的编制,以早期逐家逐户查访编制而成的原始名册为基础,每次选举前根据这个原始名册结合新的变化情况进行必要的增删补充修正;有些国家,如加拿大、芬兰、挪威等北欧一些国家,每次选举前,负责选举的官员都要进行一次普查和登记。①

选民登记的方法已经成为一个决定我国现今公民选举权与被选举权实现程度的重要问题。依据《选举法》第 26 条规定,我国选民登记采行下述方法:第一,选民登记按选区进行,一次登记、长期有效;第二,每次选举前对上次选民登记以后新满 18 周岁的、被剥夺政治权利期满恢复政治权利的选民,予以登记;第三,选民经登记后迁出原选区的,列入新的选区的选民名单;第四,对死亡的和依照法律被剥夺政治权利的人,从选民名单上除名。

《选举法》第 26 条第 1 款规定阐释出我国选民登记的一些基本原则:第一,保障实现符合宪法和法律规定的公民的选举权与被选举权,因而达到年龄条件及恢复其他法律条件的公民应该予以选民登记(第二项);第二,既保障公民选举权与被选举权的及时实现,又保障公民与公民的该项权利之间是平等的,不给予公民复数的选举权与被选举权。因而迁出原选区的选民首先需要保障其在新选区获得选民资格,列入新选区的选民丧失原选区的选民资格(第三项)。对于第三项的理解和解释,笔者适用了我国选举制度的平等性原则,即法律给予每个选民在一次选举中是一个而非复数的选举权与被选举权,以保证其在人大代表选举与被选举过程中的权利是平等的。但抛却这一方法的使用,仅仅从条文字面出发,该条款也留有疑问:因为规范本身并没有明确规定“迁出原选区的选民在原选区选民资格的去留”,因此是否可以由“选民迁出原选区列入新选区选民名单”的规定直接推导出“列入新选区选民名单同时丧失原选区的选民资格”? 另外,认定选民“迁出”原选区的标准是什么? 即依据何种标准来判断选民的“迁入”或“迁出”?

人大代表选举尤其是涉及最复杂、最烦琐的直接选举都发生在基层,因此《选举法》的实际执行多属于地方事务。全国人大常委会未曾制定过统一的《选举法实施细则》,但许多省级人大常委会出台了《选举法实施细则》。围绕“选民登记”的实施,笔者试举四地人大常委会的规定。甘肃省人大常委会制定的《选举法实施细则》第 27 条规定,“每一选民只能在一个选区进行登记:(一)机关、团体、企业事业组织的职工和在校学生,在所在单位登记;(二)居民、农民和个体工商户在户口所在地的居民委员会、村民委员会、村民小组登记;(三)离休、退休人员行政关系在原工作单位或者街道的,在所在单位或者街道登记,本人要求在户口所在地参加选举的,由单位出具证明,在户口所在地登记;(四)人与户口不在一地的,由本人在取得户口所在地的选民

① 胡盛仪等著:《中外选举制度比较》,商务印书馆 2000 年版,第 190 页。

资格证明后,在现居住地登记……";广东省人大常委会制定的《选举法实施细则》第18条规定,"选民登记以户口所在地为主。外来临时工或者迁居本地没有转来户口的,在取得原户籍所在地选民资格的证明后,可以在现居住地登记……";广西壮族自治区人大常委会制定的《选举法实施细则》第26条规定,"每一选民只能在一个选区进行选民登记。选民登记按下列办法进行:(一)城镇的居民和农村的村民,在户口所在地的选区登记;……(六)人与户口不在一地的选民,应当在户口所在地的选区登记,但取得现居住地选区同意的,也可以持户口所在地乡级以上选举委员会的选民资格证明在现居住地登记";河南省人大常委会制定的《选举法实施细则》第14条规定,"选民原则上按户口所在地进行登记,对下列情况,作如下规定:1. 有的县无城关镇,机关住在市区,户口在市的县直机关工作人员,参加本县的选举,市里不予登记;工作人员的家属,参加市里选举,县里不予登记。……7. 干部、职工调动,户口仍在原单位,应在现工作单位登记,并通知原调出单位"。四个地方人大常委会制定的实施细则表明:第一,从实践操作的方法来看,各地以"户口所在地"的变化作为衡量选民迁出和迁入标准。一般情况下,选民在户口所在地进行选民登记;但也允许例外情形:经常居住地与户口所在地不一致时,取得原户籍所在地选民资格证明后,可以在现居住地登记(甘肃省、广东省、广西壮族自治区);因为调动但户籍保留原地、经常居住地发生变化的,应在经常居住地登记(河南省)。第二,直接或间接规定了选民资格复数登记是违法的,选民登记只能在一个选区进行。甘肃省、广西壮族自治区明确规定"每一选民只能在一个选区进行选民登记"。防止选民复数登记的方法是,一般情形是在户口所在地登记选民资格,例外情形下,可以在经常居住地登记,但前提是必须征得户口所在地选举单位的同意,或者通知户籍所在地的选举单位。

"流动选民"的大量出现是近年来选举的主要特征之一。省级人大常委会制定的实施细则中规定了对"流动选民"登记的基本方法,同时,各地在实践中对"迁入"或"迁出"人口的选民登记也归纳出一些基本原则:一是本辖区内的外出选民,用通信、电话或者其他方式进行联络,在户籍所在地进行选民登记;二是下岗人员,在原单位登记,或在户籍所在地登记;三是搬迁户,可视具体情况确定在原户籍所在地选区或新迁所在地选区进行登记;四是对人户分离经多方查找不到的居民,暂缓登记;五是对外来人员选民,须持有本地公安部门合法的暂住证及居住地乡级以上政府或公安部门出具的选民资格证明,可在现工作单位或现居住地的选区进行选民登记。对现居住地的时间要求,有的地方要求住满1年以上,有的地方只要求半年以上。[①] 尽管上述原则作为多年选民登记实践经验的总结,具有合理性与可操作性,但是以"户籍"作为选民登记基础的做法确实造成了:第一,许多流动选民因为实际原因没有能够参与流出地的代表选举,但流入地又以户口不在本地为由拒绝了其在当地的选民登记,

① 焦洪昌著:《选举权的法律保障》,北京大学出版社2005年版,第88页。

因而其参与人大代表选举与被选举的权利不能实现;第二,户籍所在地选民登记与现居住地选民登记在实践中衔接不当,使得有些选民在不同的选区“二次登记”或“多次登记”,而最终导致在同级同次选举中“二次选举”、“二次被选”,甚至“多次选举”、“多次被选”。

(三)代表候选人提出

依据《选举法》的规定,人大代表候选人的提名有两种方式:一是由政党和人民团体提名,通称“组织提名”;二是由选民10人以上联名推荐候选人,通称“10人提名”。具体做法是,选民直接选举的人民代表大会代表候选人由各选区选民和各政党、各人民团体提名推荐;选举委员会汇总后在选举日的15日以前公布,并在该选区的选民小组反复酝酿、讨论、协商,根据较多数选民意见,确定正式代表候选人名单,并在选举日的5日以前公布。间接选举的人大代表由各政党、各人民团体和代表联名推荐。

(四)选举投票

选举投票是人大代表选举的最后阶段。依据《选举法》的规定,选民或代表通过无记名投票方式进行投票。间接选举的代表候选人获得全体代表过半数的选票始得当选,获得过半数选票的代表候选人超过应选代表名额时,以得票多的当选。直接选举的代表候选人以得票多的当选。

五、人大代表代表谁的利益、如何代表

在西方,自代议制产生以来,议员的代表功能就是一个重要的理论和实践问题。毫无疑问,代表性是议员的主要特征,但问题是,议员应该代表谁?有学者总结为5种:第一,议员代表个人利益,“个人”是指自由选举议员的不特定的个人;第二,代表阶级利益,这是马克思的主张;第三,代表部门利益;第四,代表不同的意见,这些意见可以来自于不同的个人、不同的群体;第五,代表政党利益。[①] 除此之外,经典的观点还有“委托论”与“独立论”。在“委托论”看来,通过代表来管理社会的方式并不是社会成员转让其主权的行为,而是将他们对社会事务的管理权委托给代表,代表应当服务于自己所在选区的利益,只能依据其选区内选民们的需求和愿望行事。“独立论”则认为,代表不能只反映其原选区的选民们的利益与意志,而是应该代表整个国家的公共意志与利益,“应该坚持按照他根据自己的判断认为是最好的那样去行动的充分自由,而不应该同意按照任何其他条件服务”。[②] 尽管与此有关的争论到现在依然喋

① 邱家军:“中国人大代表与选民的关系”,载复旦大学2007年博士学位论文,第167页。

② [英]约翰·密尔著:《代议制政府》,商务印书馆1982年版,第173页。

喋不休,而且责任内阁制国家与总统制国家的情况也存在差别。但实际上,从各国的代议制度的实证经验来观察和总结,同议员联系最为紧密的是选民,议员往往首先代表选民利益——议员受选民委托,代表选民参政议政,议员的代表作用就是指议员作为选民的代表,反映选民意见,维护选民利益,为选民服务的作用。出现这一状况的根本原因是议员是由选民选举产生的,议员的政治生命归根结底取决于选民,议员代表选民来表达和争取利益是实现代表功能的最现实、最可行的方法。詹宁斯根据英国议员的实际履职状况总结道,英国的议员"是代表选区的"。对于一向鼓吹议会是整体利益的代表的英国学术传统来说,这种判断可谓准确而又严酷。其他人的研究也证明了这一点,甚至从中世纪起,英国的选民和公众就一直认为议员首先应该为选区服务,应该成为"驻威斯特敏斯特的郡议员"。到了现代,选民、公众更为强烈地要求议员把选区工作放在第一位,更为强调议员面向选区工作,至于立法、质询、辩论倒列在不重要之列。美国的国会议员更是选区利益的忠实维护者,看护选区甚至成为议员的第一要务。可以这样说,凡是代议制政治架构比较成熟的国家,代表所面临的首要任务都是代表选区利益,为本选区选民谋利益。

在西方代议制国家里,议会议员往往要花相当的时间和精力与选民打交道,为选民服务,取悦于选民。选民常常就生活当中的复杂问题感到束手无策,这时候通常也只能求助于议员。而作为选民的代表,议员们也自认为是选民的代言人,帮助选民解决难题是议员们义不容辞的责任。议员为选民的代表工作概括起来主要包括:第一,为本选区争得各种利益;第二,反映选民的情绪和意见;第三,监督行政部门和行政官员的活动;第四,帮助选民排忧解难。①

我国的人大代表代表谁?大致有4种观点:

第一种观点认为,在采取地域选举的前提下,代表不应是全体人民的代表,每位人民代表基本上是本选区或本地域群众意志和利益的代表者。在采取职业选举或按阶层选举的情况下,则每位代表是本行业或者本阶层群众意志和利益的代表者。每位代表联系选民和接受监督往往以本选区为限。

第二种观点认为,代表应代表其所在单位、部门、行业的利益。理由为代表对自己工作和生活的单位、部门、行业最熟悉、最了解。

第三种观点认为,无论是直接选举还是间接选举产生的代表,也无论是地域代表还是职业代表,应代表全体人民的利益。

第四种观点认为,代表一经选举产生,人民就应给予其绝对的信任权,代表在参政议政过程中完全依个人的良知与能力来判断和抉择,有权采取他认为合理和明智

① 田穗生等著:《中外代议制度比较》,商务印书馆2001年版,第106页。

的行为。[1]

有学者针对上述观点,分析和借鉴马列主义关于代表性质的论述,提出了"强制委托论"符合我国当前人大代表的性质。认为,马列主义关于代表机关特点的论述可以归纳为两点:第一,强调代表的"公仆"性质。认为代表是由人民"选派"或"委托"去参加代表机关工作的,代表必须忠实于选民的意志和利益;第二,选民随时可以撤换代表,以迫使代表时刻遵从选民意志。[2]

笔者也倾向于该结论。不仅在于马列主义政治哲学是我国人民代表大会制度建立的最根本的政治理论基础,它被应用和阐释于我国宪法与法律所确认和构建的人民代表大会制度的具体内容中,运用马列主义的理论观点去解释我国的人大代表的代表性是最有说服力的;而且我国宪法和法律的相关规定也印证了"强制委托论"的成立,如《宪法》第77条规定,"全国人民代表大会代表受原选举单位的监督。原选举单位有权依照法律规定的程序罢免本单位选出的代表";《宪法》第102条规定,"省、直辖市、设区的市的人民代表大会代表受原选举单位的监督;县、不设区的市、市辖区、乡、民族乡、镇的人民代表大会代表受选民的监督。地方各级人民代表大会代表的选举单位和选民有权依照法律规定的程序罢免由他们选出的代表";《全国人民代表大会和地方各级人民代表大会代表法》(以下简称"代表法")第4条规定,"代表应当与原选区选民或者原选举单位和人民群众保持密切联系,听取和反映他们的意见和要求,努力为人民服务";《代表法》第5条规定,"代表受原选区选民或者原选举单位的监督。选民或者选举单位有权依法罢免自己选出的代表";《代表法》第25条规定,"代表应当采取多种方式经常听取人民群众的意见,回答原选区选民或者原选举单位对代表工作和代表活动的询问,协助本级人民政府推行工作"。

原选区或原选举单位与人大代表的委托关系适用于间接选举产生的各级人大代表;选民与人大代表的委托关系适用于直接选举产生的县、乡两级人大代表。从宪法和法律的规定解读,这种委托关系的主要内容是:第一,代表从哪里来、由谁选举产生,就应该听取和反映哪里(或谁)的意见和要求,为其服务;第二,代表从哪里来、由谁选举产生,就接受哪里(或谁)的监督;第三,哪里(或谁)有权选举代表,就有权依法将其罢免。

人大各级代表受原选区、原选举单位或者选民委托反映意见、提出要求、争取利益,这是我国人大代表的代表功能。代表可以通过参加会议、大会发言、提出议案、会议表决等各种方式实现其代表功能。对此宪法和法律都有规定来保障其工作。正是由于人大代表肩负着委托人的意向去实现委托人的利益,就提出了一个问题:代表是

---

① 吴鹏飞:"密切人大代表与选民的关系——以我国基层人大为例",载《云南行政学院学报》2009年第2期。

② 温辉:"代表与选民的关系",载《现代法学》2001年第2期。

否可以接受不同的委托人的委托，即代表能否身兼多个委托？回答的要点不是代表的代表能力可承受与否，而是委托人的利益会否存在冲突。如果代表身兼两个被委托人的角色，而委托人的利益存在冲突，当委托人的利益发生事实性的冲突时，要么代表只能放弃其中一方的利益，这样代表就违反了对被放弃方的委托关系；要么只能不加选择，不去作为，这样便违反了对双方的委托关系，而其对选区、原选举单位及选民的代表功能会因为其身兼两职、选择不能而事实性地消解了。上述情况并非是简单的理论预设，我们可以想见，在我国多层级、多区域、多职业结构的人大代表选举中，如果任由代表身兼两职或多职，完全可能出现类似的事实情况。

六、人大代表享有何种特殊权利

西方国家的议员除享有一系列法定职权以外，国家为保护议员行使职权而规定议员享有一些特殊权利，称为议员的特权。这种规定最早起源于英国，是英国资产阶级革命的产物。1688年“光荣革命”之后，为避免议员因发表抨击封建势力的言论而受到起诉和迫害，首次在《权利法案》中确立了议员的“言论免责权”，之后从对议员的言论保障扩展到对人身和生活的保障。

人身豁免权也称人身保护权，是指议员非经议会批准不受逮捕或者审判的豁免权利。这项针对议员的特权确立时最初是为了确保议员在行使职权时不受封建势力的干扰和迫害，后来主要是为确保议员的工作不受司法干扰。关于议员人身保护权的有效时间，不同国家有不同规定。有的国家仅规定议员在开会前后及开会期间享有这一权利。例如《日本国宪法》规定，“除法律规定外，两院议员在开会期间不受逮捕，开会前被捕的议员，如其所属议院提出要求，必须在开会期间予以释放”；《美国宪法》规定，“参众两院议员除叛国罪、重罪和妨碍治安罪外，在一切情况下都享有出席各自议院议会期间和往返于各自议院途中不受逮捕的特权”。有的国家还规定，议员在闭会期间也享有这一特权。例如《法国宪法》规定，“任何议员在议院开会期间，非经所属议院同意，不得因其犯有刑事罪或轻罪而加以追诉或逮捕，现行犯除外；在议会闭会期间，非经所属议院执行局同意，任何议员不得被逮捕，现行犯除外”。关于享有人身豁免权的人员范围，除了议员本人之外，有的国家还规定，议员家人也同样享有豁免权，英国、意大利都有相关规定。

人身豁免权虽然可以视为议员的一项“特权”，但其目的是使议员更有保障、更加独立地履行议员之职，而并非是制造不受法律约束的特殊公民，人身豁免权并不是绝对的。许多国家在确认议员的这一权利时也加了一定限制，包括：第一，如果议员现行犯罪被抓获，不享有人身豁免权；第二，无论开会、闭会期间，经议院同意，议员可以被限制其人身豁免权；第三，叛国罪、重罪等犯罪，不享有人身豁免权。

我国《宪法》第74条规定，“全国人民代表大会代表，非经全国人民代表大会主席团许可,在全国人民代表大会闭会期间非经全国人民代表大会常务委员会许可,不受逮捕或者刑事审判”;《代表法》第30条规定,“县级以上各级人民代表大会代表,非经本级人民代表大会主席团许可,在本级人民代表大会闭会期间,非经本级人民代表大会常务委员会许可,不受逮捕或者刑事审判。如果因为是现行犯被拘留,执行拘留的机关应当立即向该级人民代表大会主席团或者人民代表大会常务委员会报告。对县级以上的各级人民代表大会代表,如果采取法律规定的其他限制人身自由的措施,应当经该级人民代表大会主席团或者人民代表大会常务委员会许可。乡、民族乡、镇的人民代表大会代表,如果被逮捕、受刑事审判、或者被采取法律规定的其他限制人身自由的措施,执行机关应当立即报告乡、民族乡、镇的人民代表大会”。因此,我国各级人大代表也同样享有人身豁免权,该权利受宪法或法律的保障。我国宪法之所以作这样的规定,是为了保证全国人大代表能够不受威胁和干扰地行使代表权利。人大代表在会议上履职可能提出对政府、法院、检察院等国家机关的批评、否决意见,对有些领导人会提出质询、调查、罢免的要求等,因此为了避免上述机关或领导人的打击、报复而给予代表以特别保护是有比较充分的理由的。①

但我国《宪法》和《代表法》中关于各级人大代表人身豁免权的规定仍然比较抽象。结合梁广镇事件中所出现的疑问,上述规范在适用过程中至少要解释清楚两个问题:第一,代表的人身豁免权是否是不受限制的绝对权?第二,县级以上各级人大主席团或常委会许可的内容是什么?怎么许可?

1954年宪法与1982年宪法在订立时,就“应否规定全国人大代表的人身豁免权”都曾经产生过争论,焦点是给予人大代表特殊权利会不会违反“法律面前人人平等的原则”?宪法修改秘书处的胡乔木先生作了解释和说明:代表的人身豁免权是为了保证人民代表大会代表能够有充分的自由行使全国最高权力机关的权力所必须规定的,但这个权利受到保护并不违反“法律面前人人平等的原则”,如果代表是罪犯他还要受到逮捕,还是要受到审判,只是必须经过人民代表大会主席团或者常委会的审查,确认其有罪,如果某个人大代表发生了现行的犯罪行为,公安机关可以先进行拘留。② 由此可见,我国宪法所确立的全国人大代表的人身豁免权具有如下特征:第一,这项权利服务于权利主体履行国家最高权力的目的,其并非因代表个人而设,是因保障最高权力运行而设;第二,国家权力的运行以不侵犯公民基本权利为原则,因此保护这项权利并非要违反其他公民的平等权,实现保障最高权力运行而又不侵犯公民平等权目的的方法是对代表的人身豁免权作出限制,如果代表构成犯罪仍然要加以逮捕和审判,如果发生了现行的犯罪行为公安机关可以先进行拘留;第三,人大代表享有人身豁免权合宪合法,原因在于在没有侵犯公民平等权的原则下给予了代表以

① 蔡定剑著:《宪法精解》,法律出版社2006年版,第355页。

② 同上,第356页。

履职的特殊保护，即对代表的逮捕与刑事审判需要经过人民代表大会主席团或者常委会的审查，并确认其有罪。《代表法》的制定依据《宪法》，而且从规范条文比较，《代表法》中对地方各级人大代表的人身豁免权的保障基本遵循了《宪法》中对全国人大代表的保障原则和方法，因此地方各级人大代表所享有的人身豁免权也应该具备上述特征。

实践当中，人大主席团或常委会该如何许可对人大代表的逮捕、刑事审判等的请求，存在着一系列的问题：第一，法律虽然没有明确规定人大主席团或人大常委会的许可形式，但应该由主席团通过表决或由人大常委会组成人员通过会议表决加以许可，而实际上通过这种方式加以许可的案例很少存在。就全国人大会议的情况来看，几乎没有一例是通过全国人大常委会会议的正式讨论而实现许可的，①更遑论全国人大主席团会议的讨论。在一些地方人大也存在着同样的情况下，在来不及召开人大常委会全体会议的情况下，通常采取由常委会主任会议同意的做法，而这些做法显然不符合宪法和法律精神。第二，正像本事件所反映的那样，对于人大常委会所作出的不予许可决定，有关机关表示异议，能否采取补救措施？笔者认为，各级人大主席团或常委会并非国家的司法机关，依据宪法不能够直接行使国家的司法权，按照职权法定主义的原则，也无权就代表的行为是否应予逮捕、审判或给予何种审判结论作出实质性判断。各级人大主席团或者常委会的许可权力应是形式性、程序性的，这样的定性也吻合于人大代表所享有的人身豁免权的内在特征。在有权实施逮捕、审判或其他限制人身自由措施的机关提出申请。并说明相应理由之后，如其行为无违法或重大瑕疵情况的前提下，而代表的行为事实清楚、合乎法律，人大主席团或常委会就应该予以许可，这是对“司法权独立行使”的宪法原则的尊重。否则，人大主席团或常委会的不予许可应该构成不适当的决定而遭到质疑。梁广镇事件很清晰地放大了我国各级人大相关机构在行使这一许可权力时的任性、困难和问题所在。

七、结语——梁广镇能否身兼两地人大代表

在研究和分析了上述几个问题后，“梁广镇能否身兼两地人大代表”的回答有了结论：

在被选举权平等保护的宪法原则下，在人大代表选举的“选民登记”环节中，我国法律禁止一次选举的“重复登记”、“复数选举”。这相当于说，一次合法、规范的选举，是不可能允许同一公民在相同行政级别分属不同区域的直接选举中两次以上登记为合法、有效的选民；也就是说，同一选民不可能两次以上成为相同行政级别的不同区域人大代表的候选人。但“梁广镇事件”却发生了不可能发生的一幕。可以肯定

① 蔡定剑著：《宪法精解》，法律出版社2006年版，第356页。

地说,其在两地的选民登记中必有一方是无效的。

人大各级代表受原选区、原选举单位或者选民委托反映意见、提出要求、争取利益,这是我国人大代表的代表功能。在人大代表与选民的委托关系中,鉴于委托利益可能存在的冲突,人大代表不应也不能兼任两地。而且从理论上分析,这种不可能不仅指相同行政级别的不同区域,也包括存在行政隶属关系的上下级行政区划的两地。而后者,由于间接选举制度的实施,在我国还是广泛存在着的。

人身豁免权是人大代表的特殊权利,但不是无限的特权。在事实清楚、合乎法律的前提下,人大主席团或常委会应该许可对人大代表的逮捕、刑事审判或者限制人身自由的请求。而梁广镇事件中地方人大行使这一权力的任性使我们不能够充分信任他们,而不得不采取的方法应该是明确许可的条件和方式,并给予请求许可的司法机关就人大不适当的决定要求纠正的机会和权利。

事例6:贵州瓮安等地爆发群体性突发事件

——突发事件应对、利益与表达途径

沈跃东

一、贵州瓮安等地爆发群体性突发事件始末

2008年,贵州省瓮安"6·28"事件是近年来发生的群体性事件中的一个典型。这一事件无论从涉及的人数、持续的时间还是破坏及影响程度都是其他类似事件无法比拟的。这一事件的演变过程大致是这样的:

2008年6月22日,贵州瓮安县三中初二六班女生李树芬死亡。尸体打捞上岸后,停放在瓮安县城西门河大堰桥桥头七星村一村民的玉米地边上。法医初步鉴定后,告知死者李树芬的家属,死因为"自杀溺水身亡",三位现场当事人被释放。第二天,死者李树芬的父亲李秀华、母亲罗平碧等人对死因鉴定提出质疑,提请再次全面尸检,并提交急案侦破申请。6月24日,瓮安县公安局调查认定死者溺水死亡系自杀,并于当天下午向死者家属送达了《不予立案通知书》和《尸体处理通知书》。死者家属对公安机关的结论不服,未将尸体领回处理。当晚,县政法委维稳办副主任黄亚华参与继续组织双方调解,调解再次失败。

6月25日,李树芬死后第四天,她的幺叔李秀忠在县公安局与民警发生冲突后,在路口被多名不明身份的人员殴打。案件至今未破,又出了这样的节外生枝,死者李树芬的父亲便加急申诉,要求政府"破案惩凶,以平民愤"。与此同时,瓮安县城里传言四起。最初说三位现场当事人之一的王某是县委书记王勤的侄女,因为中考时李树芬不把试卷给王某抄,王某找了两个社会青年来报复。之后又说凶犯被公安机关放走,是因为其中某人是县里某个副县长的儿子,李树芬叔叔被打,也是这些人叫黑社会的人打的。最后出现了李树芬尸体被打捞上来时一丝不挂等说法。

6月26日凌晨1时左右,黔南布依族苗族自治州公安局指派的法医王代兴对李树芬尸体再次进行尸检,仍维持溺水死亡的结论,家属则坚持有奸杀嫌疑。瓮安县委常委、政法委书记、公安局政委罗来平等人继续做家属工作至凌晨4时40分,调解最

终失败。6月28日上午,公安局再次向死者家属送达了《尸体处理催办通知书》,限死者家属必须于当天下午17时前把尸体抬走处理。

6月28日下午大约4点钟,大堰桥头的围观群众买了一块白布,现场签名写字制作成横幅,让两个学生在前面举着,从西门河边上出发,到县政府请愿。游行开始时,现场学生只有十多人。游行队伍一路上边走边有人加入,在经过李树芬生前所在的瓮安三中时,加入学生较多,队伍规模已在200人以上。游行的消息传开后,瓮安县城此前在政府征地、城市拆迁等行为中利益受损的一些失地农民和市民等,也纷纷跟在后面一起往县政府走。当队伍来到县委和政府办公楼时,已达上千人的规模。

当天是星期六,县政府没人上班,请愿者在县政府门前表达诉求后,又转到距县政府100米左右的公安局大楼。警察在门前拉起了警戒线,让两位学生进办公楼大堂沟通。警察要扯条幅,学生不允许。学生和警察之间,发生了扭打。见到学生被打而愤怒的人们操起手中的矿泉水瓶、公安局办公楼前的花钵和随手能触及的任何物品,砸向县公安局大楼。与此同时,全副武装的防暴队员出现在视野中,他们的警棍伸向人群。而此时,围观人数已达上万人。

6月28日晚上20时10分左右,瓮安县政府开始被打、砸、抢、烧,整个过程持续7个多小时,瓮安县县委、县政府、县公安局、县民政局、县财政局等被烧毁办公室160多间,被烧毁警车等交通工具42辆,不同程度受伤150余人,造成直接经济损失1600多万元。直到6月29日下午,事件才基本平息。①

瓮安"6·28"事件的余波未平,2008年7月5日,陕西府谷县黄河大桥桥头又发生群体性警民冲突事件。这一事件源于7月3日府谷县公安局交警大队在例行检查中,发现一辆隐藏牌照并违法载人的农用车,车主贺立旗害怕再次被拘留——此前贺因无证驾驶,先后被交警部门拘留3次,罚款多次,弃车沿黄河奔逃,执勤交警紧追200余米,贺跑入涵洞躲避,交警承诺"你上来,我们不抓你了",贺仍跳河。贺的尸体5日被警方打捞上岸,在送往殡仪馆的途中被其家属截住,质问警方为何找到尸体却不通知家属,于是在府谷县黄河桥头,家属与交警上演了抢夺跳河身亡司机尸体的活剧。此后,围观群众一哄而上,与交警再起冲突,谩骂殴打在场疏导交通的警方执勤人员。首先对黄河大桥现场一辆车号为陕O8139警的警车进行打砸,其后,又聚集到河滨路交警大队门前,拦截过往车辆,将正在经过河滨路的车牌为陕K0591警的警车掀翻在街道上。府谷方面在处置过程中,警方带走了7名起哄、打砸警车者,同时府谷县交警大队亦有当事的6名执勤人员被停岗调查。②

这些事件的起始都是个体性的,但最后都从个体性的案件突然裂变为大规模的

① 案情资料来源:http://news.sina.com.cn/c/2008-09-08/102816252459.shtml。

② 参见晓宇:"不明真相的群体性情绪因何而来",载 http://news.sina.com.cn/pl/2008-07-08/072115890825.shtml。

群体性事件。《中华人民共和国突发事件应对法》(以下简称《突发事件应对法》)已于2007年11月1日起施行。上述事件都是在该法施行之后发生的,如果相关主体都能遵守该法,这些事件还会有如此的结局吗?事件的背后有着怎样的问题?如何才能避免类似事件的发生呢?

二、瓮安事件的性质如何

辨明瓮安等地发生的事件性质,是适用《突发事件应对法》考量事件发生地政府的行为及其责任的前提。从学理的角度看,瓮安等地发生的事件应该定性为群体性突发事件。所谓群体性突发事件是指一定数量的人们在一定的舆情(舆情是民众对国家管理者的社会政治态度)空间内,受某些中介性社会事项影响或刺激,为实现其利益诉求,采取静坐、围堵、集会、游行等方式,与党政权力机关形成对立或对抗关系,造成社会秩序混乱和社会公私财物遭破坏以及人身伤害的事件。其主要特征有:导火索刺激;人群聚集;突然发生;情绪波动;行为冲突;情况多变。①

瓮安"6·28"事件是由李树芬死亡作为导火索刺激而爆发的。2008年6月28日,游行队伍的人数不断增加,加上围观的人数已经超过万人,由于某种利益让如此规模的人聚集在一起。如此规模的人聚集在一起的时间也非常短暂,前后不到几个小时,可谓突然发生。这一事件的参与人员的情绪异常激动,似乎失去了理智,作出了违反法律的打、砸、抢、烧等行为。不仅如此,事件的参与者与维护治安的警察发生了尖锐的对抗,不仅造成了财产损失,也使150多人的人身受到不同程度的伤害。由于事件对抗双方的力量等因素发生了变化,情况向好的方向变化,这一事件在不到一天的时间内终于基本平息。由此可见,瓮安"6·28"事件完全符合群体性突发事件的6个基本特征。

从制度的角度看,瓮安等地的事件属于突发事件中的社会安全事件。《突发事件应对法》第3条对"突发事件"作出了明确界定,即"本法所称突发事件,是指突然发生,造成或者可能造成严重社会危害,需要采取应急处置措施予以应对的自然灾害、事故灾难、公共卫生事件和社会安全事件"。根据这一界定,瓮安等地的事件明显不属于自然灾害、事故灾难和公共卫生事件。那么,它是否属于社会安全事件呢?对这问题的回答首先要明确什么是社会安全事件。但是,该法对社会安全事件并没有作出解释。② 2006年国务院发布的《国家突发公共事件总体应急预案》对社会安全事件

① 王来华、陈月生:"论群体性突发事件的基本含义、特征和类型",载《理论与现代化》2006年第5期。

② 学界对"社会安全事件"作出了界定,其中有一种比较客观全面,即社会安全事件是指"一切发生的严重威胁社会治安秩序和公民生命财产安全,需要采取应急特别措施进行处置的突发事件"。详见周定平:"关于社会安全事件认定的几点思考",载《中国人民公安大学学报》(社会科学版)2008年第5期。

也只是作出了列举式的概括规定,即社会安全事件“主要包括恐怖袭击事件、经济安全事件和涉外突发事件等”。这一规定尽管没有明确提及群体性事件,但其中的“等”字还是留下了许多空间。而《江苏省突发公共事件总体应急预案》在“突发公共事件的分类”部分规定,社会安全事件“主要包括恐怖袭击事件、民族宗教事件、涉外突发事件和群体性事件等”。据此,可以认为,瓮安等地发生的群体性突发事件,其性质属于社会安全事件。

三、当地政府是如何应对突发事件的

2007 年 11 月 1 日,《突发事件应对法》已经开始施行。那么,瓮安等地政府是否是按照这一法律来应对这一群体性突发事件的呢?

(一)是否制定了应急预案

《突发事件应对法》第 17 条第 2 款对地方应急预案的制定作出了明确规定,地方各级人民政府和县级以上地方各级人民政府有关部门应该根据有关法律、法规、规章、上级人民政府及其有关部门的应急预案以及本地区的实际情况,制定相应的突发事件应急预案。据此规定,贵州瓮安县人民政府以及贵州黔南布依族苗族自治州公安局应该制定社会安全事件的应急预案。

事实情况怎样呢?据报道游行队伍从李树芬死亡的大堰桥出发时,时任瓮安县县委书记的王勤还在该县电信局参加“全国处理信访突出问题”电视电话会议。当该县副县长肖松看到现场小青年比较多并向王勤汇报这一情况后,王勤打电话给县教育局局长张世德要求其通知各校校长带教师到现场劝散学生。但此时聚集围观的人越来越多,警戒线已开始受到冲击,并有人冲进一楼开始打砸。此时,肖松一方面将情况向正在开电视电话会议的王勤汇报,同时上楼召开会议,研究对策。而结束了电视电话会议的王勤再次接到肖松报告后,才安排工作人员通知县四家班子领导到电信局集中商量对策。而当事态继续发展,州公安局负责人指示由州里统一指挥。但是,州公安局负责人赶到现场后,也只在外围转了一圈,并未采取措施。①这样的一个应对过程,实在让人难以看出事先有预案并在实施预案。这一事件的调查结果表明确实没有制定相应的应急预案。②

---

① 资料来源:http://news.sina.com.cn/c/2008-09-08/102816252459.shtml。

② 瓮安“6·28”事件处置工作领导小组组长、省委副书记王富玉在事后的调查处置中分析指出:事件发生时先是有学生游行,然后聚集了上千群众围观,但事前党委、政府和公安机关都没有任何信息。信息不灵,思想准备不足,应急预案没有,以至于事件发生时束手无策。资料来源:http://www.chinafzzx.cn/fffy/gdgz/20080705/200546_4.shtml。

(二)处置措施是否合法

由于事先没有制定相应的应急预案,事件发生时只能是临时"抱佛脚"。整个事件的处置措施,与《突发事件应对法》的有关规定不尽相符。

第一,应急指挥机构远离现场。虽然瓮安县人民政府按照《突发事件应对法》第8条第2款规定,成立了应急指挥机构,但该机构刚开始设置在县电信局,而事件现场是在县公安局门口等地,指挥机构远离了现场。后来由于电信局的工作人员担心遭受围攻,指挥机构竟然转移到离现场更远的县武装部。这样远离现场的指挥机构,怎么能够有效地组织、协调和指挥事件的应对工作?

第二,各级人民政府采取措施不及时。《突发事件应对法》第7条第2、3款规定:突发事件发生后,发生地县级人民政府应当立即采取措施控制事态发展,组织开展应急救援和处置工作,并立即向上一级人民政府报告,必要时可以越级上报。突发事件发生地县级人民政府不能消除或者不能有效控制突发事件引起的严重社会危害的,应当及时向上级人民政府报告。上级人民政府应当及时采取措施,统一领导应急处置工作。从事后的调查看,事件发生后,当游行的学生进入县政府和县委办公楼后,没有找到相关人员,没有一个负责人出来与他们协调沟通或进行疏导。正如一位参与游行的人所言,"如果这时候有负责人出来和大家协调沟通,哪怕有个人拿喇叭喊几句疏导一下,都可能不会发生后来的事件"。[①] 随着事态的发展,瓮安县人民政府将这一事件向其上级政府黔南布依族苗族自治州人民政府作了报告。接到报告后,黔南州委组织召开了处置瓮安事件专题会议。会后,原州委一位负责人赶往瓮安县城,但只是在外围"转了又转",并没有及时采取应对措施,却在等候从省里赶来的领导。[②] 如果这位州委负责人不是在外围转,而是深入群众中讲几句话,即使事件不会立即消失,但也不至于发展到后来的严重程度。实际上事件的恶化很大程度上就是由于群众等不来一个领导说话造成的。

第三,处置措施不符合比例原则。为了消除或减轻突发事件对社会造成的危害,需要赋予政府处置事件所必要的权力,这些权力不同于常态下的政府权力,这一权力如果被滥用将会对公民的权利造成更大的伤害。为了防止这一权力的滥用,《突发事件应对法》第11条规定了这一权力的行使必须符合比例原则,即有关人民政府及其部门采取的应对突发事件的措施,应当与突发事件可能造成的社会危害的性质、程度和范围相适应;有多种措施可供选择的,应当选择有利于最大限度地保护公民、法人和其他组织权益的措施。

从媒体报道的瓮安事件的处置措施看,有些不符合比例原则。例如,当游行队伍

---

① 资料来源:http://news. sina. com. cn/c/2008 - 07 - 14/075615927503. shtml。

② 资料来源:http://news. sina. com. cn/c/2008 - 09 - 08/102816252459. shtml。

到达县公安局后,警察在门前拉起了警戒线,并让两位学生进入办公楼大堂进行沟通。这样的措施是合法合理的。但是在游行条幅的去留的处理上与学生发生了争执。警察是一把扯过条幅,学生不允许而伸手夺回条幅。在这你争我夺的过程中,警察和学生之间还发生了扭打。正是见到学生挨打,更多的人才冲过警戒线去帮助学生。① 由此,事态升级而逐步恶化。可以说,警察扯学生的条幅是整个事件从秩序走向混乱的转折点。如果将警察扯下学生的条幅看作是处置事件的一个措施的话,这一措施是否符合比例原则呢?

宪法上的比例原则是一个广义概念,主要考量涉及人权的公权力,其目的和所采取的手段之间是否存在相当的比例。这一原则包含三个层次,即妥当性原则、必要性原则和均衡原则。妥当性原则是指一个法律或公权力措施的手段可以达到目的。必要性原则是指妥当性原则已经获得肯定之后,在所有能够达到目的的方式中,必须选择对人民权利最少侵害的方法。均衡原则也称狭义的比例原则,是指一个措施虽然是达到目的所必要的,但是不可以对人民造成过度的负担,也就是要衡量目的与人民权利损失两者之间是否成比例。② 警察采取行动的目的是要维护秩序,学生的条幅表面看是一个物件,其实它是人们表达自由的一个载体。警察扯学生的条幅本质上就是在限制表达自由。表达自由不是不可以限制,但这一限制要符合比例原则。是否能够经受比例原则的考量,首先要审查扯学生的条幅能否达到实现维持秩序的目的。

《集会游行示威法》第5条规定,集会、游行、示威应当和平地进行,不得携带武器、管制刀具和爆炸物,不得使用暴力或者煽动使用暴力。据此规定,如果条幅能够煽动使用暴力,这种暴力将可能对社会秩序造成破坏,那么警察扯学生的条幅就是符合目的的。条幅是否能够煽动使用暴力呢?这就要考量条幅的内容了。条幅上写的是"为人民群众申冤呐喊",以及在场的人签名和所按的手印。③ 这样内容的条幅不具有煽动使用暴力的力量,因而不会对社会秩序造成破坏。因此,警察扯条幅这一限制表达自由的行为不能达到实现维护社会秩序的目的,不符合比例原则中的妥当性原则。

四、群众为什么会"不明真相"

社会安全等群体性事件发生后,对其原因进行分析时往往归结为不明真相的群众被少数坏人所利用。瓮安"6·28"事件也不例外。2008年6月29日下午,事件基本平息后,瓮安县委有关负责人在与黔南州有关部门联合举行的新闻发布会上,称这

---

① 资料来源:http://news.sina.com.cn/c/2008-07-14/075615927503.shtml。

② 陈新民著:《德国公法学基础理论》(下册),山东人民出版社2001年版,第368~371页。

③ 刘子富著:《新群体事件观——贵州瓮安"6·28事件"的启示》,新华出版社2009年版,第5页。

一事件是“有组织、有预谋”的，是一些人煽动不明真相的群众冲击县公安局、县政府和县委大楼。

的确，瓮安的群众是不知道少女李树芬死亡的真相，可他们到哪里去获悉这一真相？瓮安县有每期印发3000份的《瓮安时讯》周刊，有电视台和政府网站等媒体，但是，李树芬6月22日溺水死亡及其处理信息并没有通过这些媒体向群众公开。既然不能从政府这里获悉信息和真相，只能转向小道消息。其实，从李树芬死亡时起，有关李树芬死亡原因的种种猜测和谣言已经开始传播。这些小道消息并没有得到政府有关部门的正面回应，换来的是群众的激情愤慨和有关部门对网上有害信息的封堵，等到县委宣传部办公室被烧了，才找来网络高手以博客的形式进行辟谣。那么，政府是否有义务让群众获悉真相？答案是肯定的。政府的这一义务就是宪法上公民的知情权。

知情权是公民的一项重要的宪法权利，因为“人民必须知道事实，并有讨论的自由，一切事务才会顺利进行”。① 宪法理论上认为，知情权主要包括以下几项具体的权利。第一，不被公权力妨碍获得信息的自由。这项自由主要是可自由地通过合法的途径接受或收集各种信息、资讯或情报而不受公权力不当的干预。第二，政府信息公开请求权，即要求政府公开有关信息的权利，该项权利属于抽象权利，一般需要“政府信息公开法”之类的立法的具体化，从而获得法律救济。这项权利被认为是知情权的核心内容。第三，传媒接近权，即要求对报社、电台、电视台等传媒机构必须提供多种多样的信息的权利。在各国宪法中，对这一权利的保障主要有两种方式：一是在宪法规范中明确规定知情权；二是宪法上没有直接规定知情权，但通过宪法判例或类似机制确认和界定知情权，同时还制定保障知情权的单行法。②国际人权条约中也对知情权作出了规定。③

在我国，宪法文本中虽然没有明确规定知情权，但是2004年宪法修正案已经明确“国家尊重和保障人权”，而知情权作为一项基本人权已经成为一种共识。④ 此外，我国宪法明确规定公民还有言论、出版、集会、结社、游行、示威等权利和自由，从这些权利和自由我们可以合乎逻辑地推理出我国公民应享有知情权。不仅如此，2008年5月1日施行的《中华人民共和国政府信息公开条例》实际已经将宪法上的抽象的知

① ［英］詹姆斯·布赖斯著：《现代民治政体》（上），张慰慈等译，吉林人民出版社2001年版，第94页。

② 韩大元、林来梵、郑贤君著：《宪法学专题研究》，中国人民大学出版社2004年版，第325～328页。

③ 例如《世界人权宣言》第19条，《公民权利和政治权利国际公约》第19条，《美洲人权公约》第13条，《非洲人权和民族权宪章》第9条，《欧洲人权宪章》第10条。

④ 《亚特兰大知情权宣言》将知情权是一项基本人权作为推进知情权行动计划的原则。详见吕芳、小丁 译：《亚特兰大知情权宣言：关于推进知情权的亚特兰大宣言与行动计划》，资料来源：http://www.gongfa.org/bbs/ viewthread.php? tid=2226。

情权加以具体化。根据该条例第2条和第9条的规定,政府信息,是指行政机关在履行职责过程中制作或者获取的,以一定形式记录、保存的信息。行政机关对符合下列基本要求之一的政府信息应当主动公开:涉及公民、法人或者其他组织切身利益的;需要社会公众广泛知晓或者参与的;反映本行政机关机构设置、职能、办事程序等情况的;其他依照法律、法规和国家有关规定应当主动公开的。

当瓮安县城关于李树芬死亡原因的各种小道消息在通过手机短息、网络等传播时,瓮安县有关政府部门并没有按照上述政府信息公开条例的规定,将这一需要社会公众广泛知晓的信息主动及时地公开。这不仅激发事态的恶化,更是对公民知情权的漠视。因此,群众不明真相不是他们不想明白真相,而是想明白真相而不能。

五、群众为什么会被煽动

瓮安"6·28"事件,参与游行和围观人数众多。事后的分析,将大多数群众参与的原因归结为"被煽动"。为什么群众会那么容易被煽动?被煽动表面上是一种情绪反映,其深层次的原因,正如贵州省委书记石宗源所言,是长期以来没有正确处理好群众的正当利益诉求。

(一)正当利益没有得到平等对待

"所谓利益,就是每一个人根据自己的性情和思想使自身的幸福观与之联系的东西;换句话说,利益其实就是我们每一个人认为对自己的幸福是必要的东西。"①人要在社会中得以生存和发展,就必须获取利益,对利益的追求是人的一切活动的基本动力。由于幸福具有较强的主观性,因此,满足每一个人幸福感所必要的东西就可能是不同的,这就出现了利益的多元。而满足人的生存和发展的资源又是稀缺的,因此,在追求这种稀缺资源的过程中,不同的利益主体之间就会出现矛盾和冲突。

改革开放前,我国实行的是计划经济体制,国家不仅占有几乎全部的社会资源,同时也掌管资源的分配和调控。国家通过"单位"、"集体"等形式将社会成员进行统一而又严密的管制,整个社会除了在城市和农村分野基础上形成的工人阶级和农民阶级,以及作为工人阶级一部分的知识分子之外,几乎不存在其他利益主体。即使这为数不多的主体利益也被统合到国家利益这一整体利益之中了。由于片面强调国家利益,将个人利益和国家利益对立起来,个人利益没有获得应有的尊重。改革开放之后,随着我国社会主义市场经济体制的逐步建立,"我国市场经济发展的累积效应,以及个体能力、生活际遇和社会资源占有状况的差别,逐渐放大为社会财富占有的多

① [法]霍尔巴赫著:《自然的体系》,管士滨译,商务印书馆1964年版,第271页。

寡,从而导致社会利益关系的调整和变化",①原来被强行统合的利益被分解出来,利益主体的多元化得以恢复,个人利益开始获得尊重。但与此同时,由于市场机制的作用,不同利益主体之间差距逐渐拉大,他们之间的矛盾和冲突也开始凸显。这种矛盾和冲突广泛存在于国家、企业和个人利益之间,存在于中央与地方利益之间,存在于东、中西部利益之间,存在于不同产业的利益之间,存在于不同阶层的利益之间。

既然人都是处于利益关系之中,利益之间的矛盾和冲突又是不可避免的,那么,将这种矛盾和冲突控制在一定秩序之内就显得十分重要。在法治社会,就是要将这种矛盾和冲突控制在宪法秩序之中。

要将利益矛盾和冲突控制在宪法秩序中,首先要平等地对待每一个正当利益,这是宪法平等原则的基本要求。宪法上的平等原则要求国家平等地对待每个人,也就是要求国家平等地对待每个人的正当利益。这种平等对待既包括在立法上的平等对待,也包括适用法律方面的平等对待;既包括受到国家的平等保护,也包括平等地予以不利待遇。宪法上的平等既包含形式平等也包含实质平等。形式平等的主旨在于禁止不合理的差别或歧视,实质平等则承认合理的差别。所谓不合理的差别主要是指没有合理依据的差别,其中主要包括根据民族、种族、性别、职业、家庭出身、宗教信仰、教育程度、财产状况等事由所采取的差别或歧视。②

宪法上的平等原则在我国宪法中也有所规定。这一原则在我国宪法中被表述为"中华人民共和国公民在法律面前一律平等",除了这个一般性的规定之外,还有诸如民族平等、男女平等、政治权利平等具体性规定。在我国,对"法律面前一律平等"的理解,更多强调的是法律适用上的平等。而瓮安群体性事件发生的根源之一就是法律适用上的不平等,正当利益没有得到平等对待。

"在矿产资源开发过程中,瓮安县政府和矿区乡镇政府千方百计为采矿企业和矿老板创造条件,提供良好的服务,一些地方政府甚至不惜一屁股坐在矿老板一边,对矿老板提出的要求爽快答应,说办就办。可是政府对矿区群众就没有这样热情:农民土地被征用或被损毁以后要求解决就业问题,水源被挖断以后要求解决饮水问题,生态遭到破坏以后要求恢复生态,环境污染以后要求治理环境,对这些关系农民基本生存条件的实际问题,政府能推就推,能拖就拖,漠然置之。"③农民土地被征用或被损毁以后的就业要求,水源被挖断以后的饮水问题,生态遭到破坏以后的生态恢复,环境污染以后的治理,这些要求没有一个是不正当的。政府固然应该保护采矿企业和矿老板的财产,但农民的正当利益政府同样也应该保护。即使政府要优先保护采矿企业和矿老板的财产,也要有合理的根据,但这合理的根据实在难寻。即使政府优先保

---

① 方同义:"多元利益群体的利益表达与和谐社会建设",载《浙江社会科学》2006年第6期。

② 韩大元、林来梵、郑贤君著:《宪法学专题研究》,中国人民大学出版社2004年版,第294~308页。

③ 刘子富著:《新群体事件观——贵州瓮安"6·28事件"的启示》,新华出版社2009年版,第87~88页。

护采矿企业和矿老板的财产有合理的依据,但根据宪法上的平等原则,这种优先也要控制在合理的程度内,可农民的正当利益已被政府漠然置之,哪里还会进行程度是否合理的考量。这些正当利益没有得到政府平等对待的农民,最终出现在了游行队伍中。

(二)利益表达受阻碍

对正当利益的尊重,不仅要平等地对待每一个正当利益,更重要的是要让每一个利益主体能够将自己的利益表达出来。因为只有自己才是自身利益的最佳判断者,别人是代替不了的。所谓利益表达就是一定的利益主体为了实现既定的目标,通过一定渠道或方式向有利益分配权的组织机构主张并表达自身利益,以影响公共决策的输出过程。[①] 目前,我国公民利益表达的途径或渠道,从表达的场域看,有室内和室外两种;从表达的时序看,有事前、事中和事后三种。

利益的室外表达在我国主要是指《宪法》第35条中的集会、游行、示威。集会是指"公民依照法律规定的程序,为了共同的目的,集合在一定场所,讨论问题或表达意愿,或者进行其他会议的活动"。游行是指"公民依照法律规定的程序,在公共场所列队行进,以表示其态度、意见和要求等意愿"。示威是指"公民依照法律规定的程序,为表示抗议或愤怒等强烈意愿,聚集在一起以显示决心和力量"。[②] 1989年第七届全国人民代表大会常务委员会第十次会议通过的《中华人民共和国集会游行示威法》(以下简称《集会游行示威法》)加以规范。除此之外的其他利益表达途径都是在室内进行的,都可归入利益的室内表达。其中,人民代表大会制度是室内利益表达的核心。

事前的利益表达主要是选举。在我国,主要是选举人大代表和国家公职人员。通过选举人大代表及国家公职人员,公民直接或间接地表达了政治意愿。此外,被邀请参加各种政治性会议、通过人大代表或国家公职人员向政府提出议案、建议等,也是事前表达的有效方式。我国《宪法》第34条关于选举权和被选举权的规定,选举法、代表法以及各级人大及其常委会议事规则等对事前利益表达都作出了具体规定。

事中的利益表达,主要指的是在利益的实现过程中,向有关政府部门提出建议、批评、举报或者参加论证会、听证会,或者通过新闻媒体等方式表达意见。我国《宪法》第41条,立法法、监督法、信访条例等都对以上利益表达方式作出了比较细致的规定。此外,各级地方政府及相关部门积极开拓思路,创造出一些新的利益表达形式。例如,许多地方政府实行领导接待制度,具体形式有市长热线、书记信箱、县长接

① 钟凯、储畅然:"我们需要什么样的利益表达?——谈'圆桌会议'上的对话",载《现代人才》2007年第1期。

② 蔡定剑主编:《中国宪法精释》,中国民主法制出版社1994年版,第156页。

待日等；一些地区建立了社会协商对话制度，如政府、企业、工会三方协调制度、劳资纠纷调解制度、集体谈判制度等；一些领导干部坚持“权为民所用，情为民所系，利为民所谋”，定期深入基层考察、调研、了解民情等。这些利益表达的形式在一定程度上体现了利益表达机制的多元化，体现了直接表达利益诉求与间接表达利益诉求的统一。

事后的利益表达，主要是指主体的利益受到侵害后，向有关部门表达利益诉求的一种机制。它主要是通过各级人大代表或者政协委员针对国家的法律、政策等提出各种议案，包括法律修改、人事罢免、质询或政策建议，以及向有关司法机关提出控告等方式来进行利益表达。这些方式有的是间接的，有的是直接的。事后的利益表达主要是通过法律创设的权利救济机制来实现。①

从应然的层面看，我国公民的利益表达途径多元且全面，但从实然的层面看，我国公民的利益表达不够通畅。瓮安等地的群体性突发事件的爆发，很大程度上源于利益表达受阻。正当利益不能通过合适的途径表达出来，淤积起来必然会发生爆炸。矿群之间的矛盾，本可以通过矿群之间的相互沟通，政府进行协商调解的方式解决，但瓮安相关政府部门却把农民代表抓起来，村委会也不敢站出来为村民说话。瓮安县利益受损的群众希望能通过其他途径解决问题，转而诉诸信访，但是这一途径并不通畅。尽管信访的内容涉及水库移民、城镇拆迁、山林纠纷、土地纠纷、水事纠纷、矿群矛盾、劳动保障、企业改制以及涉法诉讼等，尽管信访案件数量大，仅2008年上半年就达到348件，但是信访办结率却很低，2006年以来办结的信访案件仅为122件，办结率为18.2%。司法救济同样也不顺畅，正如瓮安县人民法院有关负责人所言，大部分涉及政府的案件，法院基本不立案，就算有些案件审判了，判决也无法执行。② 所有的室内的利益表达途径都受到阻碍，人们只能走向室外，集会、游行、示威就成了必然选择。这些室外的利益表达形式，一旦不能控制在秩序的范围内，将对社会造成更大的伤害。

六、如何通畅利益表达之途

群体性突发事件之所以会发生，其根源在于利益表达机制发生了问题。因此，预防和处置群体性突发事件的治本之策在于，在宪法维度内完善相关制度，使我国公民的利益表达更加通畅，使社会更加和谐。

---

① 刘彤、尹奎杰：“论农民利益政治表达机制的健全与完善”，载《政治学研究》2008年第1期；王俊杰、李社增：“我国社会利益诉求现状及其规范化”，载《理论探索》2008年第3期。

② 刘子富著：《新群体事件观——贵州瓮安“6·28事件”的启示》，新华出版社2009年版，第90~91、100~101页。

(一)完善选举制度,畅通事前的利益表达

室内的、事前的利益表达机制的畅通,对于良好社会秩序的形成和保持,对于权利的保障尤为重要,因为它将多元的利益可能造成的矛盾和冲突,在一个和平的秩序中按照一定的程序和规则基本得以消解。人民代表大会是我国公民最重要的室内的事前利益表达机制。尽管人民代表大会制度也在不断完善和发展,但是还存在一些不足,这些不足使公民的利益表达受到阻碍。其中,最主要的问题在于人民代表大会的构成与社会的构成不尽一致,使得一些社会成员的利益没有机会在人民代表大会中得以表达,或者不能充分得以表达。这一问题的根源在于我们的选举制度。从畅通利益表达的视角看,目前我国的选举制度存在以下一些问题。

第一,城、乡每一代表所代表的人口数不平等。根据我国现行《选举法》第12、14、16条的规定,农村代表所代表的人口数要4倍于城市代表所代表的人口数。县、自治县行政区域内,镇的人口特别多的,或者不属于县级以下人民政府领导的企事业组织的职工人数在全县总人口中所占比例较大的,经省、自治区、直辖市的人民代表大会常务委员会决定,农村每一代表所代表的人口数同镇或者企事业组织职工每一代表所代表的人口数之比可以小于4比1直至1比1。按照这一规定,一个农村代表的一票的效力只相当于城市代表一票效力的1/4。城市和农村代表所代表的人口数的不平等规定,固然有一定的历史合理性。但是,随着我国社会主义市场经济的发展,城市和农村的社会结构的变化,这一规定的弊端日益凸显。这一规定进一步扩大了城乡之间的差距,削弱了农村人口的利益表达能力,导致他们在法律和政策制定中,处于一种弱势地位,以致他们的土地承包权被侵犯、住宅地所有权被侵犯、环境污染、生命健康遭受侵犯。

第二,代表名额的分配不合理。根据我国《选举法》第9条的规定,地方各级人民代表大会的代表名额等于代表名额基数与按人口数增加的代表数相加之和。而"按人口数增加的代表数"中人口数是按户籍人口数来确定的。随着我国市场经济的发展,城市化进程的加快,人口的流动已比较频繁,特别是愈来愈多的农村户口的人进入城市从事各种工作,他们常年生活在城市而远离农村。按照上述代表名额分配的规定,这一群体基本不能纳入他们现在居住的城市的"人口数增加"的范畴,同时,他们也几乎不再参与其户籍所在地的农村的政治生活,因而,在这方面,这一群体已经陷入边缘化的境况。尽管2008年第十一届全国人大中有了3名农民工代表,但这一数量还太少,目前在我国,农民工的数量已经达到了2亿。这一数量庞大的群体处于分散状态,在人大这一重要的利益表达机制中,没有获得应有的表达资格和机会,处于弱势的地位,他们的权益常常受到侵害。

第三,代表候选人之间缺乏竞争性。我国现行《选举法》第29条规定,全国和地方各级人民代表大会的代表候选人,按选区或者选举单位提名产生。各政党、各人民

团体,可以联合或者单独推荐代表候选人。选民或者代表,10 人以上联名,也可以推荐代表候选人。推荐者应向选举委员会或者大会主席团介绍候选人的情况。但是,在实际选举过程中,经常出现“违反选举法规定,偏好政党团体提名方式,强调组织安排、组织领导,对选民或代表联名提名的候选人另眼相看,甚至做工作干扰排斥”。[①]这样,选民或者代表提名的候选人就很难有机会与政党团体提名的候选人同时参与代表的竞选。将选民或代表推荐的候选人不经法律程序而排除在外,使他们失去了在代议制机关中有自己的利益代表,失去了一个利益表达渠道。

正式候选人之间也缺乏竞争性,这主要表现在正式候选人之间向选民或代表展示自己的方式是被动的。我国现行《选举法》第 33 条规定,选举委员会或者人民代表大会主席团应当向选民或者代表介绍代表候选人的情况。推荐代表候选人的政党、人民团体和选民、代表可以在选民小组或者代表小组会议上介绍所推荐的代表候选人的情况。选举委员会可以组织代表候选人与选民见面,回答选民的问题。除了法律规定的这几种候选人展示自己的方式之外,候选人不能主动地与选民或代表进行交流,这影响了选民或代表与候选人之间的了解和信任。一个缺乏对所代表的群体的利益有所了解的代表,又怎么能够去很好地表达这种利益。

第四,直接选举的范围狭窄。我国现行《选举法》第 2 条规定,不设区的市、市辖区、县、自治县、乡、民族乡、镇的人民代表大会的代表,才能由选民直接选举产生,而全国人民代表大会的代表,省、自治区、直辖市、设区的市、自治州的人民代表大会的代表,都由下一级人民代表大会选举产生。选民对直接选举产生的代表都缺乏真正全面的了解,对经过几个层次的转折之后而产生的代表又能了解多少。同样,县级以上的人大代表对民意的了解也经历了多层传递,层级越多,越容易失真。这样,代表与所应代表的利益就更加疏远。同时,由于间接选举产生的代表与选民之间的距离遥远,对代表进行监督的难度也就增大。如果不能对代表进行有效监督,又怎么能指望代表准确地传达选民的利益诉求。

要畅通事前的利益表达,就必须解决上述选举制度中存在的问题。对解决这些问题的策略,已经有了非常详细而全面的理论论证,[②]我国当下的国情已经基本具备将这些策略转化为制度的条件。

(二)完善信访制度,通畅事中、事后的利益表达

信访,作为一种事前、事后的利益表达机制,因其成本较低而被广泛采用。面对日益澎湃的上访潮,尽管《信访条例》也进行了修订,各地各部门也在不断探索和完善

① 邹平学:“完善人民代表选举产生机制的若干思考——为纪念人大制度 50 周年而作”,载《法学评论》2005 年第 1 期。

② 有关这方面的理论综述,详见陈晗:“理论界关于人大代表选举制度的意见综述”,载《人大研究》2008 年第 12 期。

信访工作的新机制,但我国现行的信访制度还是显得力不从心,各种矛盾和问题仍然不断涌现,以致胡锦涛同志在党的十七大报告中强调要"完善信访制度",以维护人民的权益。目前,要使信访这一利益表达机制通畅,应着力解决以下问题。

1. 确立机构的独立地位

目前我国信访制度在机构方面的特点是庞杂繁多,归口不一。从中央到地方的各级党政部门、人大、政协、法院和检察院及相关职能部门,社会团体乃至一些企事业单位都设有信访机构。这一机构体制上的特点带来很多的弊端。有学者对这些弊端作了精辟分析:首先,上述信访机构之间没有严格意义上的隶属关系。中央信访机构对地方信访机构及中央各部门信访机构之间的管制协调能力十分有限,各地信访机构的职能和权力及运作方式都有较大的差异,从而导致信息不共享,缺乏强有力的制约。其次,由于信访机构林立,容易造成各机构之间的推诿,也给信访人造成很大不便,往往在各机构之间来回穿梭。①此外,这一制度的一个更大的缺陷在于信访机构没有相对独立的地位。我国信访工作的基本原则是分级负责、属地管理、归口办理,对于信访事项即使由信访机构去调查事实,也还是自己成为自己案件的法官,有违自然公正的原则,这样的调查很难令人信服。这就需要赋予信访机构独立的地位,使其以中立的态度进行调查。机构的独立应该从以下几个方面进行完善:

第一,明确机构的宪法地位。我国的信访机构没有宪法规范的依据。学者赵晓力在2005年6月号网络版的《21世纪》中发表了"信访的制度逻辑"一文,在该文中提出,我国现行《宪法》第27条和第41条的规定可以看作是信访的宪法依据,但是,这只是一种学理解释,最多只是反映了公民在这方面的权利和有关国家机关的相应义务,信访机构还没有获得一种宪法确认。如果把1951年6月7日《中央人民政府政务院关于处理人民来信和接见人民工作的决定》作为我国正式确立信访制度的文件,那么,我国行政信访机构的法规依据是行政法规,而司法信访机构的设立依据是《最高人民法院信访处接待来访工作细则》(1980年6月20日发布)和最高人民检察院发《人民检察院控告申诉检察工作细则》(1986年12月10日发布)。人大信访机构的设立依据还不明确。

不仅如此,信访机构的法律地位也比较模糊。总体而言,从我国宪法有关"国家机构"的规定来看,信访机构不是单独序列的国家机构。2005年国务院《信访条例》第6条首次明确了"县级以上人民政府信访工作机构是本级人民政府负责信访工作的行政机构"。从最高人民法院在告申庭设置信访接待处这一点看,司法信访机构似乎是一个司法机构,但是没有一部法律、法规或其他规范性文件,对这一机构的性质和地位加以明确。人大系统的信访机构也同样存在这一问题。不仅信访机构的法律地位模糊不清,而且位次较低,基本处于一种附属地位。

① 于建嵘:"信访的制度性缺失及其政治后果",载《凤凰周刊》2004年第32期。

经验表明宪法依据是机构独立性的最佳基础。可以将我国《宪法》第41条修改为:"中华人民共和国公民对于任何国家机关和国家工作人员,有提出批评和建议的权利;对于任何国家机关和国家工作人员的违法失职行为,有向信访机关提出申诉、控告或者检举的权利……"

第二,人、财、物的保障。工作人员的聘任与解雇由机构负责人决定,工作人员的资格要求应该由法律规定。机构应该有独立的预算,预算由机构提出,预算的规模和工作人员的数量应该与案件量相适应。机构负责人的任职资格由法律规定,由政协提名,人大常委会任命,任期与人大的相同。任期内除非法定的事由出现,否则不得被解职。

第三,授予适当的权力。目前我国信访机构基本扮演一种转信的角色,真正解决问题的还是地方的各级党政领导。其原因大多被归结为信访部门权力有限,面对群众的问题,信访部门无能为力;如果要信访部门解决问题,那就要给信访部门相应的权力。除了信访机构目前享有的权力之外,最重要的应该是强化调查权和公开报告权。调查权中应该特别强调要求提供包括内部文件等信息的权能。机构每年要向人大提交年度报告,或向人大常委会提交特别报告,人大及其常委会要专门对报告进行讨论。报告及其人大审议的结果要向社会公开。对于调查中发现的法律、法规中的问题,有提请合宪性审查的权力。对于系统性的权利受侵犯的问题,有提起公益诉讼的权力。

2. 明晰管辖范围

2003年最高人民法院处理的来信来访案件达12万余件,全国法院全年共处理涉诉信访397万件。最高人民检察院办理69,255件来信来访,全国检察院全年共办理527,332件。[①]这些统计数据说明了涉诉信访对我国的司法制度的影响。我们应该正视这一现实,合理配置司法和信访机构职能,明晰信访机构的管辖范围。

目前,涉诉信访已经按司法再审程序处理。既然如此,涉诉信访就应该纳入到司法制度中去完善,司法系统的信访体制应该转化。同时,行政信访与行政监察存在很多交叉,在强化行政监察的同时,将各级行政信访系统合并到人大信访系统中,成立一个统一的机构,分中央和省级两级,省级以下设分支机构。地方事务范围的由省级信访机构管辖。这样,理顺了机构体系,避免了管辖范围的冲突,便利了申诉人,符合"可接近"的要求。

信访机构的管辖范围,还应考虑与人大监督、审计监督、行政复议和行政诉讼等职责范围的协调。因为信访制度只是其他制度的补充而不是取代。信访机构的管辖范围,主要应侧重于不良行政以及不能通过其他途径获得保护的权利和利益问题。

① 张海鸿:"新中国信访制度的由来与现状",载《团结》2005年第1期。

(三)完善集会、游行、示威法制,畅通室外的利益表达

学理上,一般将集会、游行、示威纳入表达自由的范畴,而其作为一种公民基本权利,受到各国宪法的保护。但是,由于集会、游行和示威具有强烈的行动性质,往往引起国家和公共权力对它的高度警戒,并对其加以规范。规范方式主要有两种:一种是登录制,即集会、游行和示威前通知有关管理部门;另一种是许可制,即要求事先向有关管理部门提出申请并获得批准。由于许可制是一种对表达自由的事先抑制,往往导致合宪性的争议,有比较成熟的市民社会的先进国家一般不采用。有些西方国家即使采用许可制,对集会、游行和示威的参与者、时间、场所、方式等也采取比较宽松的态度。①

我国现行《宪法》第35条明确规定,“中华人民共和国公民有言论、出版、集会、结社、游行、示威的自由”,这为“集会、游行和示威”的基本权利提供了宪法保障。为了保障公民的这一宪法权利的实现,我国还制定了《集会游行示威法》和《中华人民共和国集会游行示威法实施条例》(以下简称《集会游行示威法实施条例》)。此外,还不断出现促进实现集会、游行和示威权利的新举措。例如在北京奥运会期间,北京市设置了专门供游行、示威人员表达自己意愿的地点,包括丰台区的世界公园、海淀区的紫竹院公园和朝阳区的日坛公园。

在肯定公民享有集会、游行和示威的自由的同时,我国对公民的这一自由权利的限制还是过于严格。这种过于严格的限制主要体现在对以解决具体问题为目的的集会、游行和示威的申请许可,设置了“协商解决”的前置条件。根据《集会游行示威法》第10条以及《集会游行示威法实施条例》第11条的规定,申请举行集会、游行和示威要求解决具体问题的,主管公安机关接到申请书后,并不作出许可或不许可的决定,而是要求具体问题的双方当事人先进行一个协商程序。

按照这一程序设置,主管公安机关应当自接到申请书之日起2日内将《协商解决具体问题通知书》分别送交集会、游行、示威的负责人和有关机关或者单位,必要时可以同时送交有关机关或者单位的上级主管部门。有关机关或者单位和申请集会、游行、示威的负责人,应当自接到公安机关的《协商解决具体问题通知书》的次日起2日内进行协商。达成协议的,协议书经双方负责人签字后,由有关机关或者单位及时送交主管公安机关。未达成协议或者自接到《协商解决具体问题通知书》的次日起2日内未进行协商,申请人坚持举行集会、游行、示威的,有关机关或者单位应当及时通知主管公安机关,主管公安机关此时才依照《集会游行示威法实施条例》第10条规定的程序作出许可或者不许可的决定。

这一前置条件的设定,给申请人行使集会、游行和示威的权利施加了不合理的负

① 韩大元、林来梵、郑贤君著:《宪法学专题研究》,中国人民大学出版社2004年版,第325页。

担。通常情况下,申请人之所以申请集会、游行和示威,是因为他们对有关机关或单位对具体问题的处理不满,而希望通过集会、游行和示威的方式将自己的这一意愿公开表达出来。而强制申请人再经过一个协商程序,增加了申请人行使集会、游行和示威权利的成本,一定程度上阻碍了公民行使这一基本权利。

此外,我国的集会游行示威法对集会、游行和示威不予许可的规定比较原则。《集会游行示威法》第12条规定了4种不予许可的情形,即反对宪法所确定的基本原则的;危害国家统一、主权和领土完整的;煽动民族分裂的;有充分根据认定申请举行的集会、游行、示威将直接危害公共安全或者严重破坏社会秩序的。《集会游行示威法实施条例》也没有对这样的原则规定进行细化和具体化,这给主管申请许可的机关很大的裁量空间。从而导致现实中,出于对社会稳定或威胁政权的担心,除了国家举行或者根据国家决定举行的庆祝、纪念等活动以及国家机关、政党、社会团体、企事业单位组织依照法律、组织章程举行的集会外,公安机关对群众的游行集会申请基本不予许可。①

集会、游行和示威作为公民的一项基本权利,国家有义务为这一权利的实现提供制度保障。现行的集会游行示威法及其实施条例还不能切实保障这一权利的实现。为了充分保障公民的基本权利,发挥集会、游行和示威宣泄民怨,消解社会矛盾,锻炼民主能力的功能,我们应该进一步完善集会、游行和示威法制,放宽对集会、游行和示威的限制条件,逐步从许可制向登录制过渡。

① 张跃进:"非法集会游行示威活动的依法处置",载《江苏警官学院学报》2002年第1期。

事例7:北京机动车限行令事件

——公共利益与私有财产权保障

张献勇　王　锴

一、北京机动车限行令事件始末

2008年6月19日,北京市人民政府发布《关于2008年北京奥运会残奥会期间对本市机动车采取临时交通管理措施的通告》(以下简称机动车限行1号通告)。通告中说,为保证2008年北京奥运会、残奥会期间交通正常运行和空气质量良好,履行申办奥运会时的承诺,根据《北京市人民代表大会常务委员会关于为顺利筹备和成功举办奥运会进一步加强法治环境建设的决议》,决定在2008年7月1日至9月20日期间,对北京市机动车(含临时号牌车辆)采取临时交通管理措施。临时交通管理措施之一是,北京市核发号牌机动车按车牌尾号实行单号单日、双号双日行驶(单号为1、3、5、7、9,双号为2、4、6、8、0)。限行期间,减征3个月车船使用税和养路费。

9月28日,北京市人民政府发布《关于实施交通管理措施的通告》(以下简称机动车限行2号通告)。通告称,2008年北京奥运会、残奥会期间采取的空气质量和交通保障措施取得了明显成效,全面兑现了申奥承诺,实现了"让国际社会满意、让各国运动员满意、让人民群众满意"的目标。为贯彻落实国务院节能减排要求,减少机动车尾气排放对空气质量的影响,保持交通基本顺畅,结合本市大气环境质量状况和道路及交通流量的具体情况,市政府决定实施有关交通管理措施。根据《道路交通安全法》和《北京市实施〈中华人民共和国大气污染防治法〉办法》有关规定,2008年10月11日至2009年4月10日,本市非公务车,含已办理长期市区通行证的外省、区、市进京机动车,试行按车牌尾号每周停驶1天。根据通告,法定节假日和公休日不限行,限行范围为五环路以内道路(含五环路),限行时间为早6点至晚9点。停驶的机动车减征1个月养路费和车船使用税。在最初的第一周,对于违反规定的车主只进行告诫而不作处罚。从10月20日周一开始,则要对违反此限行规定上路的机动车进行处罚。

一项涉及数百万人利益的公共政策,在没有经过民主程序的情况下,在结束单双号限行仅1周后就以通告的形式匆匆出台,令人颇感意外。它的施行,将给拥有私家车的北京市民自驾出行带来很大不便,由此成为北京市民的热议话题,同时也引起了学界的广泛关注。本文从公共利益与财产权保障的角度对机动车限行事件作一评析。

二、财产权:保障抑或限制

财产权是公民所享有的重要权利之一,它为公民行使其他权利提供了物质保障,与生命权、自由权一起构成三大基本人权。传统"财产权"概念的核心是所有权,即对所有物的占有权、使用权、收益权和处分权。随着社会经济的发展,财产权的概念已远远超出所有权的范畴,包括了债权、知识产权、继承权等诸多权利形态。虽然宪法和民法都研究财产权,但是宪法上的财产权不同于民法上的财产权。宪法上的财产权属于一种基本权利,与宪法上的其他权利一样,都是公民针对国家所享有的、为国家权力所不能不当侵害的一种权利,直接地反映了公民与国家权力之间在宪法秩序中的关系;而民法上的财产权则主要属于公民对抗公民或私人对抗私人的权利,由此形成了作为平等主体的私人之间的财产关系。

宪法上的财产权主要是通过三重规范结构来进行保障的,即不可侵犯条款(或保障条款)、制约条款(或限制条款)和征用补偿条款(或损失补偿条款)。不可侵犯条款旨在对财产权加诸一种适当的限定,制约条款旨在对财产权的保障加诸一种适当的限定,而征用补偿条款又进而对财产权的制约进行制衡,从而既维护了不可侵犯条款所确立的前提规范,又为制约条款在整个规范内部提供了恰到好处的缓冲机制。这三层结构逐层展开、环环相扣、相辅相成,形成一个深具内在张力,又相对严密、相对自足的复合结构。[①]

(一)不可侵犯条款

不可侵犯条款最早出现在1789年《法国人权宣言》第17条,该条明确宣称,财产所有权是一个"神圣不可侵犯的权利"。该条明显受到了自然法思想的影响,属于一种道德和哲学上的思想表述,并不符合严格的规范要求。现代宪法中的不可侵犯条款,除去了"神圣的"这种表述用语,这意味着对私有财产权的神圣性和绝对性的否定。从条文上看,现代的不可侵犯条款主要有两种方式:第一种是根本不做财产权"神圣不可侵犯"的宣称,如1919年《德国魏玛宪法》第153条第1款规定,所有权受

① 林来梵:"财产权宪法保障的比较研究",载张庆福主编:《宪政论丛》(第2卷),法律出版社1999年版,第39~55页。

宪法的保障。1949年《德国基本法》第14条第1款规定,所有权和继承权受保障;第二种方式是去除了对私有财产权神圣性的表述,但仍沿用"不可侵犯"的规定。如《日本宪法》第29条第1款,财产权不受侵犯。①

我国《宪法》第22条修正案规定,公民的合法的私有财产不受侵犯。这可以看作是我国的不可侵犯条款,从内容上看,采用了第二种表述方式。不可侵犯条款只是一个概括性的、总纲式的规定,在一定意义上宣明财产权保障的宪法原理,该原理根据我们前面的论述,即我国对私有财产权采取制度保障的模式,保障的核心是公民对生活资料的充分享有。之所以是生活资料的充分享有而不是生产资料的充分享有,在于:第一,生产资料虽然是生活资料的源头,但是生产资料只是产生财富的手段,并非目的。生产资料应该以提供人丰富的生活资料为宗旨,而不是追求生活资料之外的剩余利润,追求奴役别人的能力。生产资料容易导致异化,这是马克思主义带给我们的洞见。马克思说:"私有财产作为外化劳动的物质的、概括的表现,包含着两种关系:工人同劳动、自己的劳动产品和非工人的关系。"②所以,生产资料如果用来占有他人的劳动的话,那么不仅造成了劳动者对劳动的反感——劳动本来是创造生活资料,改善劳动者的生活的,但是现在却成为压迫劳动者生产额外的剩余价值的工具,而且造成了劳动者丧失了其本来应得到的劳动产品,从而使整个劳动关系——工人同劳动、劳动者同自己的劳动产品的关系——扭曲。因此,私人对生产资料的充分享有不是我们保护财产的最终目的,生活资料的充分享有才是人类拥有财产的最终目的。那么为什么不是保障生产资料的公共所有呢?因为生产资料的公共所有也只是保证公民不受奴役的手段,而非目的,况且在生产力发展需要的情况下,生产资料并不一定全部实现公有,而是留有私有的余地来保证整个经济的效率,20世纪五六十年代,我们曾经接受过生产资料的全部共有的教训,当时的状况是人们虽然摆脱了人的奴役,但是却重新陷入自然的奴役之中,生产力水平低下,财产匮乏,人们面临着严重的生存威胁。对此,马克思这样说道:"一旦直接形成的劳动不再是财富的巨大源泉,劳动时间不再是,而且必然不再是财富的尺度,因而交换价值也不再是使用价值的尺度。群众的剩余劳动不再是发展一般财富的条件,同样,少数人的非劳动不再是发展人类头脑的一般能力的条件。于是,以交换价值为基础的生产便会崩溃,直接的物质生产过程本身也就摆脱了贫困和对抗性的形式。个性得到自由发展,因此,并不是为了获得剩余劳动而缩减必要劳动时间,而是直接把社会必要劳动缩减到最低限度,那时,与此相适应,由于给所有的人腾出了时间和创造了手段,个人会在艺术、科学等方

① 资本主义国家的宪法中一般不出现"私有财产权",而只称为"财产权",但从财产权条款的位置和资本主义国家的性质来看,应认为是私有财产权。意大利宪法是一个例外,该国宪法第42条第1款规定,财产有公有和私有两种。第2款随即规定,法律承认并保障私有财产权。相反,在社会主义国家宪法中,由于有公有财产权的存在,都明确指出"私有财产权"。

② 《马克思恩格斯全集》(第42卷),人民出版社1979年版,第102页。

面得到发展。"①现在,西方许多学者也在一定程度上认识到财产对人的不同意义和作用,他们纷纷对财产仿照马克思的生产资料和生活资料的划分来解释财产权保护的真谛,比如霍布豪斯将财产分为为了使用的财产和为了权力的财产,他说,我们应把为了使用的财产权(property for use)留给个人,把为了权力的财产权(property for power)留给民主国家。② 高原贤治教授区分了"公民生活的必须财产"(小财产)和"构成资本主义经济发展原动力的财产"(大财产)。玛格丽特和简·拉丹将财产分为为了人格的财产和可替代的财产。③ 正如玛格丽特和简·拉丹所说,许多二元主义的财产权理论的基础观点认为,某些财产比其他财产应获得更严格的法律保护,或者基于社会共识,某些财产被认为比其他财产更加重要。如果这些理论是规范性的,它们的主张就是,一些财产比另一些财产更值得保护。④ 这种财产权的理论,正从侧面体现了制度保障的特色。

紧接不可侵犯条款的是,国家依照法律规定保护公民的私有财产权和继承权。该句是对原《宪法》第13条第2款的小修改,与原句比较,保护的宾语增加了私有财产权。该句的宪法意义主要是两点:第一,进行宪法委托。该句中的"依照法律规定"一词,表明了宪法授权立法者立法来形成私有财产权和继承权的内容。因此,首先,立法者必须就保护私有财产权和继承权立法。其次,立法者制定的法律不得有违宪法保护私有财产权和继承权的基本精神。违反这两者,立法者都将承担违宪责任。第二,具有国家保护义务职能。该句中的"国家保护"一词,实际上是设定了国家对私有财产权和继承权的保护义务,该保护义务不仅针对立法者,也包括行政机关和司法机关。行政机关和司法机关如果违反保护的义务,将承担不作为的责任。

(二)制约条款

现代西方各国宪法大都承认私有财产权的相对性,即肯定在一定条件下,可以对财产权进行限制。表现在宪法规范上,就是制约条款的出现。

从各国的情况来看,制约条款主要有以下三种表述方式:第一种是规定"伴随着义务",如《魏玛宪法》第153条第3款,所有权伴随着义务。1949年《德国基本法》第14条第2款直接沿袭了这一表述。第二种是规定"受公共福利的制约",如《魏玛宪法》第153条第3款,所有权的行使,同时必须有利于公共福利,这一规定同样为战后《德国基本法》第14条第2款所沿用。《日本宪法》第29条第2款规定,财产权之内

① 《马克思恩格斯全集》(第46卷·下),人民出版社1980年版,第218~219页。

② [美]霍布豪斯:"财产权的历史演化:观念的和事实的",翟小波译,资料来源:http://www.gongfa.com/caichanquanhuobuhaosi.htm。

③ [美]玛格丽特、简·拉丹:"财产权和人格",沈国琴译,资料来源:http://www.gongfa.com/caichanquanrenge.htm。

④ 同上。

容,应适合于公共福利,由法律规定之。第三种方式是财产权内容由法律规定。如《魏玛宪法》第153条第1款规定,所有权……其内容以及其界限,由法律规定。其后的《德国基本法》第14条第1款亦沿袭了这一规定。《日本宪法》第29条第2款也规定,财产权之内容……由法律规定之。《意大利宪法》第42条第2款规定得更为具体:法律确实保障私有财产的社会机能……规定其取得、享有的方法及其限制。

由于制约条款的构造与我国宪法的社会主义性质、公益优先于私益的价值取向是契合的,因此,我国宪法中不仅从来都不缺少制约条款,而且实际上很多条款都可以起到对私有财产权进行限制的作用,如《宪法》第11条第2款第2句、第14条第2款和第3款、第15条第3款、第51条。制约条款的意义在于规定私有财产权行使的界限,这种界限分为内在的制约和外在的制约,所谓内在的制约是指私有财产权在其自身的性质上理所当然伴随的、于基本权利自身之中的界限,主要来自于自由国家性质的公共福利的制约,又谓消极规制,如我国《宪法》第51条,财产权不得以损害国家的、社会的、集体的利益和其他公民的合法的自由和权利的方式行使,第15条第3款,禁止任何组织或者个人扰乱社会经济秩序;外在的制约是从财产权的外部所加诸的、并为宪法的价值目标本身所容许的制约。这种制约主要是基于社会国家性质的公共福利的制约,又谓积极规制,如我国《宪法》第14条第2款,国家厉行节约,反对浪费;第3款,国家合理安排积累和消费。总的来说,这些制约都是一种针对权利的制约,在社会主义国家,制约条款还具有一种制度制约的含义,如我国《宪法》第11条第2款第2句就是基于保护社会主义制度的考虑,针对当前阶段允许的生产资料私有制所作的一种经济制度上的制约。

财产权负有社会义务,其行使应顾及公共福利,是现代宪法给予私有财产权的最主要的制约。一些学者称为私有财产权的社会化,这种社会化的私有财产权明示财产权人对于社会应负有比以往更大之义务,从而限制财产权的自由行使,并防止其滥用。但是,什么是社会义务,何者又是公共福利呢?这首先需要立法者去形成,其次,如果公民对立法者所规定的社会义务和公共福利产生异议,可请求违宪审查,即转交由宪法监督机关来形成。从德国的实务上来看,承认下列情形属于社会义务之范围:(1)为排除公共安全与秩序之干扰,而对该干扰之财产权所为合法的警察权侵害;(2)为了排除对公共健康之特别危险,在比例原则之维护下,于社会拘束之范围内,例外地为消除危险物品之规定者(如消除有瘟疫嫌疑之食品,或射杀具有狂犬病嫌疑或已发作之动物);(3)因财产权人以危害公众之方式使用其财产权,致成为犯罪之工具时,对该财产权予以剥夺者;(4)屠宰场使用强制之规定者;(5)对地方上之废水排除之连接与使用强制之规定者;(6)土地所有权人应同意电力公司在其土地上架设电线网路,以为电力能源之供给者;(7)有关为保护动物致造成森林损害之狩猎法规定者。但对于下列情形:即(1)没收性质赋税以及(2)规定出版品之发行人应将涉及费用大而发行量少之出版品原稿无补偿的交予国立图书馆者,则认为非法之所许。①

公共福利这一概念本身,也是一个具有歧义性和不确定性的概念,如果没有加以严格的界定,往往会在实际操作中导致对它的滥用。因此,日本学者主张,对消极规制应采取严格、谨慎的态度,而积极规制则可采取相对宽松的立场。日本最高法院对此也认为,审查某个法律对财产权的限制是否符合公共福利时,必须综合地比较和权衡该限制的目的、必要性、内容、其所限制的财产权的种类、性质以及限制的程度等多方面的因素。无独有偶,德国法对公共福利也有相似的理解,认为主要包含两方面的具体内容:其一是为了调和性的共存而排除对他人自由的侵犯的原理,在此一般适用于作为人格的自由所不可或缺的前提的财产权;其二是为了连带性的共存而实现他人的自由,主要适用于其他的财产权。据此,德国同样对不同性质和不同类型的财产权的限制,采取了不同的条件和态度。②

(三)征用补偿条款

征用补偿乃一公法上的补偿制度,与私法上的私人之间的补偿不同,也与私人使用完公物后给予补偿不同,它是由国家对人民之补偿,补偿费用由国库承担,根据租税主义的法理,实际上最终转嫁为由社会分担。那么,为何要由社会之所有人对特定人的损失进行补偿,就在于该人为社会之公共利益作出了牺牲,而且这种牺牲并非所有人都作出,但这种牺牲,有时是受害人自愿作出,有时则是受害人的一种必须的忍受,前者受害人无异于国家的无因管理人,因此,国家往往给予其衡平补偿,而后者,受害人的忍受义务往往是由作为公共利益守护神的行政权强加给他的,因此在外观上形成一种行政权对公民的侵害,但这种侵害由于其符合公共利益的目的性,并不构成违法,即一种合法之侵害,但不具有合理性,其合理性只有在经过公平补偿后才得以确立。由此观之,公法上的补偿制度的本质就是,为了弥补公权力对私人之合法的侵害,亦即公权力基于比私益更大之公益而对私益的侵害。历史上,最早出现这种侵害的就是征用。“行政补偿的概念起源于公益征收。”③

征用的对象最早是土地,目的是公共事业的使用,方式是所有权的剥夺,随着20世纪国家任务的扩张,征用的对象也扩及私人所有的财产,目的也不再局限于公用,而是更大范围的、更抽象之公共利益的需要,方式也不仅包括剥夺,还涵盖了对财产权的限制。至此,征用已成为公法上的一个新概念,超越了其原本只是所有权剥夺的含义,扩展成为对财产权的合法但有补偿义务的侵害。④ 因此,世界各国公法上的补

① 叶百修著:《从财产权保障观点论公用征收制度》,内刊1989年版,第87~88页。

② 林来梵著:《从宪法规范到规范宪法——规范宪法学的一种前言》,法律出版社2001年版,第200~201页。

③ 陈新民著:《中国行政法学原理》,中国政法大学出版社2002年版,第267页。

④ 同上,第268~269页。

偿制度均围绕征用补偿来建立就不难解释了。

补偿制度起源于18世纪的开明专制主义,当时君主对人民的财产损失进行补偿,毋宁是出于一种恩惠的态度。但是,随着现代社会国民主权和人权思想的彰显,这种恩惠补偿的基础已经完全溃塌,财产权对一个人的生存至关重要,任何人包括国家都不能随意侵犯之,因此对受到侵害的财产权提供救济是国家和政府的责任。但是,财产权之神圣不能侵犯,已随着财产权相对保障的思想而逝去,相反,财产权不仅不是不能侵犯,而且如果这种侵犯是为了公共利益的缘故,财产权人必须忍受,并不能以此来要求补偿。财产权负有社会义务,并受到适当制约,是20世纪社会国家思想赋予财产权的新内涵。这种新兴的不予补偿的财产权制约势必与传统的应予补偿的征用制度产生扞格,这就产生了我们前面所说的如何区分征用与财产权制约的问题,这种补偿的理论依据已无法基于绝对的人权保障,而是宪法上的平等原则,即财产权制约必须在平等的情况下为所有人忍受,如果只有特定人忍受,其余人获益,则明显构成对该特定人之不公平,因此,需要对该人进行补偿,以重新恢复他的平等地位。从这个角度来看,征用补偿乃是一个财产权的绝对保障与相对保障的连接点,征用本身反映了相对保障的内涵,而补偿则又体现出传统的绝对保障的特点;征用侧重于保障公益,补偿侧重于维护私益,无怪乎时人说,征用补偿乃是公益、私益衡量的结果。所以,对宪法中的财产权条款来说,征用补偿无疑是对其的一种具体化之制度,征用补偿对财产权保障的实现起到了非常重要的作用,因此也为现代社会所不可或缺。

(四)制约条款与征用补偿条款之区分

宪法中的征用补偿条款与制约条款的联系并不紧密,[①]但是如果从广义上理解制

---

① 林来梵教授认为,征用补偿条款是对不可侵犯条款(正题)和制约条款(反题)的合题。参见林来梵:"财产权宪法保障的比较研究",载张庆福主编:《宪政论丛》(第2卷),法律出版社1999年版,第55页。由此,似乎征用补偿条款是对不可侵犯条款的否定之否定。对此,笔者认为,如果将征用也视为一种对财产权的制约的话,这种提法也许有些道理。但是,从征用补偿条款的历史来看,又推翻了这种假设。因为宪法中的制约条款和征用补偿条款实际上发挥着不同的作用。我们知道,1789年法国的《人权宣言》第17条不仅规定了财产权的神圣不可侵犯,同时也规定,除非当合法认定的公共需要所显然必需时,且在事先的正当补偿的条件下,任何人的财产均不得受到剥夺。与其属于同一时期的1791年美国宪法第五修正案中也规定,没有正当补偿,任何人的私有财产均不得被征用为公共使用。如果这一时期的财产权保障为绝对保障的话,该条款显然是"太超前"了。征用补偿的历史可以追溯到古罗马时代,其近代的起源,是由格劳修斯所阐明的开明专制主义,即基于君主的主权,君主可以以合法理由侵犯人民的财产,人民也可由领主之处,取得损失补偿。制约条款则是针对全体社会大众的一种财产权的限制或负担,也即一种财产权的社会义务,因此,该限制、制约所有公民都必须忍受,所可能造成的财产权的损失,公民也不能请求补偿。可见,制约条款中的所有人受损、所有人获益与征用补偿条款中的特定人受损、其余人获益的内涵是不一样的,因此,笔者认为,不可侵犯条款、制约条款、征用补偿条款的宪法结构并非像一些学者所认为的逻辑上自足的三段式规范体系,征用补偿条款与不可侵犯条款的联系更紧密些,而制约条款才是现代社会加诸财产权之上的新意义。

约,征用也应被看作是一种制约,甚至是一种最严重的制约。但是,基于其不同的产生背景,征用并不能与一般的财产权制约相混淆,因为它们所导致的结果迥然有别,征用需要补偿,财产权制约则不需要补偿。但是,由于征用方式的扩张,不以所有权移转于国家为必要,对于财产权之限制,例如使用权的限制,亦属于征用之范畴。再加上制约条款多主张财产权的内容由法律规定,如《德国基本法》第14条第1款、《日本宪法》第29条第2款、《意大利宪法》第42条第2款,[①]因此,对立法者而言,究竟如何界分一个应予补偿的征用行为和一个不必予以补偿的、单纯的财产权制约行为呢?同时,法院在审理案件时,对于一个没有规定补偿的法律,究竟是作为违宪之征用条款,还是作为合宪之制约条款来理解,亦是一个实践的问题。所以,对征用与财产权制约作出区分,即财产权制约到什么程度可以看作是一个征用行为的发生十分必要。对此,德国、日本学界曾有热烈的讨论,而我国则囿于私人财产权保障之薄弱,大部分征用行为均无补偿,因此征用与财产权制约失去了区分的意义。但是,不容否认的是,立法实践中仍然存在着一定的征用补偿制度和财产权制约制度,甚或一些不予补偿的规定是否属于财产权制约,随着私有财产保障的日益完善,都需要理论的支持。

1. 德国

自魏玛宪法以来,征用与财产权制约之界分就是学界和法院争议不绝的一个问题,其主要的学说,有以下几种:

第一,个别处分理论(个别行为理论)。此说认为,所谓征用,系国家对特定个人或是确定的及可得确定的一群个人的财产权所为之个别侵害。虽然立法者在制定征用之法律时,已明定何种财产权可作为征用的标的,但是,这种规定,并非说所有该项财产标的,都会遭受征用的命运。毋宁是,只有少数个案时,亦即是因为公共福利之需要时,才会对某些个人及人群的该种财产予以侵犯。因此,遭受征用的财产必是个案的、特别的情况,相反,倘若依据一般的、抽象的法律,对不特定多数人所为之一般的、一体适用的侵害的,则属财产权之制约。该理论在魏玛宪法时期,是主流理论,亦为当时法院所采纳。

第二,特别牺牲理论。该理论在个别处分理论的基础上,作了修正,转而将理论的重心置于强调宪法所保障的平等权。依此,制约财产权的法律,由于每一个被此类法律所规范的财产种类,皆可预期地受到侵犯。而征用的法律则不然,被征用人民,并不因一个征用法律的颁布而及时知道自己的财产权将受到侵害,只有等待日后之征用计划出台后,方可知晓。故征用是违反了宪法所保障的平等权,而只使少数人的财产权为了公共利益而作出牺牲,因此,应通过国家的补偿,通过社会的负担均分,来恢复被征用人原来的平等地位。相反,财产权之制约,并无特定之牺牲人,自无特别

① 林来梵著:《从宪法规范到规范宪法——规范宪法学的一种前言》,法律出版社2001年版,第198页。

予以补偿之必要。该理论为联邦普通法院所一贯支持。

第三，期待（忍受）可能性理论（重大性理论、严重性理论）。[①] 该理论视征用为对财产权之重大侵害。亦即，财产权之制约，是对财产权极轻微的侵犯，因此，可期待人民忍受之。但是，征用是对人民财产权极为严重之侵犯，故非以补偿不能使人民忍受。但何为重大或轻微，要根据立法上所定措施的严重性、效果、重要性和持续性来判断。该理论为联邦行政法院所采纳。

第四，实质减少理论。该说认为，征用是公权力对人民财产权的实质现状及内容的侵犯，以致该权利本身极为必须之经济性功能被剥夺或被严重地侵犯。因此，本理论以针对财产权之实质减少作为判断标准。

第五，值得保护理论。此说认为，征用是对财产权应值得保护的实体的侵害，至于哪些财产权是值得或不值得保护的，则应依历史、社会的一般认知以及立法者的意思，来予以探求。应值得保护的给予补偿，反之则否。

第六，目的违反理论。此说基于对财产权本身合理目的的考量，认为法律对于财产权所为之侵害，若合于该财产本身目的者，亦即仅对合于财产权功能之使用权能有所拘束者，属于财产权之制约；反之，如财产权人所受之侵害，已超出该财产标的的原有目的时，则属一种征用。

第七，私使用性理论。该理论认为，宪法保障财产权的本质，即在于保障该财产的私使用性。因此，立法者在制定一个规范经济活动的法律时，必须严格遵守人民私有财产权的私利性原则，如果一个法律其主要功能并不在于保障人民财产权的私使用性，则属征用之法律；反之，若法律无意排除财产权的私使用性，而且该财产仍能继续行使其经济功能，则应视为是单纯的对财产权的制约。因为这种制约，是财产权之功能虽遭侵犯，但仍能保持其追求经济上之目的，故必为客观上轻微之侵犯而已。[②]

由上述理论观之，虽各有所得，亦各有缺失。如个别处分理论和特别牺牲理论，对于法律所未规定的直接财产权之侵害，现实上是否存在以及依据一般抽象之法律所为之财产权侵害中，其与全体国民相比是否具有特别牺牲的情节，均无从解释。值得保护理论、实质减少理论、重大性理论、目的违反理论中的值得保护、实质减少、重大、目的均属不确定法律概念，其界限也甚模糊，正如联邦普通法院所批评的，如将此

---

① 也有学者认为，期待（忍受）可能性理论与重大性（严重性）理论为两种理论，但笔者认为两者的差别不大，即使该学者本身也认为，重大性（严重性理论）系以期待（忍受）可能性理论为基础，学者陈新民、叶百修亦认为两者为或称的关系。李建良："损失补偿"，载翁岳生主编：《行政法》（下），中国法制出版社2002年版，第1677页。

② 德国理论之相关论述可参见陈新民著：《德国公法学基础理论》（下），山东人民出版社2001年版，第427～431页；李建良："损失补偿"，载翁岳生主编：《行政法》（下），中国法制出版社2002年版，第1676～1677页；叶百修著：《从财产权保障观点论公用征收制度》，内刊1989年版，第98～108页。

些价值概念委由法院来认定,则必因法官之不同而标准不一,以致妨碍法律之安定性,亦兼有自由扩大或缩小应否予以补偿范围之危险。私使用性理论固然将征用制度依附于宪法保障财产权之认知,是其优点,但对于某些财产权之制约行为为何亦须给予补偿,仍无法为之确切说明,因而其和单纯的财产权制约行为之区分,也失之空泛。从德国实务界的判决来看,虽然长期以来,联邦普通法院采特别牺牲理论、联邦行政法院采重大性理论,呈分庭抗礼之格局,但近年来,两院之见解亦有逐渐接近之趋势。联邦普通法院在坚持特别牺牲理论的基础上,也逐步采纳各种实质界分标准,[①]如在判决中经常提及侵害之重大性、强度或忍受程度等观点,而联邦行政法院虽原则上采用重大性理论,但亦与特别牺牲理论以及状态拘束性理论相结合。[②] 因此该国学者 Maurer 认为,两院之判决可谓均以特别牺牲理论为基础,只不过联邦普通法院强调特别,而联邦行政法院强调牺牲。故德国法院在判断一个行为或立法上的规定,究竟为征用抑或财产权制约时,并不以一种学说为主,而是从其是否对财产之本质有所侵害、该侵害之强度是否为财产权人所能忍受、受侵害之财产是否仍可供财产权人利用等因素综合考量之。

2. 日本

特别牺牲理论是日本当前之通说,[③]亦是从德国移植而来。但日本学者较注重对特别牺牲的具体意义的讨论,亦即何种损失可看作是特别牺牲,或者应由社会全体负担之补偿的特别牺牲之合理依据何在。学者们观点不一,田中二郎认为何者该当于特别牺牲,应依据形式标准(侵害行为是一般的还是个别的)和实质标准(侵害行为的轻重与范围,亦即侵害行为的本质性与强度)来定。需要补偿的是形式标准中的个别侵害以及实质标准中的财产权本体排他支配范围内的侵害,否则即为财产权之制约。柳濑良干认为,应否补偿应依形式标准而定。今村成和则认为,基于形式标准之个别行为的财产权侵害不一定要补偿,对于一般形态中的财产权侵害应否补偿,以实质标准而定。高原贤治认为,对私有财产侵害程度较小时,不需补偿,反之则要补偿;作为资本主义原动力的大财产不需补偿,作为国民日常生活所需的小财产则要补偿。

---

① 德国学界一般认为,个别处分理论、特别牺牲理论均为一种形式界分说,而将值得保护理论、重大性理论、实质减少理论称为实质界分说。

② 所谓状态拘束性理论,为联邦普通法院在判决中发展出的实质性界分理论,该理论认为,个别财产由于其所处的特殊情况,如土地位于自然保护区,或某一建筑物被指定为古迹等,则该特别情况即构成对该财产的实质限制,从而基于该情况的考量所为的财产权侵害,即属制约财产权行为,而非征用。

③ 特别牺牲理论之前,日本尚有古典学说之存在,包括既得权说、恩惠说、公用征收说等,均为过去之学说,现代学者已不采。但在我国仍有讨论者,从中似乎看出我国征用补偿理论有借鉴日本的痕迹。见董波:"浅析我国行政补偿制度",载《浙江省政法管理干部学院学报》2001 年第 4 期;刘东生:"行政征用制度初探",载《行政法学研究》2000 年第 2 期;崔卓兰、施彦:"国家补偿理论与法律制度",载《社会科学战线》1996 年第4 期。

以上分析了德日两国有关区分征用与财产权制约的理论,笔者认为,为什么要作这种区分以及如何区分,都必须回到宪法的精神中去探求。财产权制约条款乃财产权之绝对保障向相对保障转化的产物,发展到今天已成为各国宪法中财产权不可分离之一部分,而毋宁构成财产权之一种内在限制。该限制并不需要类似于公共利益的借口,被限制人是一切人,而对照被征用人与其他拥有与被征用物相同种类之财产权人,即可判明,被征收人是为了公共利益所受到的特别牺牲,故征用的本质,实际是造成了被征用人无辜受损来换取社会其他人的获益,如不基于平等之原则使其损失得以补偿,则无异于多数人对少数人之暴政。因此,唯采特别牺牲理论较为可取。但是,特别牺牲仍为一抽象之概念,究竟特定人所受之损失是否构成特别牺牲,仍须有具体之标准。故仿照各国之做法,以特别牺牲理论为核心,辅之以实质界分标准,较易于实务操作。

那么,我们看北京市对于机动车按尾号每周一日限行的措施,可以发现这实际上是一种征用。因为这种限行措施并非针对所有人,而仅针对有车人士,同时,这种限行措施从实质效果上,导致公民的财产使用权受到"剥夺",因此可以看作是公民为了公共利益目的所作出的特别牺牲,所以政府应当为此作出补偿。北京市的"五日制限行"新政中规定,对停驶的机动车减征1个月养路费和车船税,正是一种对私人利益的补偿。

三、财产权限制的事由:宣示的公共利益抑或证成的公共利益

另一个值得讨论的问题是社会中多数人和少数人权益放生冲突的问题。就中国目前的社会经济发展水平,拥有私家车的公民毕竟属于社会成员中少数人,而作为多数人的无车公民,也可能包含虽然有车却基于个人环保理念而自愿控制自己私车使用的公民,一般是愿意乃至强烈要求保护环境,提升城市空气质量,因此就在社会中形成了多数人的意见。我们知道,民主的基本原则是"多数人决定",即占有支持人数超过半数的为优势意见,根据民主表决规则将成为所有人都应遵守的社会规范。然而,多数人的意见也未必是一贯正确的,而且也不能随意地侵犯少数群体的正当权益。这是当代民主宪政的真实含义所在。

北京奥运会期间实行机动车单双号限行、黄标车禁行、重污染企业停工停产、城区工地停止土石方工程和混凝土浇筑作业等种种措施,使奥运期间环保和交通的状况得到非常明显的改观,人们享受到了蓝天白云、道路通畅。在奥运之后的网络民意调查中,多数北京市民支持继续实施交通限行措施。然而政府是全民的政府,既要考虑多数人(无车市民)的呼声,也要照顾少数人(有车市民)的利益,必须在两者之间进行利益衡量,最好是能兼顾彼此。那么从北京市正在实行的"五日制限行"规定来看,至少在很大程度上作出了这种利益衡量的努力。

(一)公共

公共是相对于个别而言的,根据《辞源》的解释,公共,谓公众共同也。那么,如何确定公众的范围,一般来说有两种办法:第一种是根据地域标准,这是由德国学者Leuthold在"公共利益与行政法的公共诉讼"一文中提出的,即公益是一个相关空间内关系人数的大多数人的利益,换言之,这个地域或空间就是以地区为划分,且多以国家之(政治、行政)组织为单位。所以,地区内的大多数人的利益,就足以形成公益。至于在地区内,居于少数人之利益,则称为个别利益。① 第二种是根据人数标准,是由德国学者Neumann提出的,他认为,公益是一个不确定多数人的利益,这个不确定的多数受益人就是公共的含义。换言之,以受益人之多寡的方法决定,只要大多数的不确定数目的利益人存在,即属公益。② 应该说,这两种观点都有一定的道理,但是也分别存在缺陷。比如,Leuthold单纯以地域为划分,似乎完全排斥了其他区域的人享受此区域的公益的可能,但是,在很多情况下,即使是其他区域的人,也可能越区使用交通设施、文教设施等,③如此一来,公共的范围就不限于区域内的大多数人了。Neumann的观点虽然是德国流行的通说,但是,以不确定的多数人来定义不确定的"公共"本身,近乎同义反复,操作性意义不大。因此,近年来,德国学者又发展出了新的判断标准,即以"某圈子之人"作为公众的相对概念,从反面间接地定义"公共"。所谓"某圈子之人"是指由一范围狭窄之团体(例如家庭、家族团体,或成员固定之组织或某特定机关之雇员,等等),加以确定的隔离;或是以地方、职业、地位、宗教信仰等要素作为界限,而其成员之数目经常是少许的。由上述定义可以看出"某圈子之人"有两个特征:第一,该圈子非对任何人皆开放,具有隔离性;第二,该圈内成员在数量上是少许者。由此,从反面推论,公共的判断应当至少具备两个标准:(1)非隔离性,即任何人在任何时候,都可以自由地进出该团体,无须有特别条件的限制,该团体不封闭也不专为某些个人所保留,不具排他性;(2)即使某些团体,基于地方、职业、宗教等因素,属于隔离性团体,但其成员数目可能不在少数,也符合公共的概念。④ 这种观点我们可以称为公共的"反面说"。"反面说"实际上综合了地域说和人数说,也就是说,定义公共,首先要确定一个范围,当然,这个范围并不限于地域性质,也可以是职业的、身份的、宗教信仰的,甚至年龄的、性别的,关键是要将人与人区分开,不能只笼统地讲是"不确定的",这个不确定并非指静态的无法区分,而是指在静态的环境下,其成员的流动性所导致的成员人数的不固定性。其次是这个范围内的成员构成

---

① 陈新民著:《德国公法学基础理论》(下),山东人民出版社2001年版,第184页。

② 同上,第186页。

③ 同上,第185页。

④ 陈恩仪:"论行政法上之公益原则",载城仲模主编:《行政法之一般法律原则》(二),三民书局1997年版,第158页。

大多数,这个标准可以不要求同时具备上述的非隔离性,开放性的团体自然是大多数的,如果是封闭性的团体,则要求必须构成大多数,才能算是"公共"。所以,在决定是否为公共的两个标准中,"数量上达多数"要比"非隔离性"更为重要。[①] 笔者认为,反面说给我们的最大启示就是,无论是"公共"还是"个别"都是相对的概念,并非静态的、一成不变的。因为作为个别的"某圈子"实际上是可大可小的,这种圈子最小是一个单个的个人,然后逐渐地向外扩展,根据个人与其他人之间的不同的联系,从而形成一个许多同心圆相互交错的图像。因此,对一个圈子来说,相对于圈子内的少数人,圈子内的多数人就是"公共的",而相对于外层的一个更大的圈子而言,这个圈子又可能构成少数,成为"个别的",比如,对一个街道来说,这个街道上大多数居民的利益相对于某个居民的利益就是公益,但是,如果把这个利益与该街道所处的城市中大多数人的利益相比,该街道的利益又成为私益。所以,公共与个别就是在如此层层相套的环境中相对存在,当然,这个圈子在理论上并非无限大的,从法律的角度来看,以一个国家为限,虽然在国家之外还存在所谓"全人类的利益",但是,这已经不是一国的国内法所能解决的问题了。

(二)利益

从哲学的角度来看,利益表现为某个特定的(精神或者物质)客体对主体具有意义,并且为主体自己或者其他评价者直接认为、合理地假定或者承认对有关主体的存在有价值(有用、必要、值得追求)。[②] 由此可以看出,利益具有以下特性:第一,客观性。这也是马克思主义哲学所认为的利益的最大特性。即客体对主体的意义是真实存在的,是客观的,是不以人的意志为转移的。第二,主体性。西方学者比较强调这一点,比如,耶林内克就认为,利益是一种离不开主体对客体之间所存在的某种关系的价值形成,是被主体所获得或肯定的积极的价值。如此,利益即和主体的价值(感觉)产生密切的关联。价值的被认为有无存在,可直接形成利益的感觉,这一切,又必须系乎利益者(即主体)之有无兴趣的感觉。[③] 第三,社会性或者叫作环境性。即客体对主体的有意义,并非一成不变的,而是为当时的社会客观事实所左右,过去有意义,并不代表现在也一定有意义,现在没有意义,也不代表将来就一定没有意义。因此,利益的判定往往必须根据个案的实际情况来进行,无法一以贯之而予以测定,是弹性的、浮动的,受到一些判断利益的要素所决定。利益是否具有客观性,一直是马克思主义学者与西方学者争论的焦点,从西方学者对利益的主体性和社会

---

① 陈恩仪:"论行政法上之公益原则",载城仲模主编:《行政法之一般法律原则》(二),三民书局1997年版,第159页。

② 汉斯·J.沃尔夫、奥托·巴霍夫、罗尔夫·施托贝尔著:《行政法》(第1卷),高家伟译,商务印书馆2002年版,第324页。

③ 陈新民著:《德国公法学基础理论》(上),山东人民出版社2001年版,第182~183页。

性的分析可见，他们大多认为利益是主观的，是难以确定的。对此，笔者无意也无能力加以讨论，只是认为，从法律的角度来看，两种观点都有一定正确的质素。首先，客体对主体的意义必须是真实存在的，客体对主体没有意义，而主体误认为存在意义，那是利益不存在的表现，法律应当对此予以否定。其次，当然，即使客体对主体的意义真实存在，主体也有可能因为认识能力的缺陷或瑕疵而没有认识到，甚至认为没有意义，法律应当分别情况，或者将利益向主体予以揭示，或者尊重主体的意思自治，不予理睬。再次，也是最重要的，当主体之间均对同一客体主张利益，或者主张没有利益的情况下，法律应当发挥其“定分止争”的作用，居中评判双方的利益的客观性。所以，对法律而言，利益的主体性和客观性都是有“意义”的，从而，一些德国学者在法律上区分不同的利益现象就显得特别重要。Neumann将利益分为主观的利益和客观的利益，主观的利益是团体内各个成员之直接的利益，而客观的利益则相反，不再是存在成员的利益，而是超乎个人利益所具有之重大意义的事务、目的及目标。质言之，利益可有个人直接享有和其他目的所享有两种。① 沃尔夫也将利益分为主观的事实性利益，即特定主体与特定客体之间的实在关联性。这种利益的程度、范围以及有关主体的评价取决于主体，特别是主体的要求、活动范围与判断能力和客观确定的现实利益，其存在和价值大小与主观的事实性利益的存在和大小没有关系，在这里，(物质或者精神)客体并非(像主观利益那样)取决于特定的事实，而是取决于被规定的权利、目的和目标，以及以此为根据作出的正确判断。② 实际上，这两种分类照顾到了利益的主体性和客观性。其中，所谓主观的利益，就是主体本身所感受到的或所认为存在的利益，③是强调利益的主体性；所谓客观的利益，是指主体本身可能没有感受到或认为不存在，但实际上存在并对主体有意义的利益，是强调利益的客观性。这种分类预示了主体对利益认识的不完整性和对利益进行法律评价的必要性。

(三)公共利益

通过对“公共”和“利益”的分析，我们可以看到，公共利益是针对某一共同体内的少数人而言的，客体对该共同体内的大多数人的意义。共同体的规模大到整个国

---

① 陈新民著：《德国公法学基础理论》(上)，山东人民出版社2001年版，第185页。

② 汉斯·J.沃尔夫、奥托·巴霍夫、罗尔夫·施托贝尔著：《行政法》(第1卷)，高家伟译，商务印书馆2002年版，第325页。

③ 但是，沃尔夫认为，这种主观的事实利益很有可能是错误的。参见同上，第325页。笔者认为，主观的事实利益的主观性并不代表其不确实性，主观的利益仍然是确实存在的，说其主观，只是指它已经为主体所感受和认同，而主体所感受到和认同的可能只是确实存在的利益的一部分，言下之意，即还可能存在不为主体所感受和认同，但确实存在的利益，也就是客观的利益。所以，主观的利益和客观的利益在本质上都是客观的，都是正确的。

家、社会,小到某一个集体。其实,公共利益的关键并不在于共同体的不确定性,而在于谁来主张公共利益。根据公共选择的理论可知,每个人都是理性的、经济的算计者,因此,对于能够为个人带来好处的利益是乐于去主张的,甚至是“据理力争”。但是,对于个人之外的大多数人的利益,如果与个人无关,甚至有害于个人,基于成本利害的算计,不仅不会主张,甚至会反对。即使个人也可能从中受惠,同样基于成本的算计,个人会产生“搭便车”的思想,等着其他的受益人去主张。因此,对于大多数人的公共利益,容易出现主张者缺位的问题,鉴于此,必须成立专门的组织来代表大多数人来主张公共利益。这种组织最常见的就是国家机关、国有的企事业单位、社会中的公益组织,等等。当然,对于集体来讲,它也可能成立自己的组织来主张集体利益,但是,与集体利益的双重性相对应,这种组织也具有双重性,它既可能成为公共利益的主张者,也可能成为个别利益(私益)的主张者。①

所以,在现代社会,公共利益并不缺少主张者,但是,这里又存在一个新的问题,主张者作为共同体中大多数人的代表,其对公共利益的认识是否可能与大多数人的认识偏离,或者说,主张者可能没有尽到代表大多数人的义务。现代社会对这个问题的解决方法是,通过法律将一些普遍性的公共利益确定下来,作为对主张者的“戒条”,从而保证主张者主张义务的履行。因此,在完全信赖主张者的情况下,可以认为主张者所主张的公共利益是对共同体中的大多数人有意义的,甚至这种意义是共同体中的大多数人不一定认识到的。于是,与主观的利益和客观的利益的分类相仿,也就出现了主观的公共利益和客观的公共利益的划分。如德国学者 Neumann 将公益分为主观的公益,此种公益是基于文化关系之下,一个不确定之多数(成员)所涉及的利益。另一个是客观的公益,这种公益是基于国家、社会所需要的重要之目的及目标,因此,这种客观公益率多以信赖国家机关或地方自治团体之方式,藉着彼等机构,以合乎目的性考虑(即本于职权,斟酌事务情况而行为)即可达成公益之需求。② 沃尔夫也认为,事实性的公共利益是指(国家)主体的事实性利益,有时以决议或者公众意见的形式直接表达出来,但通常由共同体的机构公职人员阐明。客观的公共利益是指经正确认识的共同体利益,例如,和平的社会秩序的维护,人类尊严和名誉的保护,占有权、财产权和从事法律行为的权利,教育和文化、经济和环境的条件和促进,建立和维护与各自具体情况相应的实体法律状态等。这种公共利益是作为法律发现和立法行为基础的抽象原则。③

---

① 但是,诚如我们前面所说,只要出现共同体,就会有共同体的利益,即使是专门成立的主张公共利益的组织也不例外,因此,对于这种组织而言,区分它们自己的利益与它们所主张的利益是必要的,相对于它们主张的利益而言,它们自己的利益绝对是私益。

② 陈新民著:《德国公法学基础理论》(上),山东人民出版社 2001 年版,第 185 页。

③ 汉斯·J.沃尔夫、奥托·巴霍夫、罗尔夫·施托贝尔著:《行政法》(第1卷),高家伟译,商务印书馆 2002 年版,第 326 页。

由于公共利益的主张者的缺位以及主张者的不保险性，由法律来确认或者形成客观的公共利益成为法治社会的普遍做法。这一方面在于法律的程序性，保证了公共利益的客观性。即民主的立法过程，使得多数人的利益得以表现；另一方面，法律的明确性，也使得公共利益的主张者，可以藉此来积极地主张公益，促进公益的实现。因此，以严格采法实证主义的凯尔森学派，甚至直接认为，将国家目的予以法制化，才完成承认其为公益的过程。而所谓公益必须获得国家承认之后，方有公益之价值。① 凯尔森曾谓，整个法制度不过是公益之明文规定。② 所以，现在所谓的公共利益，往往就是指实定法上的公共利益。当然，由于立法者所代表的共同体的不同，实定法上的公共利益是由不同层级的立法来完成的。比如，表述行政区域利益的地方立法，表述地区自治团体利益的民族区域自治、特别行政区、基层群众自治组织立法，表述职业、性别、年龄、身体、身份团体利益的特殊人群立法，等等，而国家和社会的利益往往由宪法和立法机关的法律来表述。

政府作为社会公共利益的代表者，根据宪法和相关法律的规定，是由人民根据民主选举的机制产生的，那么在作出决策时，至少在形式上是代表了社会公共利益的要求和最多数人的利益需要的。那么北京市政府在出台这次限行新政时，是如何作出限制私有财产权益以追求社会公共利益、平衡多数人和少数人利益的呢？我们并没有发现公开的信息，事实上是一个“闭门讨论”作出的决策。虽然我们也可以发现，政府在决策过程中通过网络等各种信息途径去了解北京市民的意见，然而这种了解是零散的、无序的和非规则的。首先，为了提高空气质量，保障交通畅通，采取的限行措施是否有效，需要拿出科学具体的评估数据来说明。总的看来，从2008年11月到2009年2月北京市环保局的空气质量报告可以看到，这几个月北京市的空气质量比没有实行限行措施的往年同期有所改善。但空气质量的改善是多方面因素作用的综合结果，机动车限行措施对空气质量改善的贡献率到底有多大，人们无从知晓，需要有权威部门的详细分析，并向全社会予以公告，以便取得人们的理解和支持。③ 其次，北京市作的民意调查显示：93%以上的无车人士支持该措施继续实施，这种调查方式的合理性让人怀疑，因为一个有价值的民意调查应该在真正的“利益体”中进行，如果这样的调查在胡同老大妈中间进行，很可能是100%同意继续限行。④ 对是否继续限行的争论实际上是各种不同利益群体之间的矛盾问题，大的方面由两部分利益群体

---

① 陈新民著：《德国公法学基础理论》（上），山东人民出版社2001年版，第195页。

② 陈恩仪：“论行政法上之公益原则”，载城仲模主编：《行政法之一般法律原则》（二），三民书局1997年版，第160页。

③ “北京限行，是否继续应‘三思’？”，资料来源：http://opinion.nfdaily.cn/content/2009-03/31/content_5026186.htm。

④ “北京限行措施延长1年缺乏法律依据遭质疑”，资料来源：http://www.2winonline.com/?action-viewnews-itemid-257。

组成:开车的和不开车的。如果采用民意测验,那可能不开车的占优势。根据多数人的意见作出决策并不符合法治精神,解决利益冲突是一个民主协商的过程而不是表决的过程。在作出是否继续限行的决策前,通过各种途径让民意得到充分表达,这是法治政府不可缺省的正当程序。

事例8:“三鹿奶粉”事件

——生命权、健康权、新闻自由、知情权的宪法保护

尤晓红

一、“三鹿奶粉”事件始末

2008年9月8日:中国人民解放军第一医院泌尿科接收了1名来自甘肃岷县的特殊患者,病人是1名只有8个月大的婴儿,却患有“双肾多发性结石”和“输尿管结石”病症,这是该院自6月28日以来收治的第14名患有相同疾病的不满周岁的婴儿,这14名婴儿有着许多相同点:都来自甘肃农村,均不满周岁,都长期食用三鹿婴幼儿奶粉。

2008年9月11日:《东方早报》发表名为《甘肃14名婴儿疑喝“三鹿”奶粉至肾病》的报道。国家卫生部新闻办9月11日21时证实:近期甘肃等地报告多例婴幼儿泌尿系统结石病例,经相关部门调查,高度怀疑石家庄三鹿集团股份有限公司生产的三鹿牌婴幼儿配方奶粉受到三聚氰胺污染。卫生部专家指出,三聚氰胺是一种化工原料,可导致人体泌尿系统产生结石。

石家庄三鹿集团股份有限公司9月11日发出声明,决定立即对2008年8月6日以前生产的三鹿婴幼儿奶粉全部召回。

2008年9月12日:河北省石家庄市政府公布,石家庄三鹿集团股份有限公司所生产的婴幼儿“问题奶粉”是不法分子在原奶收购过程中添加了三聚氰胺所致。

2008年9月13日:国务院启动国家重大食品安全事故I级响应机制,成立应急处置领导小组,由卫生部牵头,国家质检总局、工商总局、农业部、公安部、食品药品监管局等部门和河北省人民政府参加,共同做好三鹿牌婴幼儿配方奶粉重大安全事故处置工作。

2008年9月14日:河北省公安部门对三鹿牌婴幼儿配方奶粉重大安全事故进行调查,已传唤了78名有关人员,其中19人因涉嫌生产、销售有毒、有害食品罪被刑事拘留。这19人中有18人是牧场、奶牛养殖小区、奶厅的经营人员,有1人涉嫌非法出

售添加剂。

2008年9月15日:截至当日8时,全国医疗机构共接诊、筛查食用三鹿牌婴幼儿配方奶粉的婴幼儿近万名,临床诊断患儿1253名(其中2名已死亡)。2008年9月16日:初步调查“三鹿奶粉事件”所获得的证据表明,“三鹿奶粉事件”目前主要发生在奶源生产、收购和销售环节。中共石家庄市委向河北省委报告,建议免去石家庄市分管农业生产的副市长张发旺、石家庄市畜牧水产局局长孙任虎的职务,石家庄市食品药品监督管理局局长、党组书记张毅,石家庄市质量技术监督局局长、党组书记李志国也被上级主管机关免去了党内外职务。责成中共石家庄市新华区委免去田文华担任的三鹿集团股份有限责任公司党委书记的职务。2008年9月17日:国家处理三鹿牌婴幼儿奶粉事件领导小组组长陈竺透露,从2008年9月12日至17日8时,各地报告临床诊断患儿一共有6244例。国家质检总局局长、国家处理三鹿牌婴幼儿奶粉事件领导小组副组长李长江称,已动用了全国160多个国家检测中心,检测其他的奶制品,将会实时公布检测结果。并表态,对质检系统的人员是否存在失职、渎职行为也进行认真调查,不管是谁,凡是渎职、失职,凡是官商勾结,凡是违法违纪的,一律依照法律法规进行严肃处理。据河北省公安厅介绍,经检察院批准,17日又有两名犯罪嫌疑人被公安机关执行逮捕。截至目前,警方已经依法对28名犯罪嫌疑人采取了强制措施,其中逮捕6人,刑事拘留了包括三鹿集团原董事长、总经理田文华在内的22人。2008年9月18日:国务院办公厅发布通知,“为了保证食品质量安全,维护人民群众身体健康,国务院决定废止1999年12月5日发布的《国务院关于进一步加强产品质量工作若干问题的决定》(国发〔1999〕24号)中有关食品质量免检制度的内容”。同一天,质检总局公布第109号总局令,决定自公布之日起,对《产品免于质量监督检查管理办法》(国家质量监督检验检疫总局令第9号)予以废止。2008年9月22日:根据国家处理奶粉事件领导小组事故调查组调查,三鹿牌婴幼儿奶粉事件是一起重大食品安全事件。依据《国务院关于特大安全事故行政责任追究的规定》、《党政领导干部辞职暂行规定》等有关规定,鉴于河北省省委常委、石家庄市委书记吴显国同志对三鹿牌奶粉事件负有领导责任,对事件未及时上报、处置不力负有直接责任,经党中央、国务院批准,免去吴显国同志河北省省委常委、石家庄市委书记职务;鉴于在多家奶制品企业部分产品含有三聚氰胺的事件中,国家质量监督检验检疫总局监管缺失,对此,局长李长江同志负有领导责任,同意接受李长江同志引咎辞去国家质量监督检验检疫总局局长职务的请求。

2009年1月22日:石家庄市中级人民法院对三鹿问题奶粉系列刑事案件中的数名被告人作出一审判决,其中原三鹿集团董事长田文华被判处无期徒刑。2009年3月25日:三聚氰胺奶粉事件法律援助团律师向石家庄市新华区人民法院缴纳了1名原告的诉讼费575元,该院向代理律师彭剑和许志永签发了一份受理案件通知书。这意味着针对三聚氰胺奶粉事件的民事赔偿诉讼,法院已经正式立案。2009年6月1

日:《中华人民共和国食品安全法》正式实施,该法第60条规定,“食品安全监督管理部门对食品不得实施免检”。

以法律的视角去解析“三鹿奶粉”事件,从中可以看到刑法、民法方面的问题。然而,“三鹿奶粉”事件中不仅仅存在法律问题,同时还存在宪法问题。与法律问题不同,宪法问题一般存在于国家与公民的关系之中,主要表现为两个范畴:一是公民宪法权利的保护,二是国家权力的运行。那么,在三鹿奶粉事件中呈现出的具体宪法问题包括两个层面:一是宪法上的生命权、健康权、新闻自由、知情权的保护问题;二是司法独立保障问题。

二、生命权、健康权的保护

“三鹿奶粉,两千万中国妈妈的选择”——这曾经是一句非常经典的广告词。今天,看到这句广告词,相信选择了这个牌子奶粉的妈妈们仍然会心有余悸。根据官方提供的数据,截至2008年9月15日,全国医疗机构共接诊、筛查食用三鹿牌婴幼儿奶粉的婴幼儿近万名,临床诊断患儿1253名,其中2名已死亡。三鹿奶粉事件发生后,三鹿集团相关责任人员、不法奶农都被追究了法律责任。然而,我们的视线不能停留在此,还需要抛开具体的法律问题,从宪法的角度去审视这一事件。毕竟,孩子的生命权、健康权之所以受到侵害,政府没有尽到保障义务是其不可辩驳的原因。那么,政府为什么具有保障公民生命权、健康权的义务,这还需从宪法上的生命权和健康权谈起。

(一)什么是生命权、健康权

宪法上的生命权简单地说就是享有生命的权利,其义务主体是国家。毫无疑问,生命权是一种本源意义的权利,没有生命权,其他一切权利就无从谈起。正是基于此,一些国家宪法和国际公约都规定了生命权。如《公民权利和政治权利国际公约》第6条第1款规定,“人人有固有的生命权。这个权利应受到法律保护。不得任意剥夺任何人的生命”;美国宪法修正案规定,“未经正当法律程序,不得剥夺生命、自由或财产”。宪法上的健康权是指,“国家以一定的作为或不作为来保障公民所享有和应当享有的保持其躯体生理机能正常、精神状态完满并由此对社会适应的权利”。① 健康权无疑是一项基础性的权利,没有健康,其他人权就有可能成为空谈。许多国家宪法和国际条约都明文规定了健康权。这其中规定地最为详尽的当属《经济、社会和文化权利国际公约》,它不仅明确宣告保护健康权,而且还指出了缔约国为实现健康权须采取的具体措施。公约第12条规定:“一、本公约缔约各国承认人人有权享有能达

---

① 杜承铭、谢敏贤:“论健康权的宪法权利属性及实现”,载《河北法学》2007年第1期。

到的最高的体质和心理健康的标准。二、本公约缔约各国为充分实现这一权利而采取的步骤应包括为达到下列目标所需的步骤:(1)减低死胎率和婴儿死亡率,使儿童得到健康的发育;(2)改善环境卫生和工业卫生的各个方面;(3)预防、治疗和控制传染病、职业病以及其他疾病;(4)创造保证人人在患病时能得到医疗照顾的条件。”

生命权、健康权都属于基本权利,按照权利属性来看,生命权具有鲜明的自由权属性,而健康权则具有社会权属性。那么,依据传统理论,生命权对应的是国家的消极义务,即强调防御功能,使生命权免遭国家权力的侵害;而健康权对应的是国家的积极义务,要求国家积极作为,促进和保障权利实现。然而,“自由权和社会权的二分只是相对的,各基本权利的性质都具有综合性的特征,社会权固然有天然的‘自由权侧面’,而传统的自由权也逐渐生出‘社会权侧面’的性质来”。① 实际上,现代宪法理论已经不再局限于基本权利只具单一功能的认识,而是强调基本权利的复合化特征。这样,无论是生命权还是健康权对应的国家义务就既包括消极义务,也包括积极义务。我国2004年的《宪法修正案》规定,“国家尊重和保障人权”。这里的“保障”就可以解读为国家负有的积极义务。具体而言,国家的保障义务表现为,立法机关负有制定法律规范的义务,行政机关负有执行法律的义务,而司法机关负有以保障义务为标准行使审判权的义务。三鹿奶粉事件中,政府放弃了《产品质量法》中规定的职责,没有尽到执行法律的义务,换言之,没有尽到保障生命权和健康权的义务。之所以说政府放弃了履行法定职责,是由于免检制度的存在。

(二)“免检制度”能否免去政府的法定职责

2008年9月18日,国务院办公厅发布通知,“为了保证食品质量安全,维护人民群众身体健康,国务院决定废止1999年12月5日发布的《关于进一步加强产品质量工作若干问题的决定》(国发〔1999〕24号)中有关食品质量免检制度的内容”。同一天,质检总局公布第109号总局令,决定自公布之日起,对《产品免于质量监督检查管理办法》(国家质量监督检验检疫总局令第9号)予以废止。此后,在近日施行的《食品安全法》也明文规定,“食品安全监督管理部门对食品不得实施免检”。三鹿奶粉事件发生后,免检制度成为众矢之的。那么,免检制度究竟错在哪里?

产品免检制度,就是指政府有关部门将产品确定为免检产品,在一定时期内免于各级政府部门的质量监督抽查的制度。我国的产品免检制度始于1999年12月国务院发布的《关于进一步加强产品质量工作若干问题的决定》(以下简称《决定》)。根据该《决定》,“对产品质量长期稳定、市场占有率高、企业标准达到或严于国家有关标准的,以及国家或省、自治区、直辖市质量技术监督部门连续3次以上抽查合格的产

① 张翔:“基本权利的受益权功能与国家的给付义务——从基本权利分析框架的革新开始”,载《中国法学》2006年第1期。

品，可确定为免检产品。列为免检产品的目录由省级以上质量技术监督部门确定，定期向社会公告，并使用免检标志，其产品在一定时间内免于各地区、各部门各种形式的检查”。2001 年 11 月国家质量监督检验检疫总局颁布《产品免于质量监督检查管理办法》（以下简称《办法》）。① 《办法》第 11 条规定，国家质检总局在征求社会有关方面的意见后，对免检产品予以审定，向符合规定条件的申请企业颁发免检证书，并向社会公告；第 12 条规定，获得免检证书的企业在免检有效期内可以自愿在免检产品或者其包装上使用规定的免检标志。使用的免检标志应注明获准免检的时间及有效期限。免检的有效期限为 3 年。免检到期产品需要继续免检的，企业应当重新申请。这样，依据上述规范性文件建立了我国的产品免检制度。笔者发现，在《关于进一步加强产品质量工作若干问题的决定》中能够看到“为全面实施《中华人民共和国产品质量法》……作如下决定”的表述，而在《产品免于质量监督检查管理办法》中我们同样看到“依据《中华人民共和国产品质量法》……制定本办法”这样的表述。那么，从逻辑上看，我国的《产品质量法》应该规定了免检制度，作为下位法的《决定》和《办法》为了实施该免检制度而制定了具体细则。然而，事实却不是这样。我国《产品质量法》第 13 条确定了产品纳入国家检验的基本范围，标准就是可能危及人身和财产安全。该条规定，“可能危及人体健康和人身、财产安全的工业产品，必须符合保障人体健康和人身、财产安全的国家标准、行业标准；未制定国家标准、行业标准的，必须符合保障人体健康和人身、财产安全的要求”。同时，该法第 15 条规定，“国家对产品质量实行以抽查为主要方式的监督检查制度，对可能危及人体健康和人身、财产安全的产品，影响国计民生的重要工业产品以及消费者、有关组织反映有质量问题的产品进行抽查”。显而易见，我国的《产品质量法》对需要国家检验的产品确定的检验制度是抽查制。而抽查制与免检制之间是无论如何也不能画上等号的。就是这样，政府通过创设免检制度将《产品质量法》赋予的法定职责给免除了。尽管有一个 3 年的免检期限，但是政府怎能保证企业在这 3 年生产的产品是安全的。法律赋予政府检查的职责是要保证为公众提供安全的产品，但是免检制度免除了政府的法定职责，用政府的公信力为产品的安全作保证，而一旦产品出现质量问题，政府的公信力和公众利益都会受损。

从行政法的角度看，有法定职责而不予履行，这是一种行政不作为。而从宪法的角度看，这是政府没有尽到保障基本权利的义务。在“基本权利—国家义务”的理论框架内，立法者有义务制定法律保障公民的基本权利，而政府也有义务忠实地履行法律保障公民的基本权利。有法不施，公民的基本权利保障就会落空。三鹿奶粉事件中，公民的生命权和健康权受到侵害，就是政府没有履行保障义务的最好证明。

---

① 2000 年 3 月国家质量监督检验检疫总局曾颁发过一个《产品免于质量监督检查管理办法》，随着 2001 年新《办法》的生效，它被废止。

(三)“政府未尽职责”就要“问责”

自“非典”有高官被问责后,问责制度开始在我国渐露头角。从理论上看,问责的“责”包括法律责任、政治责任、道德责任;问责形式分为同体问责和异体问责,前者是指政府系统内部问责,后者是指政府之外的主体,如人民代表机关、司法机关的问责;责任形式主要有引咎辞职、罢免、弹劾、免职等,以及记过、降职、开除等行政处分和有期徒刑等刑罚。

2008 年 9 月 16 日,中共河北省委常委扩大会议研究决定,同意石家庄市委提出的有关建议,在前一阶段事实调查认定的基础上,先期对部分“三鹿奶粉事件”负有领导责任的相关人员作出组织处理:免去石家庄市分管农业生产的副市长张发旺的职务,免去石家庄市畜牧水产局局长孙任虎的职务,免去石家庄市食品药品监督管理局局长、党组书记张毅的职务,免去石家庄市质量技术监督局局长、党组书记李志国党内外职务。[①] 9 月 22 日,国务院同意李长江辞去国家质量监督检验检疫总局局长职务。三鹿奶粉事件中,政府的失职有目共睹,而“政府未尽职责”就要“问责”。

“政府未尽职责”就要“问责”,这首先是人民主权原则的要求。国家的一切权力属于人民,政府受人民委托行使权力,当然要对人民负责。政府尽职,就会获得人民的信任,而政府未尽职责,人民就要追究它的责任。可见,问责制是责任政府的最好体现。其次,这也是追求政治文明的进程中应有的制度。问责制的运行会强化政府官员的责任意识,使他们能够忠实地履行自己的职责,使得政治运行趋于文明。

三鹿奶粉事件中,众多失职官员被问责,我们在拍手称赞的同时也更加关注问责制的完善。根据《新京报》2009 年 4 月 9 日的报道,“被中纪委监察部给予行政记过处分的质检总局食品生产监管司原副司长鲍俊凯,早在去年就已调任安徽出入境检验检疫局局长、党组书记。同时,已被河北省纪委、省监察厅给予行政记过处分的河北省农业厅原厅长刘大群,早在 2008 年 11 月就调任邢台市担任市委副书记,并在 2009 年 1 月当选邢台市市长”。被问责的官员异地升迁,这让许多人开始质疑“问责”是不是一种形式主义。其实,从理论上看,不是不允许被问责的官员复出,但“高调问责、低调升迁”无疑暴露了我国问责制存有缺陷。以三鹿奶粉事件为契机完善问责制是我们应该长期思考的问题。

---

① “石家庄副市长等相关责任人被免职　三鹿集团董事长田文华被罢免”,资料来源:http://www.infzm.com/content/17247。

三、新闻自由与知情权的保护

(一)新闻自由的保护

2008年9月11日,《东方早报》一篇名为《甘肃14名婴儿疑喝“三鹿”奶粉至肾病》的报道揭开了震惊国人的“三鹿奶粉事件”的序幕。而在此之前,也有一些媒体报道过毒奶粉事件,但是它们都没有在报道中指明毒奶粉就是“三鹿奶粉”。很明显,媒体早一分钟将三鹿奶粉的名字点出来,就会为那些正在给孩子食用或打算给孩子食用三鹿奶粉的国人们提出警告,而孩子们的生命和健康也就会提前一分钟免遭伤害。之后,媒体人开始反思,三鹿奶粉事件中媒体究竟为何集体噤声,媒体为何失去了预警功能?现在看来,原因大致包括:“第一,新闻媒体的有关报道可能……不够专业,不能发现潜在问题,没能尽到社会责任。第二,新闻媒体可能受到广告等利益和企业公关的影响,放弃了自己的责任。第三,新闻媒体和记者可能受到来自某些方面的劝说和阻挠,很难在问题暴露之前有足够的勇气和事实依据进行超前报道……通常情况下,不少地方和部门为了政绩和面子,容不得新闻媒体哪怕是轻微的批评。”①前两个原因关乎媒体的从业能力及职业操守,本文不予讨论。这里需要我们关注的是另外一个问题,即新闻媒体可能受到的阻挠会来自哪里?据《人民日报》报道,8月2日,石家庄市政府领导接到三鹿集团股份有限公司《关于消费者食用三鹿部分婴幼儿配方奶粉出现肾结石等病症的请示》,称“怀疑三聚氰胺来源可能是所收购的原料奶中不法奶户非法添加所致,恳请市政府帮助解决两个问题:一是请政府有关职能部门严查原料奶质量,对投放三聚氰胺等有害物质的犯罪分子采取法律措施;二是请政府加强媒体的管控和协调,给企业召回存在问题的产品创造一个良好环境,避免炒作此事给社会造成一系列的负面影响”。② 读完这段报道,或许大家都会继而提出这样的追问,政府是否答应了三鹿集团的请求,是否采取了一些管制媒体的措施。遗憾的是,当时的官方及媒体都没有正面给出答复或进行相关报道。所以,面对上面的问题我们只能推测:三鹿奶粉事件中,媒体可能受到了来自政府的阻挠或管制。其实,时至今日,媒体是否受到政府管制,已经无法查证,而追问与反思,后者更具意义。诚如《中国青年报》上的一篇报道所言“三鹿奶粉事件需要反思的问题确实可以有十条八条,但‘管制媒体’之害很值得反思和纠正……”。③那么,具体到宪法领域,就需要我们去反思政府管制媒体的限度以及新闻自由保护这样一个问题。

① “媒体的‘三鹿’之失”,载《青年记者》2008年第10期。

② “三鹿奶粉事件为何迟报”,载《人民日报》2008年10月1日。

③ 殷国安:“怎么无人反思管制媒体的错误”,载《中国青年报》2008年11月12日。

1. 什么是新闻自由

新闻自由又可称为报道自由,简言之就是指报纸、广播或电视等媒体将所获悉的事实告知众人的自由。新闻自由属于表达自由,是表达自由诸多形态中的一种。表达自由又可称表现自由,“为言论、讲学、著作、出版等自由的合称……除上述各种自由外,尚应增加报道自由一种”。[①] 许多国家宪法和国际人权公约都有关于保护表达自由的规定。例如,《公民权利与政治权利国际公约》第 19 条规定,人人有自由发表意见的权利,包括寻求、接受和传递各种消息和思想的自由……《德国基本法》第 5 条规定,人人有口头、书面和图画自由表达和散播自己的观点的权利……表达自由在一定程度上是精神自由的外在表现。人通过言论、著作等活动表露自己内心的想法和观念,这其实是人的精神世界的外在延伸,从这个角度看,表达自由是关乎人的尊严、人的本性的一种权利。对于个体而言,充分行使表达自由可以促进个人实现自我价值、实现自我发展。此外,表达自由与民主政治关系紧密。民主政治首先是民意政治,具体而言,人们通过自由交谈方能交换政见,人们通过不受管制的媒体的自由报道,方能知晓更多有关国家权力运行的信息,等等。如果没有言论、出版、报道等自由,民意就无从表现,而民意无从表现,又何谈民主政治。所以表达自由可谓是民主政治的基石。

新闻自由作为表达自由的具体形态之一,与言论自由、讲学自由等同属于宪法权利。它在具备表达自由上述共有的功能的同时,还有着自己独特的品格。首先,新闻自由与知情权关系密切。“报道自由与知的自由,具有表里之关系,倘若不重视知的自由,国民读报纸或收听广播之自由,备受限制,则报道自由之效果,亦受其损害。”[②] 换言之,只有尊重和保护知情权,新闻自由方有充分、完全的施展空间。其次,新闻自由具有舆论监督的功能。政府应受民众监督,这是民主政治的应有之义。民众形成舆论或公意对政府施加压力也是监督的手段之一。而新闻媒体为公众的舆论提供了一个渠道或平台。这样,自由的新闻媒体就是人民借以监督政府的手段或方式。

2. 政府管制媒体之害在哪里

假设三鹿奶粉事件中政府管制了媒体,从而使媒体不能将三鹿奶粉有毒的事实公之于众,今天看来这肯定是有错,但是错在哪里呢?我们可以将“管制”这个词分解为“管理”与“规制”,政府管制媒体也就相应地可以解读为政府管理和规制媒体。政府是行政权的行使者,而“行政”本身又包含“管理”的意蕴,从各国宪法有关政府职权的规定来看,政府可以管理和调控的事项大多涵盖经济、文化及社会生活的许多领域,这其中也包括媒体。所以政府有权管理和规制媒体,即有权实行新闻管制。在谈及管制媒体或新闻管制时无一例外都会提到另一个词,就是新闻自由,因为新闻管制

---

① 林纪东著:《比较宪法》,台湾五南图书出版有限公司 1978 年版,第 197 ~ 198 页。

② 同上,第 211 页。

会限制新闻自由。新闻自由作为宪法规定的一项基本权利并不是绝对的权利。法治国家允许对新闻自由进行限制,但须满足一定的条件。依据《公民权利与政治权利公约》第19条的规定,对表达自由的限制必须是由法律所规定并且满足下列目的:(1)尊重他人的权利或者名誉;(2)保障国家安全或者是公共秩序,或者是公共健康或道德。可以将这一规定视为包括两个要件:一是形式要件,即须法律限制;二是实质要件,即限制新闻自由的目的是保障公共利益等。这样,从逻辑上看,政府可以管制媒体,但须依法进行,同时,法律限制新闻自由的正当性是基于保障他人权利、公共利益或公共健康。概言之,在民主法治国家,法律划定了政府管制新闻的界限。

我国《宪法》第35条规定,公民有言论、出版、集会、游行、示威的自由。虽然宪法没有明确规定新闻自由,但从宪法的规定中可以推导出宪法当然包含新闻自由。我国现在还没有专门的保障新闻自由的立法,所以现实情况是新闻自由的保障有宪可依,却无法可依。那么,比照《公民权利与政治权利公约》第19条的规定,我国缺少限制新闻自由须满足的形式要件,当然也就谈不上法律为政府管制媒体划定界限。当下在我国与新闻自由相关的立法是行政法规,如《出版管理条例》、《广播电视管理条例》等。这些行政法规不分具体情形对媒体都采用了事前审查标准。同时,遍览这些行政法规,看到的更多的是“管理”,对于限制政府管理的内容却少之又少。“我国新闻行政管制没有形成对行政主体的管制权力进行限制的合理标准,行政主体可以随时要求禁止新闻的登载和传播,追究相关组织和人员的责任。这在理论上的确可以保证公共利益和其他自由不受新闻自由的侵犯,但是这却几乎是以新闻自由为代价的”。①

通过上述分析,很显然,三鹿奶粉事件中,假如石家庄政府管制了媒体,那么它是无法可依的,即缺少形式上的正当性。再来简单地探讨一下假如石家庄政府管制了媒体,其目的是否符合实质要件的要求。三鹿集团请求石家庄政府管制媒体是出于以下考虑:“给企业召回存在问题的产品创造一个良好环境,避免炒作此事给社会造成一系列的负面影响”。直观看来,保护企业的商誉应该是三鹿集团请求政府管制媒体的目的所在,而商誉关乎的又是企业的经济利益,可以说三鹿集团是为了企业经济利益请求管制媒体。假如石家庄政府管制了媒体,除了保护三鹿集团的经济利益之外,应当还有政绩、石家庄政府形象方面的考虑。这样,石家庄政府管制媒体就是基于三鹿集团的经济利益、石家庄政府形象及政绩。依据《公民权利与政治权利公约》第19条的规定,限制新闻自由是基于保障他人权利、公共利益或公共健康。三鹿奶粉事件中,假如石家庄政府管制了媒体,使得媒体失去了向国人公布真相、提供预警的可能,那么受损的就是国人的生命、健康。三鹿集团的经济利益、石家庄政府形象及政绩与国人的生命、健康比较起来,后者恰恰是公共利益、公共健康。换言之,石家

① 柏杨:“新闻管制类型化和法治化初探”,载《新闻与传播研究》第14卷第2期。

庄政府管制媒体恰恰损害了公共利益、公共健康。以商业信誉、政绩等为由去损害国人生命和健康,这种对新闻自由的限制怎样也不能说成是正当的。

总之,政府对媒体管制过度就会演变成控制媒体,即媒体完全仰仗政府鼻息生存,而媒体部分或完全丧失舆论监督的功能,新闻自由就失去了最本质的东西,也就不成其为新闻自由了。还是希望我国尽快制定有关保障新闻自由的法律,加快依法规、政策管制媒体到依法律管制媒体的进程,让法律为政府管制媒体划定一个界限!

3. 知名企业名誉权与新闻自由,法律的天平应该向谁倾斜

假设三鹿奶粉事件中,政府没有管制媒体,那么为什么一些媒体在报道中没有指出三鹿的名字,而是使用了"某企业"奶粉这样的表述?媒体的压力和顾虑来自哪里?《东方早报》记者简光洲在"甘肃14名婴儿疑喝'三鹿'奶粉至肾病"这篇报道正式发表之前的心理活动或许会给我们一个答案。"我担心如果批评错了……不但要坐上被告席,还会成为千古罪人";"我脑子里晃动的都是第二天三鹿公司可能气势汹汹地打电话指责我不负责任,并要把我告上法庭的情景"。① 虽然简光洲的这篇报道已见诸报端,我们为他的勇气、职业操守及社会责任感拍手称赞的同时,还要思考这样一个问题,我们的法律能不能给媒体创造一个宽容的环境,让简光洲们没有后顾之忧地更好地发挥舆论监督的功能,为公众提供预警。

从简光洲的心理活动中,我们可以发现他其实在担心法律的制裁。设想三鹿集团提起诉讼,其主要理由应是三鹿集团作为法人的名誉权受到损害。这样,对于简光洲而言害怕的想必就是对于作为知名企业的三鹿集团的名誉权和新闻自由,法律的保护向前者倾斜。那么,在知名法人名誉权和新闻自由的博弈中,法律究竟应该选择保护谁呢?笔者认为,应该是新闻自由,具体做法是引入"实际恶意"原则。

"实际恶意"原则源自美国著名的"沙利文诉《纽约时报》案"。沙利文控告《纽约时报》损害了他的名誉,犯有诽谤罪,地方法院判沙利文胜诉。《纽约时报》诉至美国最高法院,最后,最高法院推翻了地方法院关于沙利文胜诉的判决。美国最高法院是这样论证在政府官员名誉权和新闻自由的博弈中,宪法选择保护后者的原因:第一,对公共问题的辩论,包括激烈的、尖刻的针对政府和官员的严厉抨击应当不受抑制。在自由辩论、进行批评中,错误不可避免,如果自由表达要找到赖以生存的呼吸空间,就必须保护错误意见。第二,如果要求言论必须与事实相符的话,那么,本来打算对官方行为进行批评的人,将受到阻慑,从而吓得不敢说了。即使能信以为真,即使在事实上为真,他们也会担心:能不能在法庭上证明这是真的,或者他可能觉得惹不起上法院的这趟麻烦。第三,一项虚假陈述包含影响官员名誉的叙事差错……并不能成为裁定损害赔偿的充分理由,除非原告主张被告"实有恶意"并证明之,即原告证明:被告明知陈述为虚假而故意发表或玩忽放任、根本不在乎陈述真实与否。在之后

① "媒体的'三鹿'之失",载《青年记者》2008年第10期。

的案件中,美国最高法院又将"实际恶意"原则的适用范围从政府官员拓展到"公众人物",即最高法院认为"公众人物"在受到诽谤时,须能证明被告有实际恶意方能胜诉。

当然,之所以能够对政府官员、公众人物在媒体侵犯其名誉权的案件中适用"实际恶意"规则,是因为与普通公民不同,他们所从事的职业、特殊的身份与公共问题或公共利益相关,也正是基于此,他们面对媒体的批评相较普通民众而言要尽更大的容忍义务。

我国的立法没有规定"实际恶意"原则,对法人名誉权予以规定的主要是《民法通则》和1998年最高法院的一个司法解释。① 但是我国的法院在司法审判中已经使用了这一原则。最明显的应是2008年的"致癌毛巾诉央视"案。北京一中院在二审判决中指出,"因毛巾产品与大众生活紧密相关,其安全问题涉及公众利益,孟林茂的海龙棉织厂作为生产毛巾的企业对于媒体与公众对其产品质量及安全的苛责,应予以必要的容忍"。但是这个判决一经公布,就引起了包括律师、学者、媒体从业人员等的不同看法和争论。一方支持法院的判决,认为保障了新闻自由,宽容媒体过失即体现了社会的文明进步;另一方认为这份容忍判决是对"实际恶意"原则的生搬硬套。行文至此,对于"致癌毛巾"一案是否应该适用实际恶意原则的问题,这里不作讨论。就本文而言不能笼统地讨论法人名誉权与新闻自由的关系,而是应该就事论事,探讨作为三鹿集团等知名企业法人名誉权与新闻自由的关系问题。不管"致癌毛巾"一案的争议是否有定论,笔者认为在知名企业名誉权与新闻自由发生冲突时,法律的天平应该向后者倾斜。

三鹿集团生产的产品即奶粉,是一种食物,它的质量好坏直接关系到公众的生命和健康,基于此,三鹿集团就不单单是一个生产企业,它的运行与公共问题或公共利益相关。同时,三鹿集团又是一个知名企业。"知名"意味着什么,企业为什么都要追求知名,一言以蔽之,这关乎经济利益。企业希望知的主体是作为消费者的公众。越多的公众知晓该企业并且关注程度越高,选择它的产品的几率相应也比较大。当然,这在给企业带来不菲的经济利益的同时,也会使得知名企业的产品与更为广泛的公众利益紧密相关。与同类的一般企业相比,知名企业的这种公共性或公共程度就变得更加浓厚。企业在享受知名带给它的利益的同时,也理应为它的"知名"付出一定代价,即容忍媒体的舆论监督。何况知名企业往往财力不俗,其相对于普通公众而言具有强势地位,公众也需要媒体对知名企业的舆论监督。生产的产品关乎公众利益,加之知名度带来的公众瞩目,笔者认为可以将类似三鹿集团这样的知名企业比拟"公众人物",适用"实际恶意"原则来保护媒体的新闻自由。只有这样,媒体方能抛开顾

① 我国《民法通则》第101条规定:"公民、法人享有名誉权,公民的人格尊严受法律保护,禁止用侮辱、诽谤等方式损害公民、法人的名誉。"1998年我国最高人民法院《关于审理名誉权案件若干问题的解释》指出,"新闻单位对生产者、经营者、销售者的产品质量或者服务质量进行批评、评论,内容基本属实,没有侮辱内容的,不应当认定为侵害其名誉权;主要内容失实,损害其名誉的,应当认定为侵害名誉权"。

虑更好地发挥舆论监督功能,而公众也能从媒体那里及时获得关乎自己切身利益的相关信息。

我们可以将简光洲的担心表述为“惹不起上法院的这趟麻烦”,如果有更多的媒体从业者有这样的担心,那么以后再遇到类似三鹿奶粉的事件,媒体再度集体噤声,谁来为我们的生命、健康提供预警。虽然“致癌毛巾”案中法院保护新闻自由的立场比较明显,姑且不管这份判决是否合理,但是这仅仅是一个判决,毕竟没有上升为法律。“用‘实际恶意’原则保护媒体报道权与公众知情权,应首先确立其法律原则地位,使得全社会接受其保护、接受其约束。而不能任由司法机关自由选择,想用的时候就用,不想用的时候就不用。”①这段话道出了媒体人对我国新闻自由保护现状的真实感受,一份司法判决并不能给媒体从业者以安全感。作为大陆法系国家,我们还是要制定有关保护新闻自由的立法,将“实际恶意”原则变为法律条文,留给新闻自由赖以生存的呼吸空间。

(二)知情权的保护

据《人民日报》(2008年10月1日版)报道,石家庄市政府早在2008年8月2日就接到了三鹿集团公司关于三鹿牌奶粉问题的报告。虽然采取了一些措施,但直至9月9日才向河北省政府报告三鹿奶粉问题。在8月2日至9月8日这38天中,石家庄市政府未就三鹿牌奶粉问题向河北省政府作过任何报告,也未向国务院和国务院有关部门报告,导致了蔓延全国的重大食品安全事故。对于这一迟报行为,国家追究了相关人员责任。“根据国家处理奶粉事件领导小组事故调查组调查,三鹿牌婴幼儿奶粉事件是一起重大食品安全事件。依据《国务院关于特大安全事故行政责任追究的规定》、《党政领导干部辞职暂行规定》等有关规定,鉴于河北省省委常委、石家庄市委书记吴显国同志对三鹿牌奶粉事件负有领导责任,对事件未及时上报、处置不力负有直接责任,经党中央、国务院批准,免去吴显国同志河北省省委常委、石家庄市委书记职务。”②今天当我们反思石家庄政府在三鹿奶粉事件中处理信息的种种表现时,不能将目光仅仅锁定在迟报行为上,还应该看到石家庄政府没有及时向国人公布信息这一事实。前者涉及上级机关处理问题的最佳时机,而后者涉及公众的知情权保护问题。

1. 什么是知情权

宪法上的知情权指公民、法人和其他组织享有知悉、获取国家机关掌握的公共信息的自由和权利。就属性而言,它有自由权和社会权双重属性,一方面,知情权是一

① 许斌:“媒体并非实际恶意原则,不能只用于央视”,资料来源:http://star.news.sohu.com/20080507/n256706568.shtml。

② “质检总局局长李长江辞职　石家庄市委书记被免”,资料来源:http://news.xinhuanet.com/legal/2008-09/23/content_10094933.htm。

种要求国家免予干涉的消极权利;另一方面,知情权还是一种要求国家应该主动、积极公开信息的积极权利。现在许多国际公约和国家宪法都规定了知情权,还有一些国家制定了专门保护知情权的法律。

知情权的保障受到许多国家重视,是因为它对于民主政治的构建和运行而言意义重大。国家的一切权力属于人民,人民如果没有获悉国家公共信息的权利,怎么谈得上是国家的主人?此外,公民知情权的实现又是实现其他基本权利的保证,包括选举权、参与权、表达权,这些权利的实现都必须以知情权为前提。当然,知情权也是人民有效监督政府、防止政府滥用权力的重要手段。

2. 三鹿奶粉事件中,政府处理信息的表现是否侵害了公众知情权

新闻自由与知情权是互为表里的关系,在知情权实现的过程中,媒体扮演着重要的角色。一方面,现代社会中,媒体传播是知情权实现的重要途径。就政府主动公开信息而言,媒体是政府向民众提供信息的重要平台,保障新闻自由就意味着间接保障了公民的知情权。另一方面,媒体在发挥舆论监督功能的同时,也在保障着公民知情权的实现,二者是重合的。鉴于此,媒体享有新闻自由的程度很大程度上决定着公民的信息满足度。换言之,媒体传播环境的好坏影响并决定着公众知情权的获得和尊重。前文结合三鹿奶粉事件分析了新闻自由的保护问题,基于新闻自由与知情权的关系,如果政府不当管制了媒体,那么自然也就侵害了公众的知情权。此外,立法机关、司法机关对新闻自由的保护程度又直接决定着媒体传播的法律环境,继而影响公众知情权的实现。这些都是很简单的法理,不需赘述。其实针对三鹿奶粉事件在结合新闻自由探讨知情权实现的问题时,主要涉及三方主体:政府、媒体及公众。而下文笔者想抛开媒体从政府与公众之间的关系入手,分析知情权的保护问题。

从性质上看,三鹿奶粉事件不仅是一起重大食品安全事故,同时也是突发公共卫生事件。突发事件中,公众知情权的保护非常重要。一方面,信息及时公开可以减少社会恐慌,有利于社会秩序的稳定;另一方面,公众只有及时知悉突发事件的发生和发展阶段,方能采取有效措施减少突发事件带来的人身或财产损失。我国《突发事件应对法》对发生突发事件时政府应该怎样处理信息规定地很明确。除了报告制度①外,还规定了政府须公布突发事件的相关信息。该法第53条规定,履行统一领导职责或者组织处置突发事件的人民政府,应当按照有关规定统一、准确、及时发布有关突发事件事态发展和应急处置工作的信息。此外,《政府信息公开条例》第10条规定,县级以上各级人民政府及其部门应当依照本条例第9条的规定,在各自职责范围内确定主动公开的政府信息的具体内容,并重点公开下列政府信息:……(十)突发公

① 《突发事件应对法》第39条规定,地方各级人民政府应当按照国家有关规定向上级人民政府报送突发事件信息。县级以上人民政府有关主管部门应当向本级人民政府相关部门通报突发事件信息。专业机构、监测网点和信息报告员应当及时向所在地人民政府及其有关主管部门报告突发事件信息。有关单位和人员报送、报告突发事件信息,应当做到及时、客观、真实,不得迟报、谎报、瞒报、漏报。

共事件的应急预案、预警信息及应对情况……很显然,《突发事件应对法》和《政府信息公开条例》都规定了发生突发事件时政府负有主动公开信息的义务。另外,众所周知,三鹿奶粉事件涉及众多孩子的健康、生命,事关重大。有些国家的信息公开法中专门规定对涉及人的生命、健康的信息相关机关应主动公开。如保加利亚《公共信息获取法》第14条规定,各机关有义务公布的信息包括:"A.可以防止对公民的生命、健康、安全或者财产造成的某些威胁的信息……我国《政府信息公开条例》其实也有类似规定。该条例第9条规定,行政机关对符合下列基本要求之一的政府信息应当主动公开:(一)涉及公民、法人或者其他组织切身利益的;(二)需要社会公众广泛知晓或者参与的;(三)反映本行政机关机构设置、职能、办事程序等情况的;(四)其他依照法律、法规和国家有关规定应当主动公开的。那么,条文表述中的"切身利益"必然包括人的生命、健康。这样,依据我国的相关法律规定,无论是从三鹿奶粉事件作为突发公共卫生事件的角度,还是从三鹿奶粉事件涉及众多孩子的健康、生命的角度,政府都应依法主动公开信息,保障公众知情权。但是从石家庄政府处理信息的表现中我们看不到其主动向公众公开信息。所以,事实很清楚,三鹿奶粉事件中,公众的知情权被侵害了。

公众知情权的实现需要国家机关依法履行义务。三鹿奶粉事件中,存在相关法律规定,但是政府作为义务主体却不履行,怎样避免以后再出现类似情形,需要我们反思。就现实情况而言,为保障公众知情权,笔者认为首先必须转变政府观念。政府只有树立了公开信息是义务,并不是权力这样的观念,才能切实保障公众知情权。否则,法律再完善,也不能得到有效实施。其次,应该加快制定信息公开立法的进程。现在的《政府信息公开条例》毕竟只是行政法规,对于信息公开的义务主体而言其约束力还不够,知情权保障的法律层级还较低。最后,要依法追究违反信息公开义务的相关人员的责任,这会有助于政府及其工作人员转变观念。总之,公众知情权的保障取决于观念、体制等外部环境的改善,只有这些问题都逐渐解决了,我国知情权保障的现状才会有所改善。

四、司法独立的保障

2008年10月29日,来自山东、河南、福建等地区的9名受害患儿家属,同时将9份起诉三鹿的诉状递交至河北省石家庄市新华区人民法院,共计索赔130多万元。新民网记者10月31日电话采访了石家庄市新华区人民法院,虽然尚未到法律规定的裁定最后期限,但该法院立案厅已经明确表示,法院决定对此事不予立案。法院所持理由与新民网报道披露的原因一致:需等待政府的赔偿方案。石家庄市新华区人民法院表示,已接到上级法院指示,暂不受理任何有关三鹿问题奶粉的赔偿起诉。新民网记者询问有关部门是否下发相关文件,新华区人民法院则表示,是法院内部通知。

新华区人民法院同时表示,也不会向此案当事人提供不予受理的裁定书。[①] 这一消息公之于众后,社会哗然。讨论、质疑的同时,国人还是期待着法院能够尽早立案,通过法律的途径还给受害者一个公道。2009 年 3 月 25 日,三聚氰胺奶粉事件法律援助团律师向石家庄市新华区人民法院缴纳了 1 名原告的诉讼费 575 元,该院向代理律师彭剑和许志永签发了一份受理案件通知书。这意味着针对三聚氰胺奶粉事件的民事赔偿诉讼,法院已经正式立案(见 3 月 26 日《东方早报》)。尽管法院最终立案了,事情在朝着众人所希望的方向发展,但是我们对这一事件的思考不应停止。法院应该立案而不立案,公民享有的法律层面的诉讼权毫无疑问受到了损害。同时,法院作为国家司法机关,其职权属性决定了它负有司法救济的义务,负有义务而不去履行,是一种典型的不作为。上述内容都可以成为我们反思的着眼点,但是本文不打算从诉讼权的法律保护角度去解读法院的行为。众所周知,诉讼权的实现、法院救济义务的履行都是以司法独立为前提的,没有司法独立,法律规定得再完善,一切也都可能变为空谈。所以笔者认为,对于三鹿奶粉事件中法院的这一表现,从国家权力的运行即司法独立的角度去探讨更有意义。

1. “等待政府赔偿方案”是法院不予立案的合理理由吗

我国《民事诉讼法》第 112 条规定,人民法院收到起诉状或者口头起诉,经审查,认为符合起诉条件的,应当在 7 日内立案,并通知当事人;认为不符合起诉条件的,应当在 7 日内裁定不予受理;原告对裁定不服的,可以提起上诉。很明显,对照《民事诉讼法》的上述规定,“等待政府赔偿方案”不应成为法院不予受案的理由。公民的合法权益受到侵害,寻求法院的司法救济,这是公民享有的权利。“政府的赔偿方案”与司法救济本应是两条线。受害者如果想要“等待政府赔偿方案”,那么就可等待,如果不想等待,就可向法院提起诉讼。而法院的大门实在不应关上。不知是法院主动等待,还是有法院之外的力量要求法院等待,不管是哪种情形,我们都清楚我国的司法独立进程还面临着挥之不去的困扰。

2. “服从上级法院指示”合乎司法独立的要求吗

司法独立是法院作为司法机关拥有公信力的前提,而一个拥有公信力的法院是民主法治国家的当然的构成要素。基于此,将“独立”比喻成法院的灵魂并不过分。我国的宪法也对司法独立作出了规定,“人民法院依照法律规定独立行使审判权……”,司法独立不仅包含外部独立,即不受行政机关、社会团体和个人的干涉,而且还包含内部独立。上下级法院之间的关系如何定位就涉及内部独立的问题。我国《宪法》第 127 条第 2 款规定,“最高人民法院监督地方各级人民法院和专门人民法院的审判工作,上级人民法院监督下级人民法院的审判工作”。《人民法院组织法》第 17

① “石家庄法院称已接指示暂不受理三鹿奶粉索赔案”,资料来源:http://money.163.com/08/1031/16/4PJLV8IE00252G50.html。

条规定,"下级人民法院的审判工作受上级人民法院监督"。这样,根据法律规定,我国上级法院和下级法院之间是一种监督关系。这种监督关系与行政权运行中经常能够见到的领导关系不同。领导关系强调的是下级服从上级,当上级行政机关对下级行政机关发出指示或命令时,下级必须服从。而监督关系的核心是,上级法院只有依据法律赋予的职权根据相应程序方能对下级法院某一案件的审判结果予以维持、变更或撤销。所以这种监督关系又可称为审级监督关系。设置审级的目的不是要建立上级法院对下级法院的领导地位,而是基于实质公正的要求,为法院的审判结果增加一道保险程序,换言之,通过程序公正来实现实质公正。既然上下级法院之间是监督关系而非领导关系,那么,下级法院就不应向上级法院就具体案件的审理问题请示、汇报,上级法院也不得向下级法院就具体案件审理发出命令和指示。否则,就会架空"两审终审制",违背追求司法公正的初衷。总之,在司法独立的框架内,法院不应有领导,如果有也应该是宪法和法律,而绝不应是上级法院。

三鹿奶粉事件中,石家庄市新华区人民法院用实际行动表明其服从上级法院的指示,不予立案。依据上文的分析,这种做法表现出的并不是上下级法院之间的监督关系,而恰恰是一种领导关系,这自然不符合司法独立的要求。令人担忧的是,这在我国并不是偶发现象。三鹿奶粉还是立案了,但是在立案过程中的这些波折不应忘记,应该以此为契机去思考,怎样才能使司法去除行政化,真正实现司法独立。

事例9:《中共中央关于推进农村改革发展若干重大问题的决定》允许农村土地流转

——农村土地制度与农村经营体制

王　锴

一、《中共中央关于推进农村改革发展若干重大问题的决定》的出台

2008年10月19日,中国共产党十七届三中全会发布了《中共中央关于推进农村改革发展若干重大问题的决定》(以下简称《决定》)。《决定》对农村土地流转作了新的规定。

《决定》指出,要健全严格规范的农村土地管理制度。按照产权明晰、用途管制、节约集约和严格管理的原则,进一步完善农村土地管理制度。坚持最严格的耕地保护制度,划定永久基本农田,建立保护补偿机制。尽快搞好农村土地确权、登记、颁证工作。加强土地承包经营权流转管理和服务,建立健全土地承包经营权流转市场,按照依法自愿有偿原则,允许农民以转包、出租、互换、转让、股份合作等形式流转土地承包经营权,①发展多种形式的适度规模经营。土地承包经营权流转,不得改变土地集体所有性质,不得改变土地用途,不得损害农民土地承包权益。实行最严格的节约用地制度,完善农村宅基地制度,依法保障农户宅基地用益物权。在土地利用规划确定的城镇建设用地范围外,经批准占用农村集体土地建设非公益性项目,允许农民依法通过多种方式参与开发经营并保障农民合法权益。加快建立城乡统一的建设用地

① 转包是指承包方将部分或者全部土地承包经营权以一定期限转给同一集体经济组织的其他农户从事农业生产经营。出租是指承包方将部分或者全部土地承包经营权以一定期限租赁给他人从事农业生产经营。互换是指承包方之间为方便耕作或者各自需要,对属于同一集体经济组织的承包地块进行交换,同时交换相应的土地承包经营权。互换即"物"与"物"交换。转让是在土地家庭承包经营的情况下,由第三者代替自己向发包人履行承包合同的行为。股份合作,即"土地入股",是指承包方之间为发展农业经济,将土地承包经营权作为股权,入股组成股份公司或合作社等,从事农业生产经营。资料来源:http://www.cqhbsh.com/cqhbsh/news/shownews.asp?newsid=261&newsclassid=2。

市场,对依法取得的农村集体经营性建设用地,必须通过统一有形的土地市场、以公开规范的方式转让土地使用权,在符合规划的前提下与国有土地享有平等权益。

那么,《决定》是否符合现行宪法中关于农村土地制度的规定呢?

二、我国宪法中关于农村土地制度规定的理解

现行《宪法》关于农村土地制度的规定主要是第10条,该条规定:城市的土地属于国家所有。

农村和城市郊区的土地,除由法律规定属于国家所有的以外,属于集体所有;宅基地和自留地、自留山,也属于集体所有。

国家为了公共利益的需要,可以依照法律规定对土地实行征收或者征用并给予补偿。

任何组织或者个人不得侵占、买卖或者以其他形式非法转让土地。土地的使用权可以依照法律的规定转让。

一切使用土地的组织和个人必须合理地利用土地。

该条共分五款,其中第1、2款规定了土地的所有制度,第3款规定了对土地的征收或征用制度,第4款规定了土地使用权的转让制度,第5款规定了土地的利用制度。《决定》主要是涉及第3款、第4款和第5款。

(一)对《宪法》第10条第3款的理解

该款规定了对土地的征收和征用制度。根据王兆国副委员长在《关于〈中华人民共和国宪法修正案(草案)〉的说明》中对征收、征用的解释为:征收主要是所有权的转移;征用只是使用权的转移。由此,征收主要是针对集体所有的土地,因为对于国家所有的土地征收后仍然属于国家,不会发生土地所有权的转移。征用既可以针对国有土地,也可以针对集体所有的土地。当然主要是针对后者。因为对前者,国家采取了两种特殊的形式:一种是对于国家机关用地和军事用地、城市基础设施用地和公益事业用地、国家重点扶持的能源、交通、水利等基础设施用地以及法律、行政法规规定的其他用地,国家进行划拨,即使用这些土地的单位不需要向国家缴纳土地使用权出让金,另一种是对于其他的使用单位,国家采取有偿出让的方式,即这些单位必须在向国家缴纳土地使用权出让金后才能使用该土地。但无论是划拨或有偿出让,如果被划拨或者有偿出让前的土地已经有使用人的,国家要先行收回该使用权人的国

有土地使用权。这里的收回国有土地使用权带有征用的意思。①

该款曾被2004年的宪法第四修正案修改过，这次修改一方面是在征用的基础上，增加了征收；另一方面是增加了补偿。从而使集体所有的土地更有保障。这种保障体现在：

1. 在征收、征用的目的上，必须基于公共利益

征收、征用的公共利益包括哪些？宪法没有明讲，《土地管理法》也没有作更具体的规定。其第2条第4款仅仅是照搬了《宪法》第10条第3款的规定。对此，笔者认为，《土地管理法》不对公共利益进行具体化的做法值得讨论。因为，第一，公共利益是宪法委托。宪法固然可以对公共利益作概括规定，但这既是出于宪法本身的特点所决定，也代表了立宪者对立法者的一种立法的委托，即寄希望于立法者续其未竟之志，而为一定之作为。因此，假如宪法并未对该内容确定之，而该内容又是必须规定者，则由立法者制定执行性质的法律，来贯彻宪法，不仅是权限，亦是一种义务。② 立法者违反这种义务，将承担立法不作为的责任或违反明确性的原则。德国学者认为，宪法在委托立法者立法的时候，实际上已经蕴涵了一个明确性的要求，即立法应力求明确、详尽，以防止行政机关恣意乱为，并使人民有所遵循。因此，立法者不仅须将其所设定的基本思想与目标，完全明白地表现出来，并且应将宪法中留下的公益之空白所引起的不确定，限制在立法技术绝对必要的标准上。当以严谨之规定仍可规范不断变化的公益并促其实现时，则不宜使用开放概括之条款。③ 德国联邦宪法法院在许多案件的判决中表示，作为征收目的的公共福祉是一个抽象的法律概念，其包含事实及目的的多样性，必须在个案中具体地表现出来，故在一个征收的法律中，立法者应该明白规定，在何种计划及在何种要求之下，人民方可遭到征收之侵犯。德国联邦宪法法院的这种见解，无疑表明，立法者必须"预见"征收的类型何在，并且，不能够只是在法律内重复运用宪法的征收（征用）公益要求——公共利益之用语，作为授权行政自行决定征收（征用）类型的依据。④ 第二，从其他国家的情况来看，在普通立法中对

① 对此，笔者曾经表示过怀疑。因为无论是所有权还是使用权，都是针对物权而言的，只有物权才有所谓的所有权和使用权，而对于物权之外的其他财产权甚至物权之下的某个"子物权"，都很难区分所有权和使用权。比如，我们无法说债权的所有权和债权的使用权，同样，我们也不可能说收回当事人的国有土地使用权是剥夺了当事人的国有土地使用权的所有权还是剥夺了他的国有土地使用权的使用权。因此，根据现行宪法的对征收和征用的定义是很难说清楚国家收回当事人的国有土地使用权的性质的。对此，笔者认为，要么取消征收或征用的划分，将其统一为一种行为，比如征用（当然这需要修改宪法，实现起来难度很大），要么对征收或征用作扩大解释，将其扩充到一切在当事人没有过错的情形下，国家强制取得私有财产权的行为。参见胡锦光、王锴："我国城市房屋拆迁中的若干法律问题——以北京酒仙桥拆迁案为例"，载《法学》2007年第8期。

② 陈新民著：《德国公法学基础理论》（上），山东人民出版社2001年版，第158～159页。

③ 陈恩仪："论行政法上之公益原则"，载城仲模主编：《行政法之一般法律原则》（二），台湾三民书局1997年版，第177～178页。

④ 陈新民著：《德国公法学基础理论》（上），山东人民出版社2001年版，第479页。

公共利益进行列举是普遍做法。比如德国联邦法律规定下列事项属于公共福祉:(1)基于公共交通目的者;(2)基于国防目的或为迁移国防设备设施或为履行国际条约所生之联邦义务者;(3)基于都市建设目的者;(4)为兴建交通研究设施者;(5)为设立市街电车设施者;(6)联邦邮政为履行其义务者;(7)为维护改建或新建联邦水道者,或为设立属于联邦所有之航道设施及航运标识者;(8)为公共能源之供给者;(9)为实施农地重划者;(10)为开垦荒地者;(11)基于民用航空之目的者;(12)为矿业之营运者;(13)为设立或扩大国家房屋者。① 日本《土地收用法》规定,公益事业包括:(1)一般自动车道或供一般自动车运送事业使用之专用自动车道,或依停车场法之路外停车场;(2)河川或其他对公共利害攸关之河川,或对该河川之治水或利水之目的,所设置之堤防、护岸、水坝、水路、蓄水池及其他设施;(3)砂防、地滑、煤山崩坏、倾斜地崩坏防止设备或为上述目的之设施;(4)供运河使用之设施;(5)国家、地方公共团体、农用地开发公园、土地改良区或石炭矿害事业团所设置之农业用道路、用水路、排水路、海岸堤防、灌溉用或防止农作物灾害用之蓄水池、防风林及其他相类似之设施;(6)土地改良区设置有关排水机或地下水源利用之设备;(7)铁道、索道、无轨电车专用之设施;(8)石油管路;(9)自动车运送事业或一般路线货物自动车运送事业之用之设施;(10)港湾、渔港、海岸保全设施;(11)航路标识、水路测量标识;(12)机场或供公共使用之航空保安设施;(13)供气象、海象、地象、洪水或其他类比现象之观测或通报之用之设施;(14)国家为监视颠簸而设置无线方位或电波之测定装置;(15)国家或地方公共团体设置电气通信设施;(16)放送事业之用之放送设备;(17)电气事业之用之电气工作物;(18)水道事业或水道用水供给事业;(19)消防之用之设施;(20)水防之用之设施;(21)学校或其他类此之教育或学术研究设施;(22)公民馆、博物馆或图书馆;(23)社会福祉事业、公共职业训练设施;(24)医院、疗养所、诊疗所或助产所、保健所、公共医疗机构或检疫所;(25)火葬场;(26)土畜场或弊兽处理场;(27)一般废弃物处理设施;(28)卸卖市场;(29)公园事业;(30)特定住宅用地;(31)国家或地方公共团体设置厅舍、工厂、研究所、试验所或其他直接供事业或事务使用之设施;(32)国家或地方公共团体设置公园、绿地、广场、运动场、墓地、市场及其他供公共使用之设施;(33)核设施;(34)宇宙开发设施、香烟产业设施;(35)为上述事业所必须具备之通路、桥、铁道、轨道、索道、电线路、水路、池井、土石场、材料置场、职务上必须常驻之职员办公室、宿舍或其他设施。②

2. 在征收、征用的程序上,必须依照法律的规定

由于征收、征用属于对集体的财产权的侵犯,因此按照《立法法》第8条第6项的规定,对非国有财产的征收,应当适用法律保留。即由全国人大及其常委会来制定法

① 叶百修:"从财产权保障观点论公用征收制度",载内刊1989年版,第373~374页。

② 同上,第253~257页。

律规范,这是出于保护公民、法人和其他组织的财产权的需要。当然,《立法法》第8条第6项只提到了征收,没有讲征用。这可以说是《立法法》的一项疏漏,而被2004年的宪法第20修正案所弥补,也就是说,宪法第20修正案将征收、征用都纳入了法律保留的范围。

按照《土地管理法》的规定,征收、征用集体所有土地的程序为:

(1)办理征地审批手续

《土地管理法》第45条规定:征收下列土地的,由国务院批准:(一)基本农田;(二)基本农田以外的耕地超过35公顷的;(三)其他土地超过70公顷的。征收前款规定以外的土地的,由省、自治区、直辖市人民政府批准,并报国务院备案。征收农用地的,应当依照本法第44条的规定先行办理农用地转用审批。其中,经国务院批准农用地转用的,同时办理征地审批手续,不再另行办理征地审批;经省、自治区、直辖市人民政府在征地批准权限内批准农用地转用的,同时办理征地审批手续,不再另行办理征地审批,超过征地批准权限的,应当依照本条第1款的规定另行办理征地审批。

(2)公告实施

国家征收土地的,依照法定程序批准后,由县级以上地方人民政府予以公告并组织实施。公告的内容包括批准征地机关、批准文号、征地的用途、范围、面积以及征地补偿标准、农业人员安置办法和办理征地补偿的期限等。同时征地补偿、安置方案也要在被征地所在地的乡(镇)、村予以公告,听取被征地的农村集体经济组织和农民的意见。

(3)补偿

被征地的所有权人、使用权人应当在公告规定期限内,持土地权属证书到当地人民政府土地行政主管部门办理征地补偿登记。征地补偿、安置方案报市、县人民政府批准后,由市、县人民政府土地行政主管部门组织实施。对补偿标准有争议的,由县级以上地方人民政府协调;协调不成的,由批准征地的人民政府裁决。征地补偿、安置争议不影响征地方案的实施。征用土地的各项费用应当自征地补偿、安置方案批准之日起3个月内全额支付。被征地的农村集体经济组织应当将征收土地的补偿费用的收支状况向本集体经济组织的成员公布,接受监督。

3. 在征收、征用的后果上,必须进行补偿

补偿一方面要依照法律的程序进行;①另一方面补偿的范围也要由法律来规定。

① 在2004年宪法修正案第20条通过过程中有一个小插曲。原来该条的草案中"可以依照法律规定对土地实行征收或者征用"与"并给予补偿"之间有个逗号。但当时参与修宪的语言学家认为,如果有这个逗号的话,"依照法律规定"只约束了前半句"对土地实行征收或者征用",而没有约束到后半句"并给予补偿"。因此,最后通过的宪法里,删除了这个逗号,彻底避免了误解的可能性。参见王尧:"修宪案删除原草案中一个逗号",资料来源:http://sym2005.cass.cn/file/2004031513206.html。

根据我国《土地管理法》第47条的规定,征收土地的,按照被征收土地的原用途给予补偿。征收耕地的补偿费用包括土地补偿费、安置补助费以及地上附着物和青苗的补偿费。征收耕地的土地补偿费,为该耕地被征收前3年平均年产值的6倍至10倍。征收耕地的安置补助费,按照需要安置的农业人口数计算。需要安置的农业人口数,按照被征收的耕地数量除以征地前被征收单位平均每人占有耕地的数量计算。每一个需要安置的农业人口的安置补助费标准,为该耕地被征收前3年平均年产值的4倍至6倍。但是,每公顷被征收耕地的安置补助费,最高不得超过被征收前3年平均年产值的15倍。征收其他土地的土地补偿费和安置补助费标准,由省、自治区、直辖市参照征收耕地的土地补偿费和安置补助费的标准规定。被征收土地上的附着物和青苗的补偿标准,由省、自治区、直辖市规定。征收城市郊区的菜地,用地单位应当按照国家有关规定缴纳新菜地开发建设基金。依照本条第2款的规定支付土地补偿费和安置补助费,尚不能使需要安置的农民保持原有生活水平的,经省、自治区、直辖市人民政府批准,可以增加安置补助费。但是,土地补偿费和安置补助费的总和不得超过土地被征收前3年平均年产值的30倍。国务院根据社会、经济发展水平,在特殊情况下,可以提高征收耕地的土地补偿费和安置补助费的标准。

(二)对《宪法》第10条第4款的理解

该款共有两句。第一句规定了非法转让土地的形式,包括侵占、买卖以及其他形式。这一句曾经在1988年被宪法第一修正案修改。现行1982年宪法原本规定的非法转让土地的形式还包括出租,但1988年的宪法第一修正案将“出租”删除,也就是说,出租已经不属于非法的土地转让形式。侵占别人正在使用的土地属于侵犯其财产权,当然属于非法的土地转让。而买卖土地,即使是出于双方自愿,也不能成为合法。这是因为首先,我国土地的所有权属于国家或集体,不属于个人,个人只有对土地的占有、使用和收益权,而不享有最终的处置权,因此,如果允许个人买卖土地,则会侵犯国家或集体对土地的所有权。当然,这里还需要注意的是,该句中所使用的“非法”一词的内涵。非法与违法不同,违法是违反法律的明确规定,而非法既包括违反法律的明确规定(比如侵占别人的土地),也包括法律没有规定允许的情形(比如买卖)。由此也引发了第二句:土地使用权的转让必须依照法律的规定进行。也就是说,我国当前对土地使用权的转让必须按照法律的明确规定进行,既不能违反法律的规定进行土地转让,也不能在法律没有规定的情况下进行土地转让。

那么,我国现行的法律规定了哪些土地使用权转让的形式呢?根据2002年全国人大常委会制定的《农村土地承包法》第32条规定,“通过家庭承包取得的土地承包经营权可以依法采取转包、出租、互换、转让或者其他方式流转。”首先,该条列举了“转包、出租、互换、转让”四种流转方式。其次,该条还规定了一个兜底形式——其他方式。这是考虑到未来可能出现新的土地流转形式的出现所预留的空间。那么,究竟哪些形式属于《农村土地承包法》所规定的其他方式呢?《农村土地承包法》还规定了土地使用权流转的实体要件。该法第33条规定:土地承包经营权流转应当遵循以下原则:(一)平等协商、自愿、有偿,任何组织和个人不得强迫或者阻碍承包方进行土地承包经营权流转;(二)不得改变土地所有权的性质和土地的农业用途;(三)流转的期限不得超过承包期的剩余期限;(四)受让方须有农业经营能力;(五)在同等条件下,本集体经济组织成员享有优先权。也就是说,只要其他方式满足上述实体要件,就可以成为合法的土地使用权转让形式。

(三)对《宪法》第10条第5款的理解

《宪法》第10条第5款规定了对土地的合理利用或者合理使用原则。但问题在于,如何判断合理?

按照我国《土地管理法》的规定,土地利用首先要符合土地利用规划。土地利用总体规划按照下列原则编制:(一)严格保护基本农田,控制非农业建设占用农用地;(二)提高土地利用率;(三)统筹安排各类、各区域用地;(四)保护和改善生态环境,保障土地的可持续利用;(五)占用耕地与开发复垦耕地相平衡。土地利用规划主要是用来确定土地用途,经批准的土地利用总体规划的修改,须经原批准机关批准;未经批准,不得改变土地利用总体规划确定的土地用途。经国务院批准的大型能源、交通、水利等基础设施建设用地,需要改变土地利用总体规划的,根据国务院的批准文件修改土地利用总体规划。经省、自治区、直辖市人民政府批准的能源、交通、水利等基础设施建设用地,需要改变土地利用总体规划的,属于省级人民政府土地利用总体规划批准权限内的,根据省级人民政府的批准文件修改土地利用总体规划。

其次,土地利用要符合土地用途。我国将土地分为农用地、建设用地和未利用地,①并且确立了建设用地应不占或者尽量少占农用地的原则。② 对此,国家规定了建设用地转为农用地的强制批准制度。《土地管理法》第44条规定:"建设占用土地,涉及农用地转为建设用地的,应当办理农用地转用审批手续。省、自治区、直辖市人民政府批准的道路、管线工程和大型基础设施建设项目、国务院批准的建设项目占用土地,涉及农用地转为建设用地的,由国务院批准。在土地利用总体规划确定的城市和村庄、集镇建设用地规模范围内,为实施该规划而将农用地转为建设用地的,按土地利用年度计划分批次由原批准土地利用总体规划的机关批准。在已批准的农用地转用范围内,具体建设项目用地可以由市、县人民政府批准。本条第2款、第3款规定以外的建设项目占用土地,涉及农用地转为建设用地的,由省、自治区、直辖市人民政

---

① 农用地是指直接用于农业生产的土地,包括耕地、林地、草地、农田水利用地和养殖水面等。建设用地是指建造建筑物、构筑物的土地,包括城乡住宅和公共设施用地、工矿用地、交通水利设施用地、旅游用地和军事设施用地等。未利用地是指农用地和建设用地以外的土地。

② 参见《土地管理法》第22条第1款。

府批准。”

再次,为了防止对土地的滥用,国家规定了土地使用权的收回制度。《土地管理法》第58条第1款和第65条第1款分别规定了对国有土地使用权和集体土地使用权的收回制度。有下列情形之一的,由有关人民政府土地行政主管部门报经原批准用地的人民政府或者有批准权的人民政府批准,可以收回国有土地使用权:(一)为公共利益需要使用土地的;(二)为实施城市规划进行旧城区改建,需要调整使用土地的;(三)土地出让等有偿使用合同约定的使用期限届满,土地使用者未申请续期或者申请续期未获批准的;(四)因单位撤销、迁移等原因,停止使用原划拨的国有土地的;(五)公路、铁路、机场、矿场等经核准报废的。有下列情形之一的,农村集体经济组织报经原批准用地的人民政府批准,可以收回土地使用权:(一)为乡(镇)村公共设施和公益事业建设,需要使用土地的;(二)不按照批准的用途使用土地的;(三)因撤销、迁移等原因而停止使用土地的。

最后,在农用地内,出于保护粮食安全的需要,又建立了对耕地的加强保护。《土地管理法》第31条规定:“国家保护耕地,严格控制耕地转为非耕地。国家实行占用耕地补偿制度。非农业建设经批准占用耕地的,按照“占多少,垦多少”的原则,由占用耕地的单位负责开垦与所占用耕地的数量和质量相当的耕地;没有条件开垦或者开垦的耕地不符合要求的,应当按照省、自治区、直辖市的规定缴纳耕地开垦费,专款用于开垦新的耕地。省、自治区、直辖市人民政府应当制定开垦耕地计划,监督占用耕地的单位按照计划开垦耕地或者按照计划组织开垦耕地,并进行验收。”第36条规定:“非农业建设必须节约使用土地,可以利用荒地的,不得占用耕地;可以利用劣地的,不得占用好地。禁止占用耕地建窑、建坟或者擅自在耕地上建房、挖砂、采石、采矿、取土等。禁止占用基本农田发展林果业和挖塘养鱼。”第37条规定:“禁止任何单位和个人闲置、荒芜耕地。已经办理审批手续的非农业建设占用耕地,1年内不用而又可以耕种并收获的,应当由原耕种该幅耕地的集体或者个人恢复耕种,也可以由用地单位组织耕种;1年以上未动工建设的,应当按照省、自治区、直辖市的规定缴纳闲置费;连续2年未使用的,经原批准机关批准,由县级以上人民政府无偿收回用地单位的土地使用权;该幅土地原为农民集体所有的,应当交由原农村集体经济组织恢复耕种。在城市规划区范围内,以出让方式取得土地使用权进行房地产开发的闲置土地,依照《中华人民共和国城市房地产管理法》的有关规定办理。承包经营耕地的单位或者个人连续2年弃耕抛荒的,原发包单位应当终止承包合同,收回发包的耕地。”

三、《决定》的合宪性分析

(一)允许集体所有土地进入土地市场的合宪性分析

《决定》中指出,逐步建立城乡统一的建设用地市场,对依法取得的农村集体经营性建设用地,必须通过统一有形的土地市场、以公开规范的方式转让土地使用权,在符合规划的前提下与国有土地享有平等权益。笔者认为,这是解决现有征收、征用集体所有土地所面临的“公共利益困境”的有力举措。

诚如前述,《土地管理法》没有对公共利益作出具体化规定,但这并不能完全归罪于普通立法的疏忽,而是我国的土地使用制度造成了“公共利益”的“稀释”。从《土地管理法》第43条来看,任何单位和个人进行建设,需要使用土地的,必须依法申请使用国有土地;但是,兴办乡镇企业和村民建设住宅经依法批准使用本集体经济组织农民集体所有的土地的,或者乡(镇)村公共设施和公益事业建设经依法批准使用农民集体所有的土地的除外。可见,任何建设用地都必须使用国有土地,现实中,这种建设用地主要有三种情况:(1)国家进行公共设施及公益事业建设需要使用集体所有的土地;(2)国有企事业单位需要使用集体所有的土地;(3)需要办理出让手续的土地。[①] 从上述三种情况来看,只有第一种情况属于公共利益,后两种情况均属于经营性的和主要追求经济利润的利益,并不符合公共利益原则,但为什么又必须要进行征收呢?这是因为作为“非公益用地”本来可以通过该土地的自愿出租、转让获得,但是,由于我国对集体土地和国有土地分别实行两种使用制度,国有土地可以通过有偿使用的方式(包括出让、租赁、入股)转为建设用地;而集体土地则不能通过出租、转让等方式转为建设用地,除非是兴办乡镇企业和村民建设住宅经依法批准使用本集体经济组织农民集体所有的土地的,或者乡(镇)村公共设施和公益事业建设经依法批准使用农民集体所有的土地的。《土地管理法》第43条规定:“任何单位和个人进行建设,需要使用土地的,必须依法申请使用国有土地……前款所称依法申请使用的国有土地包括国家所有的土地和国家征收的原属于农民集体所有的土地。”也就是说,对于非公益使用集体土地就只能通过征收为国有土地来实现了。在这种情形下,即使规定“公共利益”的原则,也只会导致将一些非公共利益的商业利益硬解释成是“公共利益”,从而使“公共利益”稀释化。这不能不说是“公共利益”与现实土地制度之间的矛盾。

因此,要改变这种征收、征用集体所有土地中的“公共利益”被“稀释”的问题,就必须放开允许集体所有土地通过非征收、征用的方式进入建设用地市场。《决定》中所说的“对依法取得的农村集体经营性建设用地,必须通过统一有形的土地市场、以公开规范的方式转让土地使用权,在符合规划的前提下与国有土地享有平等权益”正是这个意思。其实,近年来,一些地方如浙江省湖州市、安徽省芜湖市、广东省南海市已经开展了集体建设用地进入土地市场的改革试点,并已取得初步成效。[②]

---

① 朱道林、沈飞:“土地征用的公共利益原则与制度需求的矛盾”,载《国土资源》2002年第11期。

② “集体建设用地进入市场:现实与法律困境”,资料来源:http://www.100paper.com/100paper/falvfa/guojiafa_xianfa/20070905/45358.html。

(二)农村土地转让的合宪性分析

《决定》中规定了五种转让形式:转包、出租、互换、转让和股份合作。其中前四种都属于《农村土地承包法》第32条所明文允许的形式。第五种——股份合作是《农村土地承包法》所没有规定的。因此有必要作详细的分析。第一,股份合作是指农民将土地承包经营权作为股权,入股组成股份公司或合作社等,从事农业生产经营。这只是改变了农民对所使用土地的收益方式,并没有从根本上损害集体对土地的所有权。第二,从《农村土地承包法》第33条所规定的农村土地承包经营权的流转的原则来看,股份合作只要是在平等协商、自愿、有偿的情况下进行,不改变土地所有权的性质和土地的农业用途,不超过承包期限,组成的股份公司或合作社具有农业经营能力就是合法、合宪的。第三,从我国《土地管理法》的规定来看,法律对土地入股这种形式是允许的。比如该法第60条第1款规定:"农村集体经济组织使用乡(镇)土地利用总体规划确定的建设用地兴办企业或者与其他单位、个人以土地使用权入股、联营等形式共同举办企业的,应当持有关批准文件,向县级以上地方人民政府土地行政主管部门提出申请,按照省、自治区、直辖市规定的批准权限,由县级以上地方人民政府批准;其中,涉及占用农用地的,依照本法第44条的规定办理审批手续。"

(三)农村土地利用的合宪性分析

《决定》对农村土地利用的规定主要是规范农村宅基地的使用。农村宅基地属于农村中的建设用地,由于会"威胁"到农用地的使用,所以《土地管理法》对此曾作了专门规定。该法第62条规定,"农村村民一户只能拥有一处宅基地,其宅基地的面积不得超过省、自治区、直辖市规定的标准。"农村村民建住宅,应当符合乡(镇)土地利用总体规划,并尽量使用原有的宅基地和村内空闲地。农村村民住宅用地,经乡(镇)人民政府审核,由县级人民政府批准;其中,涉及占用农用地的,依照本法第44条的规定办理审批手续。农村村民出卖、出租住房后,再申请宅基地的,不予批准。

《决定》一方面指出要依法保障农户宅基地用益物权;另一方面也要实行最严格的节约用地制度,完善农村宅基地制度。这主要是针对农村宅基地出现的新情况,即"小产权房"问题。所谓"小产权房",是指城市居民购买农民宅基地住房。近年来,由于城市房价的高涨,引发了城市郊区的农民将自己的宅基地用房向城市居民销售,由于该房屋是在集体所有的土地上建设,与一般城市的房屋建在国有土地上不同,所以称为"小产权房"。同时,由于"小产权房"的价格远远低于城市房屋,所以一度引发了城市居民购买"小产权房"的热潮。1999年国务院办公厅下发了《关于加强土地转让管理严禁炒卖土地的通知》(国办发〔1999〕第39号),2004年国务院作出了《关于深化改革严格土地管理的决定》(国发〔2004〕28号),2007年国务院办公厅又下发了《关于严格执行有关农村集体建设用地法律和政策的通知》(国办发〔2007〕71号),

这三个文件中明确规定:“农民的住宅不得向城市居民出售”、“农村住宅用地只能分配给本村村民,城镇居民不得到农村购买宅基地、农民住宅或‘小产权房’”,“有关部门不得为违法建造和购买的住宅发放土地使用证和房产证。”这些规定表明,国家禁止农民的宅基地使用权向城市居民移转,那么,这种禁止是否合宪呢?

1. 国家禁止农民的宅基地使用权向城市居民移转的性质

由于农民的宅基地使用权属于农民的财产权的一种,因此国家的这种禁止行为构成对公民财产权的限制。当然,宪法上对于财产权的限制分为一般限制(也称为制约)和特别限制(征收、征用)。如果从广义上理解制约,征用也应被看作是一种制约,甚至是一种最严重的制约。但是,基于其不同的产生背景,征用并不能与一般的财产权制约相混淆,因为它们所导致的结果迥然有别,征用需要补偿,财产权制约则不需要补偿。但是,由于征用方式的扩张,不以所有权移转于国家为必要,对于财产权之限制,例如使用权的限制,亦属于征用之范畴。再加上,制约条款多主张财产权的内容由法律规定,如《德国基本法》第14条第1款、《日本宪法》第29条第2款、《意大利宪法》第42条第2款,[①]因此,对立法者而言,究竟如何界分一个应予补偿的征用行为和一个不必予以补偿的、单纯的财产权制约行为呢?同时,法院在审理案件时,对于一个没有规定补偿的法律,究竟是作为违宪之征用条款,还是作为合宪之制约条款来理解,亦是一个实践的问题。

对此,笔者认为,国家禁止农民宅基地使用权向城市居民进行移转,首先是针对所有的农民,并非针对个别农民。其次,从禁止的程度上来看,国家只是禁止农民宅基地使用权向城市居民进行移转,并未禁止所有的移转。如《土地管理法》第62条第4款规定:“农村村民出卖、出租住房后,再申请宅基地的,不予批准。”可见,农民出卖、出租住房给本村其他村民是允许的。再次,由于农民的宅基地是无偿取得,在某种程度上,是农民作为农村集体经济组织的一份子所享受的集体福利,国家禁止其向城市居民移转是在保护这种福利,防止农民为了逐利而放弃自己的福利。所以,国家禁止农民宅基地使用权向城市居民移转属于一种不需要补偿的财产权的一般限制(制约)。

2. 基本权利限制的阻却违宪理由

基本权利限制是指国家对人民的基本权利行使所造成的影响、阻碍。[②] 基本权利为什么要受到限制,德国联邦宪法法院在投资补助判决中曾从基本法上人类形象出发来进行论证,认为基本法上的人并非一个孤立的、完全不受限制的个人,基本法毋宁是在个人的社会连带性与社会约束性的意义下,而来决定个人与社会间的紧张关

---

① 林来梵著:《从宪法规范到规范宪法——规范宪法学的一种前言》,法律出版社2001年版,第198页。

② 法治斌、董保城著:《宪法新论》,台湾元照出版有限公司2004年版,第171页。

系,唯此不能侵犯到个人的独立价值。① 从上述论证可以看出,一方面,德国联邦宪法法院承认公民的基本权利可以限制;但另一方面,对基本权利的限制也存在限制,即不能侵犯到个人的独立价值。

那么,哪些构成基本权利限制的限制?对此,德国宪法学将其称为基本权利限制的阻却违宪理由。也就是说,国家对基本权利的限制通常视为一种违宪的征兆,从而,除非国家能够提出宪法上的正当理由,否则即构成对人民基本权利的违法侵害。②通常将基本权利限制的阻却违宪理由分为形式阻却违宪理由和实质阻却违宪理由两种。

(1)形式阻却违宪理由——法律保留原则

法律保留原则原本是指在特定范围内对行政自行作用的排除。③ 用在公民基本权利限制方面是指限制公民基本权利只能由代议机关的法律为之。对此,德国基本法上采取了分层保留的模式,即针对不同的基本权利采取不同的法律保留程度,具体包括:④①单纯法律保留。这种立法例是宪法对立法者相当信任的表现,宪法仅规定基本权利可以通过法律限制,但具体如何限制,由立法者自己决定。②加重法律保留。这种立法例是指宪法已经对该权利的可限制性及其条件预为规定,立法者只能依据宪法的具体规定来对基本权利进行限制。③概括限制。比如《德国基本法》第2条第1款规定,人人有自由发展其人格之权利,但以不侵害他人之权利或不违犯宪政秩序或道德规范者为限。关于这一款后半句的三项限制能否及于所有的基本法列举的基本权利上,德国学界存在争论。通说认为,该法第2条第1款后半句的三项限制仅针对前半句所讲的一般人格自由发展权,并不及于其他的基本权利,其他的基本权利只能通过各个基本权利条款中具体的限制为之。从我国现行宪法来看,《宪法》第51条比较符合"概括限制"的模式,但是该条是否也不及于其他宪法所列举的基本权利,笔者认为并不能与德国的情况相比拟,原因在于我国《宪法》第51条的概括限制针对的是"中华人民共和国公民在行使自由和权利时",而并非如《德国基本法》第2条第1款仅针对"人民的自由发展人格权"。④毫无限制保留。《德国基本法》中有几个基本权利并未规定任何限制。比如第4条的宗教信仰自由,第5条第3款的艺术自由,第12条第1款的职业自由,第16条第2款的庇护权等。

(2)实质阻却违宪理由

关于实质阻却违宪理由包括哪些内容?学者们的意见并不一致,有学者提出包括比例原则和本质内涵之保障,⑤也有学者认为除了上述两项外,还包括个案法律之

---

① 李雅萍:"德国法上关于基本权之限制",载《宪政时代》第22卷第1期。

② 李建良著:《宪法理论与实践》(一),台湾学林文化事业有限公司2003年版,第87页。

③ [德]奥托·迈耶著:《德国行政法》,刘飞译,商务印书馆2002年版,第72页。

④ 陈新民著:《德国公法学基础理论》(下),山东人民出版社2001年版,第350~352页。

⑤ 李建良著:《宪法理论与实践》(一),台湾学林文化事业有限公司2003年版,第91~92页。

禁止、指明条款之要求。[1] 对此,笔者认为,个案法律禁止以及指明条款的要求(即明确性原则)都属于对立法者制定限制基本权利的立法的要求,应属于立法作为义务的应有之义,况且其对基本权利限制的限制作用也极其有限。[2] 至于比例原则和本质内容保障之间的关系,前者应该可以涵盖后者,尤其是比例原则中的均衡性原则就蕴涵着禁止对基本权利过度限制的思想。[3]

综上所述,借鉴德国基本权利限制的阻却违宪理由的理论,笔者认为,基本权利限制的限制包括:①限制的目的——为了公共利益;②限制的形式——采用法律保留;③限制的手段——不能违反比例原则。以下,按照上述条款对禁止农民宅基地使用权移转的合宪性进行分析。

3. 国家禁止农民的宅基地使用权向城市居民移转的合宪性

(1)限制的目的

从世界各国来看,土地使用管制的目的主要包括:①维护不动产价值。一个都市内的不动产价值的总额,有计划地发展的情况和无计划地发展的情况相比,前者将比后者高。②稳定周围环境。长期居住于某一区域内的人常会对于周围环境的变更感到不悦,分区管制可以保存社区的特性免遭变更。③同质化区域。同一区域内为一致的分区管制,可以达到同一性的目的,创造同质化的区域,保护每一区域的特性。④使交通便捷。分区管制可以减轻街道拥堵和促进交通顺畅的目的。⑤规范竞争。为了扶持商业发展、交通或治安的考虑,有时会把酒吧和加油站的密度有所限制。例如,限制酒吧不得在现有酒吧一千英尺距离内设立,避免恶性竞争。⑥限制人口密度。限制一定地区的人口密度,以促进居民的健康和一般福祉,是容积率等分区管制的目的。⑦增加税收。在美国,财产税是地方税,公共设施例如学校、道路都要由地方政府的预算支出,为了保护不动产价值跌落而造成税收减少,并使公共设施预算的有效率支出,有必要保留一些高级低密度住宅区,单位人口缴纳的税较高,可以课征较高金额的税,又不必提供太多的公共支出。⑧促进道德。在美国,有些州的分区管制规定贩卖酒类的商店必须离学校和教堂有一定的距离,这是基于道德的目的。⑨保留农业用地,土地如果由农地变更为工商业使用,就难以回复为农业使用,因此,为了粮食生产,即需要规划农业区,以保留农业用地。⑩保护自然环境。自然环境如果无限制开发,将遭到不可弥补的破坏,因此,保护自然环境也是土地使用管制的重要目的。⑪保护文化艺术。古迹文物是人类文明的结晶,保存古迹文物有助于国人缅怀先人贡献,孕育族群文化意识。[4]

---

① 法治斌、董保城著:《宪法新论》,台湾元照出版有限公司2004年版,第180页。

② 陈新民著:《德国公法学基础理论》(下),山东人民出版社2001年版,第366页。

③ 高烊辉:"'本质内容保障'作为基本权利限制之实质界限——以德国法为借镜",载《宪政时代》第19卷第3期。

④ 谢哲胜:"土地使用管制法律之研究",载《中正大学法学集刊》第5期。

那么,我国为什么禁止农民的宅基地使用权向城市居民移转呢?主要目的仍然是为了保护农用地。首先,由于现阶段城市住房价格高昂,而农民的宅基地是其无偿取得,将宅基地出让给城市居民是一种逐利行为。如果不对这种逐利行为进行限制,将会导致许多农村集体经济组织将本村的土地更多开辟为宅基地,并通过出售给城市居民获利。这势必将减少集体所有土地中农用地的数量。据不完全统计,目前小产权房的规模还在不断增加,总体上接近我国120亿平方米城镇住房的40%,小产权已经成为中国最重要的房产权利类型之一。① 其次,农民的宅基地属于农村集体所有土地中的建设用地,由于其自身容易挤占农用地,所以国家对农民的宅基地使用进行了诸多限制。比如,宅基地只能一户一地,宅基地的面积要符合相关标准,宅基地应尽量使用原有的宅基地和村内空闲地,宅基地占用农用地要经过审批等,这些都是为了保护农用地。再次,我国是一个人口大国,粮食安全显得非常重要,新中国成立后,我们用占世界7%的耕地养活着占世界22%的人口。那么,在当前耕地的平均亩产量无法大力提高的情况下,保持耕地的数量对于粮食安全的重要性是不言而喻的。这从《土地管理法》对耕地进行加重保护就可以看出。所以,禁止农民的宅基地使用权向城市居民移转虽然表现为减少了个别农民的经济收益,但从长远来看,是为了保护全国人民的生存和安全,这与公共利益是不相抵触的。

(2)限制的形式

根据重要性保留的理论,对公民基本权利的限制应属于法律保留的内容。② 有学者指出,国家禁止农民的宅基地使用权向城市居民移转是缺乏法律规定的。笔者认为不然。《土地管理法》第63条规定:农民集体所有的土地的使用权不得出让、转让或者出租用于非农业建设;但是,符合土地利用总体规划并依法取得建设用地的企业,因破产、兼并等情形致使土地使用权依法发生转移的除外。城市居民获得农民的宅基地使用权后,显然并非用于农业建设。

(3)限制的手段

比例原则要求:①妥当性原则。限制基本权利的措施必须能够达到预期的目的;②必要性原则。在适合达到目的的多种手段中,应选择对人民侵害最小的手段;③均衡性原则。对于基本权利的限制程度与所欲达到的目的之间,必须处于一种合理且适度的关系。③

首先,国家禁止农民的宅基地使用权向城市居民移转能够有助于保护农用地的

---

① 武建东:“小产权房:不得购买不意味着不解决问题”,载《南方周末》2007年12月19日。

② 关于重要性保留理论,可参见王锴:“论法律保留对行政创新的约束”,载《公法研究》第5卷。

③ 关于比例原则的内容,学者的论述较为丰富,笔者不再赘述。可参见陈新民著:《德国公法学基础理论》(下),山东人民出版社2001年版,第368~388页;蔡宗珍:“公法上之比例原则初论——以德国法的发展为中心”,载《政大法学评论》第62期;蔡震荣编著:《行政法理论与基本人权之保障》,五南图书出版公司1993年版,第101~144页。

目的的实现，反之，如果不加限制，将导致农村中的更多土地成为宅基地，并用于牟利。其次，国家禁止农民的宅基地使用权向城市居民移转是否属于对人民侵害最小的手段？（一）诚如前述，国家的禁止并非禁止宅基地使用权的一切转让，而只是禁止向某些特定群体转让；（二）国家的禁止行为只是减少了农民未来可期待的收入，并没有对既有的财产利益构成侵害。同时，按照中央农村工作领导小组办公室主任陈锡文的讲话，对于那些已经在农村购买了小产权房的消费者，国家相关部门正在研究制定具体的解决措施，对这些人的合法利益将会得到保护。① 再次，从均衡性原则角度来看，国家禁止农民的宅基地使用权向城市居民移转由于未对农民的既有财产构成侵害，不构成对其的过重负担。而且《决定》中还指出要“依法保障农户宅基地用益物权”。

四、结语

无论从集体所有土地进入土地市场、农村土地的转让和利用来看，《决定》是符合现行宪法中有关农村土地制度的规定和精神的，并且对解决现实问题提出了新的办法和思路。当然，《决定》本身属于党的政策，探讨其是否合宪性是否有意义？《宪法》第5条第4款规定：一切国家机关和武装力量、各政党和各社会团体、各企业事业组织都必须遵守宪法和法律。一切违反宪法和法律的行为，必须予以追究。既然政党必须遵守宪法，政党的政策也必须符合宪法。同时，由于党的意志与国家的意志、人民的意志的统一，党的政策往往成为进一步立法的基础。在政策转变为法律之前，对政策预先进行合宪性的探讨是必要的。

---

① “中央明确小产权房不许再建 已购者利益受保护”，资料来源：http://news.163.com/08/1023/15/4OUTVRJ00001124J.html。

事例10:重庆等地出租车集体停运事件

——罢工自由、劳动者权利保障

陈　雄

一、重庆等地出租车集体停运事件始末

2008年11月3日清晨5:30开始,重庆市8000多辆出租车集体停驶两天,全城出租车业务中断,规模之大引发举国关注。重庆市主城区出租车全城停运后,该市政府就份儿钱道歉,称出租车公司未经批准擅自提高份儿钱是违规操作,责成其降回到去年水平。罢工48小时后,主城区出租车恢复运营。

2008年11月10日上午9点,海南省三亚市上百名出租车司机停止营运,要求政府有关部门解决目前出租车承包金过高等问题。事发当天三亚市政府门前,几百辆出租车云集于此,司机们三五成群,有的抽烟,有的骂娘,更多的是一言不发,手里拿着一沓材料。在三亚市的一些重要路口,一些愤怒的出租车司机三五人一组,设置了检查点,阻拦仍在运营的出租车。包括通向国家级旅游度假区亚龙湾的路口,都有司机设岗。司机们喊着"罢工了,所有出租车都不能上路";"再开就砸车"!"要干一起干,心不齐怎么行?"一位参与了罢工的出租车司机事后对《中国新闻周刊》说:此次罢工的直接诱因仍是承包金问题。在三亚,每辆出租车每月要背着5226~7490元不等的承包金;同期,北京出租车是5148元/月,海口市为5200元/月。11日,三亚市代市长王勇等市领导和参与罢运出租车司机代表座谈后,承认相关部门失职,并代表市政府向出租车司机道歉。13日下午,该市出租车基本恢复运营。

11月10日,由于不满当地大量非法出租车辆干扰客运市场,甘肃省兰州市永登县也发生了上百辆出租汽车集体停运事件。

从11月3日起,一周之内,重庆市、海南三亚、甘肃永登县三地发生3起出租车罢运事件。与此类似的,11月5日,因黑车和出租车拼客抢运,新疆昌吉阜康市运输公司阜康——乌鲁木齐的101名客运大巴车司机集体罢工。次日,从兰州西站开往晏家坪的309路车集体停运,致使上万居民出行受阻。另外,湖南、河南、内蒙古、云南

等地城市出租车行业近年来也多次发生过罢运、停驶等类似事件。

从各地罢运的原因来看,近乎相同。出租车公司垄断经营,租金(或称“份儿钱”)高;黑车多,形成不正当竞争;收入低,生活困难。中国人民大学经济学院教授顾海兵认为,出租车行业长期由少数既得利益集团垄断,其顽疾存在很多年了,并非现在才有。“既非行政垄断又非资源垄断,完全是人为垄断。份儿钱高,公司说了算。每月数千元的份儿钱依据何来?没有法律依据。出租公司养了一批人。为什么要限制私人出租车这也是个问题。”顾海兵以北京的出租车为例,出租车一个月份儿钱约6000元,这其中公司净得利润就占到一半。也有专家指出,罢运事件暴露了当前在中国多数城市实行的出租车业特许经营、出租车公司垄断收益这种管理体制的弊端。中国社科院工业经济研究所学者余晖说,出租车公司通过购买、掌控出租车营运权证获取垄断性收益,公司与出租车驾驶员获利严重失衡,成为中国城市出租车行业乱象丛生的根本原因。中国人民大学政治系教授张鸣指出,在政府特许下,城市出租车行业变成了一种畸形市场化的特殊行业,出租车司机不得不“挂靠”在公司之下,以一种“合法”的形式疲于奔命,在忍无可忍的情况下,可能就会采取罢运等激烈方式表达不满。

综合学者的观点,归纳起来罢工原因有如下几点:其一,车份儿钱。车份儿钱是为获得出租权经营权而收的管理费。重庆某出租车公司负责人介绍,重庆主城区合法营运的8000多辆出租车中,除800余辆出租车属私人拥有权证外,其余车辆的运营许可证均为公司所有。在公司制运营体制下,驾驶员通过自购车挂靠公司获取营运资格,或者交付保证金租用公司车辆营运,而后每月向公司交纳一定金额的管理费用,即“份儿钱”。重庆一位出租车业内人士表示,运管部门对每辆出租车营运权证管理收费为每年1.5万元,出租车公司手里攥着政府营运权证指标坐收渔利,平均每辆车1年获利7万多元;另一边却是出租车司机为收入下降叫苦不迭,年平均收入2万多元,每月的收入仅2000元左右。其二,黑车。黑车不用交“份儿钱”和其他一些费用,运营成本非常低,这对于正常的出租车行业构成不正当竞争。黑车的存在与出租车的垄断经营有关,主要问题是关于出租车经营模式,管理费过高而成为剥削,政府要检讨自己。其三,从现实可能性因素看,之所以在出租车司机中引发罢运事件,与这个行业的灵活机动性分不开。出租车行业与其他行业比起来,更灵活,其相互联系更加容易,这为罢运提供了现实可能性。

重庆、三亚出租车罢运事件,暴露了当前部分城市出租车管理的问题。通过行政审批,出租车经营权成为某些公司的特权,这些公司也因之成为一本万利的寻租单位。据新华社报道,针对罢运事件产生的原因,重庆市将尽快调整出租汽车行业利益分配方案,并研究探索实行个人购买出租汽车经营指标、组建托管公司负责管理等模式。事后重庆市交委已着手展开对“份儿钱”的调查,争取早日制定出租汽车行业利益分配调整方案。同时,将研究如何改进出租汽车经营指标的发放方式,探索实行个人购买指标、组建托管公司负责管理等模式。此外,重庆市交委还与公安机关联合制定了严厉打击黑车的工作方案,力争在短时间内整治黑车见成效。

二、“劳工神圣”:罢工权的历史与现状

从学理看,本事件涉及诸多的法理问题,但是罢工权无疑是最重要的问题之一。先让我们抛开当下事实的纠缠,把视线转向历史,我们发现罢工并非现代人所创的概念。埃及法老拉美西斯大帝在公元前1500年在位期间,皇家墓园的工人就发起了罢工,历史学家一般认为这是世界上第一次罢工,工人首次用罢工来争取自己的利益。从后来的历史轨迹看,罢工一般是工人为了表示抗议,而集体拒绝工作的行为。在以集体劳动为主的行业,如工厂、煤矿等,罢工往往能够迅速吸引雇主、政府和公众的注意,从而工人所提出的要求就更可能获得满足。在西方国家整个19世纪,罢工是非法行动,罢工至少含蓄地表示对国家的一种蔑视,罢工经常构成工人阶级不满的比较普遍的社会矛盾爆发的一部分。在19世纪末期和20世纪初、工业革命发生期间罢工产生了关键的作用,某些罢工成功迫使政府修改了政策甚至引起政府倒台。

马克思和恩格斯对工会在罢工中的作用有过精彩的评论。恩格斯在《英国工人阶级状况》中说,英国的罢工经常遭到失败,但预告“社会战争”的到来,罢工“是工人的军事学校,他们就在这里受到训练,准备投入已经不可避免的伟大的斗争中去”。[①] 马克思在《哲学的贫困》中认为,孤立的冲突自然而然演变成“真正的内战”,使无产阶级作为“一个自为的阶级”形成起来,《共产党宣言》中也表达了同样的观点。但是马克思承认,罢工可能只是比较保守的工会为了有限的目的的惯例行动。他提醒国际组织中的工会“不应当忘记:它……只是在反对结果,而不是在反对产生这种结果的原因”,意思是说;工会成员过去对“只局限于这些……必然经常出现的游击式的搏斗”感到满足。[②] 在马克思主义思想的引导下,在19世纪60年代罢工人数不断增加的情况下,第一国际的大量实际工作涉及对罢工工人的物质支援。

中国共产党在创立时就坚信“劳工神圣”的理念并为之奋斗。在中国,罢工是现代无产阶级出现在历史舞台上之后的新事物,1921年中国共产党成立后,非常重视领导工人运动。邓中夏就是著名的领导人之一,他1922年5月出席第一次全国劳动大会,会后任中国劳动组合书记部主任。7月,出席中共二大,当选为中央执行委员。8月和10月,先后领导长辛店铁路工人、开滦煤矿工人大罢工。1923年2月又参与发动和领导京汉铁路工人二七大罢工,并在全国发动了劳动立法运动。1925年2月参加领导上海工人罢工。并在5月举行的第二次全国劳动大会后任总工会秘书长、宣

---

① 《马克思恩格斯全集》(第2卷),人民出版社1965年版,第512页。

② 《马克思恩格斯选集》(第2卷),人民出版社2005年版,第203页。

传部长。6月任省港罢工委员会顾问和党团书记，领导了为时1年多的省港大罢工。

除著名的省港大罢工外，大革命时期香港海员大罢工和广州沙面的罢工也值得记叙。

1. 香港海员大罢工。香港的中国海员工人受英帝国主义的直接压迫，生活非常困苦。由于他们经常到欧美各国航行，受到当时世界革命潮流的影响，所以觉悟较高。1922年1月12日，香港海员要求增加工资，遭到英国资本家拒绝后，就在海员工人的工会组织——中华海员工业联合总会的苏兆征、林伟民等领导下，开始举行大罢工。到1月底，包括运输工人在内，罢工人数增至两三万人。香港英国当局对工人罢工极为恐慌，2月1日，以武力封闭了海员工会和运输工会，并逮捕罢工领袖。工人群众联合起来，组成纠察队，奋起反抗。在广州附近农民的支援下，封锁香港，断绝交通。从2月27日起，香港各工会陆续开始罢工，到3月初，罢工人数激增到10万以上，其中包括邮局和银行职员、仆役、厨役、轿夫等。罢工浪潮席卷了整个香港，使繁华的香港成为"死港"、"臭港"。香港英国当局惊呼，罢工"陷本殖民地于危险之境"，于是英帝国主义进行野蛮镇压，罢工工人毅然离港回广州。3月4日，工人们成群结队徒步返回广州，行至离香港6公里的九龙沙田地区时，遭到英国军警的开枪射击，当场打死打伤数百人，造成"沙田惨案"。英国的屠杀行为更加激起了广大工人的义愤，他们决心与香港当局斗争到底。

在中国共产党领导的全国工人的支持下，香港工人的罢工斗争坚持了56天，使英国在华经济利益遭受巨大损失。罢工期间，正值中国的旧历年关，香港物价飞涨，很多商品来源中断，整个香港关门闭户，秩序混乱。3月8日，罢工谈判协约签字，港英当局被迫接受海员们提出的条件，明令取消2月1日公布的封闭中华海员工业联合总会的命令，送还被拆除的工会牌子，释放被捕工人，并答应抚恤在沙田惨案中死难的工人，增加工资15%~30%。至此，香港海员大罢工胜利宣告结束。这次罢工的胜利，鼓舞了武汉、上海、广州、澳门等地工人群众的斗争，成为我国工人运动史上第一次高潮的起点，中共广东支部为支持香港员工罢工发表了宣言。

2. 沙面洋务工人罢工。1924年5月19日，法国社团在维多利亚酒店举行招待法国驻越南总督(Govermor General)马兰的宴会，越南爱国者范鸿泰跟踪至沙面，从阳台的窗户扔进一个炸弹，试图行刺马兰，结果马兰只受了点轻伤，酒店餐厅里有5人死亡，10多人受伤。范鸿泰被警察追捕至白鹅潭堤岸跳水逃跑，溺水牺牲。6月30日，沙面英法租界公商部借口法国越南总督马兰在沙面被行刺一事，以维护沙面租界治安为由，颁布侮辱中国人人格的"新警律"：从8月1日起，沙面华人出入，概须携带通行证，且通行证上须贴有主人照片，每晚9时以后，华人不能出入，而欧美人、日本人、印度人则可自由出入。侮辱中国人人格的"新警律"引起了租界华籍职工的极大不满。

沙面华籍职工于7月15日全体罢工抗议，16日沙面工部局华籍巡捕48人亦加入罢工行列。这次罢工斗争得到广东革命政府的有力支持,英法领事晋见孙中山,要求广东革命政府镇压罢工时,孙中山义正词严地指出:此次罢工是"因争人格发生合理循轨之罢工,政府实不能加以取缔,苟或有之,既为剥夺人民自由之违法行为","沙面为中国领土之一,外人以居留资格,实无取缔华人权"。当时任广东省省长的廖仲恺在答法国领事要求帮助镇压罢工的信中也指出:此次罢工"全由沙面英法工部局颁布新警律所激动而成",如果英法租界当局以为自己管不了沙面事务,那么中国政府随时可以接管。在广东革命政府强有力的支持下,沙面洋务工人的罢工斗争亦得到社会各界的支持,广州各洋行货仓的运输工人同情罢工,使沙面洋行商务活动陷于停顿。海员工会宣布,沙面罢工如在一星期内不能妥善解决,他们将以实际行动支持。广州电业局也向沙面当局发出警告,如不接受条件,将停止向沙面供电。全国各地工人、学生等纷纷向罢工工人表示支持和慰问。在社会各界的支持下,沙面租界当局接受了罢工条件,罢工斗争取得了胜利。沙面洋务工人罢工斗争,是中国20年代大革命时期广州人民与英法沙面租界当局的一次较量。沙面洋务工人罢工斗争取得胜利之后,为了防止英、法当局对参加罢工的华人巡捕报复,所有华人巡捕集体辞职。1925年春,在中华全国总工会的指导下,组成了洋务总工会,洋务总工会成立后即加入广州工代会。在后来爆发的省港工人大罢工中,沙面洋务工人参加到罢工的行列,成为反帝斗争的一支重要力量。

上述两次著名罢工运动至今读来仍然令人振奋,引人反思。从中国历史或中国共产党的历史看,罢工被认为是争取个人合法权益或者是工人实现某种社会政治诉求的重要手段,中国共产党一贯支持工人的合法权益,因为中国共产党是无产阶级政党。

3. 西方国家的罢工。在资本主义国家,罢工也是工人实现自己利益诉求的合法手段。1886年5月1日,芝加哥以及其他城市的数十万工人举行了大规模的罢工和示威,要求改善劳动条件和实行8小时工作制,经过流血斗争,美国工人们最终获得了胜利,这一天也被定为国际劳动节。

2007年下半年开始,西方各国大罢工的消息此起彼伏。在美国,通用汽车和克莱斯勒汽车厂的工人先后以罢工的方式去保卫医疗保险和其他福利,接着又出现了电影电视编剧甩手不干,让观众好不扫兴。在欧洲,法国和德国的运输业分别出现了大罢工,让当地的交通很是混乱了一番。法国的交通混乱了8天之后,事件不但仍然没有解决,整个国家的公务员——包括邮政、教师、航空管制员等行业又进行了1天的大罢工,抗议萨科齐总统削减23,000名公务员职位的决定。平日就管理不善的巴黎戴高乐机场这下更加混乱不堪,每五班飞机中只有一班能够正常地起飞。

从国际和历史的角度看,这些表面上相互没有关联的罢工行动是西方劳工对新的世界经济秩序作出的反应。自冷战结束以来,世界经济结构经过了一系列的转型。20世纪30年代大萧条、40年代战争、之后40多年的冷战过程中建立起的地区经济、福利国家、国际分工等受到了根本性的挑战,而西方劳工运动也不得不承受转型带来的各种阵痛。劳工运动的规模在步步缩小,工会在与资方谈判的时候也越来越处于不利地位。成功的罢工,只能是一时的止痛剂,而罢工若是失败,传统劳工运动的衰落趋势更加难以挽回。因为劳工面对如下几重严峻挑战:(1)全球化。全球化是西方劳工必须面对的最大挑战。全球化意味着资本市场在国际上自由流动,寻求最有利的劳动力市场,迫使工资水平是第三世界国家数十倍甚至上百倍的西方制造业和部分服务业工人与发展中国家的工人竞争。劳动密集型的产业目前已经基本上转移出了发达国家,资本密集型产业——比如汽车、大型机械、飞机等——在发展中国家改善了基础设施、投资环境、劳动力素质等前提下也正在从发达国家向外转移。(2)互联网和新产业。这个全球经济日益一体化、互联网等通讯手段将世界变成了"地球村"的情况下,西方的产业工人的确处于很不利的地位。在互联网出现之后,大批传统的产业在萎缩,同时却又派生出了新的产业。工人们都要争这块新的大饼。(3)私营化和管理改革。世界经济转型的另外一个潮流——国有企业的私营化或者采用私营化的经营方式——也对西方劳工力量产生重大威胁。这点在实行福利国家制度的欧洲比在美国更甚。因为工会的力量在国有经济雇员中比例通常都很高。比如,美国只有7%的私营企业雇员参加了工会,政府部门却高达40%。也就是说,政府部门的雇员更有能力组织像罢工这类工业行动。①

西方劳工运动经过200年的进程,有组织的劳工从无产阶级转入中产阶级,也从社会的反叛力量发展为社会既得利益集团的一部分。在这一潮流的推动下,如今西方国家已经基本不再出现19世纪社会主义者们所发动的以意识形态为主导的工潮。罢工的目的通常仅仅限于雇主与雇员的利益争执。另外,与"二战"之前的状况不同的另外一个方面,就是西方劳工组织从本质上来说不是革命性而是保守性的。在扩大到一定规模并成为一个既得利益集团之后,劳工运动的总体倾向就是保持现状。对于国际经济秩序的变化,劳工运动的反应比资方总要慢上好几拍。虽然劳工组织仍然会偶尔延续采用19世纪工会运动的一些激进反抗举动,包括罢工,但是这些反抗的目的更多是为了保持而不是改变现状,缺乏对新的经济格局的适应成为劳工组织日渐式微的根本原因。

三、罢工:权利不能离开法律

历史上,罢工权利主要是工业化自由市场经济国家工人享有的一项集体劳动权利。罢工权与市场经济有着天然的联系,市场经济提供了罢工权行使的必要性,真正

① 参见龚小夏:"世界经济转型与西方罢工潮",资料来源:http://blog.qq.com/qzone/622007979/1196665452.htm。

市场经济又与法治密不可分,法律保障罢工权的现实可能性,下文先对西方国家罢工权法律保护的历史与现状简单介绍,对西方国家有关罢工法律制度有认识后方才可能对中国相关法律有背景性的把握。

(一)西方国家宪法和法律对罢工制度的规定

1914 年美国国会出台《克莱顿反托拉斯法》(Clayton Act),其中有关于罢工合法之规定,但是这项法律却受到联邦最高法院的抵制,直到 1935 年富兰克林·罗斯福总统实行"新政",美国国会通过了《全国劳工关系法》(National Labor Relations Act),该法保护集体谈判,并使工会得以发展得更为迅速,同时法律禁止法院对工人罢工和组织罢工纠察线发出禁令,罢工权在美国才得到正式的确认。从此以后,由于劳工权利的提高,在西方持续了一个世纪的风起云涌的工人罢工浪潮反而逐渐地走向了低谷。

德国法律在承认罢工是工会的合法权利的同时,又规定了许多限制条件。例如规定采取"工业行动"是集体谈判双方的权利,只有当"工业行动"的目的是为了达成集体协议时,"工业行动"才是合法的。1946 年《法兰西共和国宪法》规定:"罢工之权利在法律规定范围内行使之。"《法国劳动法典》第 L521—1 条还规定:"罢工不中断劳动合同,但受薪雇员有可归咎之严重过错不在此限。"1947 年《意大利共和国宪法》第 40 条规定:"罢工权应在调整此项权利的法律范围内行使之。"1978 年《西班牙宪法》第 28 条规定:"承认劳动者为保卫自身利益举行罢工的权利。规定行使该权利的法律将制订为维持社会基本服务的明确保障措施。"1946 年《巴西联邦共和国宪法》第 158 条规定:"罢工权应予以承认,其行使方式以法律规定之。"

《韩国工会法》第 1 条规定,工人拥有结社自由权,参加集体谈判权和采取"集体行动"(collective action)的权利。同时,《韩国劳动争议调整法》第 12 条对罢工问题作了相关规定:(1)工会举行罢工之前必须进行直接的、秘密的或无记名投票,只有大多数人投票赞成,工会才可发动罢工;(2)凡在国家政府机构、地方政府机构和国防工业工作的雇员不得从事"争议行为";(3)"争议行为"只能在有关工作场所内进行。《日本工会法》第 8 条规定:凡因正当罢工或其他争议行为而造成损失时,资方不得以此为理由而要求工会或工会会员赔偿。①

罢工权也是国际人权公约所规定的一项基本人权。全国人大常委会于 2001 年 2 月 28 日批准通过了联合国《经济、社会、文化权利国际公约》,该公约第 8 条第 4 项规定劳动者 "有权罢工,但应按各个国家的法律行使此项权利。"由此可见,《经济、社

---

① 相关西方国家法律制度可以参见史探径:"中国劳动争议情况分析和罢工立法问题探讨",载《法学研究》1999 年第 6 期。本处关于西方国家宪法和法律制度的相关规定转引自郑尚元:"建立中国特色的罢工法律制度",载《战略与管理》2003 年第 3 期。

会、文化权利国际公约》要求缔约国尊重劳动者的罢工权,罢工制度属于国际公约规定的内容,即使各国对罢工制度的法律规定不尽相同,但没有取消罢工制度的设置。中国政府理所应当履行自己的庄严承诺和公约义务,进行罢工权立法。从市场经济国家劳资关系调整的历史和现实看,罢工制度的法律规制也属通例。随着我国加入WTO,我国经济融入世界市场的进程将会提速,贸易自由意味着劳动力市场国际化步伐也将加快,更多的外国人走进来,更多的中国人会走出去,就业的空间会大为拓展。同时,我国又是国际劳工组织理事国,诸多因素的影响,要求法律对罢工制度予以规制。当前我国关于罢工的立法该如何与我国人大常委会已经批准的《经济、社会及文化权利公约》中的关于罢工权的规定相协调成为法律难题。

(二)中国罢工法律的昔与今

北洋政府规定罢工为犯罪行为,北洋政府颁布的《暂行新刑律》中规定:"从事同一业务之工人同盟罢工者,首谋处四等以下有期徒刑、拘役或300元以下罚金;余人处拘役或30元以下罚金。"这反映了北洋军阀政府对罢工所持的观点,当然也可以看作是当时罢工现象大量存在的反映。在共产党早期制定的文件中宣告了工人罢工权的合法性。1922年7月中国劳动组合书记部(中国共产党领导工人运动的总机关)在广州发起召开第一次全国劳动大会,拟定了《劳动法立法原则》和《劳动法大纲》,其中明确提出:"承认劳动者有集会结社权、承认劳动者有同盟罢工权,承认劳动者缔结团体契约权。"它不但指导、鼓舞了当时的工人罢工运动,对我国今后这方面的立法工作也将具有指导意义。1924年11月,孙中山以广东国民政府大元帅的名义颁布了《工会条例》,其中规定:"承认工人与雇主团体立于对等地位,工会有言论、出版及办理教育事业之自由,承认工会对雇主团体契约权,工会之罢工权。"这个文件的颁布是与当时的社会潮流及革命形势相适应的。当时广东革命政府面临推翻北洋军阀的艰巨任务。只有把工人运动发展起来,才能有效地打击军阀和帝国主义。事实上,以罢工为主的工人运动的发展确实极好地配合了北伐战争的顺利进行。

中华民国时期的法律一般不禁止罢工,但是会有诸多限制性规定。1943年,南京国民政府第四次修订的《工会法》规定:"劳资间争议,非经过调解仲裁程序后,于会员大会以无记名投票,经全体会员过半数以上之同意,不得宣言罢工,其已付仲裁者亦不得宣言罢工,工会罢工时,不得妨碍公共循序之安宁及加危于雇主或他人之生命财产,工会不得要求超过标准之加薪而宣言罢工。"这段当时有关罢工的立法,一连使用了几个"不得",充分反映了国民党当局的态度,然而这段立法也透露了当时罢工权的概念已深入人心,社会各界对此普遍持接受态度,这迫使当局不得不采用一些委婉用语,而不敢像北洋政府那样明目张胆地禁止工人罢工。[①]

新中国1949年的《共同纲领》和1954年宪法虽然没有规定罢工自由,但1956年11月15日毛泽东在中共八届二中全会上指出:“要允许工人罢工,允许群众示威……以后修改宪法,我主张加上一个罢工自由,要允许工人罢工。这样,有利于解决国家、厂长同群众的矛盾”。此后,1975年、1978年两部宪法中都规定了“罢工的自由”。1982年宪法取消了罢工权,取消的理由主要是因为我们实行的是公有制经济,在这种经济条件下工人的个人利益与企业集体利益和国家利益是一致的,无须行使罢工权,另外,社会主义计划经济下也不需要劳资双方激烈对抗来解决纠纷。

包括现行宪法在内的法律,虽然没有明确对罢工权加以保障,但也没有明令禁止(只在《公务员法》中有禁止公务员参与罢工的条款;在《戒严法》中规定戒严期间不得罢工,这种规定属于合理的例外情形)。我国《工会法》第27条规定:“企业、事业单位发生停工、怠工事件,工会应当代表职工同企业、事业单位或者有关方面协商,反映职工的意见和要求并提出解决意见。”从这一条规定来看,如何处理停工、怠工,或者我们就直接把它叫做“罢工事件”,是有法律依据的,也有学者认为其中所谓的“停工、怠工”实际上就是罢工的代名词。因此,我国工会法默认了罢工权。[②] 在罢工发生时劳动者的代表工会和用人单位,应当通过协商谈判了解和反映职工的意见和要求,促使罢工问题能够得到妥善和合理的解决,促进经济发展和劳工能分享经济发展的成果。

现行宪法虽然没有明确规定罢工权,但是通过宪法解释的方式可以推出其默示的罢工权。《宪法》第35条规定:“中华人民共和国公民有言论、出版、集会、结社、游行、示威的自由。”《宪法》第42条规定:“中华人民共和国公民有劳动的权利和义务。国家通过各种途径,创造劳动就业条件,加强劳动保护,改善劳动条件,并在发展生产的基础上,提高劳动报酬和福利待遇。”《宪法》第43条规定:“中华人民共和国劳动者有休息的权利。国家发展劳动者休息和休养的设施,规定职工的工作时间和休假制度。”从中可以看出,我国宪法保护劳动者的表达权和工作权、休息权,由此可以推导出宪法也保护劳动者的“罢工”权。值得注意的是,《香港特别行政区基本法》规定:“香港居民享有言论、新闻、出版的自由,结社、集会、游行、示威的自由,组织和参加工会、罢工的权利和自由。”《澳门特别行政区基本法》也做了同样的规定。有学者认为既然香港、澳门的中国人享有罢工权,从上述立法可以看出,我国在指导思想上并没有排斥公民的罢工权。

---

① 有关旧中国时期罢工权的立法概况,参见纪中久:“论罢工权”,资料来源:http://www.66law.cn/channel/lawarticle/2007-02-25/2053.aspx。

② 参见胡星斗:“关于经济罢工权立法的建议——兼在北大‘出租车司机罢运及群体性事件’研讨会上的发言”,资料来源:http://www.huxingdou.com.cn/strike.htm。

四、工会——经济性结社自由的组织保障

重庆等地出租车停运事件除了涉及罢工有关的法理外，还涉及经济性结社自由权和工会的关系。这里我们先探讨结社自由及其表现形式，而后分析工会与结社自由的相关问题。

（一）结社自由及其意义

结社自由就是公民能够自由地组织社团的权利，它是个人权利与他人权利和集体权利相连接，以促进、追求和维护共同利益。结社自由是自由民主社会公民的基本权利，自由民主制度的一项根本原则就是对基本自由的保障。而某些基本自由，例如言论自由和宗教自由，就包含了结成内部组织的自由。结社自由对于一个自由的人，对于一种自由人的生活，都是必不可少的。在这个意义上，结社自由类似于言论自由，当然，基于同样的原因结社自由也会受到制约言论自由的条件的限制，结社自由也会与其他重要的价值目标彼此冲突。

密尔在《论自由》中认为公民应具有结社自由，既团结为任何目的不涉及伤害他人的自由。弗雷斯沙克要求自由民主制度创造一个"社会客厅"，它是一个比较自由的、没有固定结构的公共空间，对于一切来访者开放，并适应于几乎所有目的。不过，政府资助无固定结构和无特定目的的公共空间是不是一种创造更多的具有公民美德的社团的实现方式呢？有些公民美德有点类似于睡眠，它不可能通过培育而获得，人们能做的最多就是促使它的发生。有学者认为，如果政府想要为成年人创造一个主要目标是培育社会协作和互利互惠的不很重要的社区活动基地，它在这个方面不可能成功。

结社自由对于公民和社会乃至国家的意义都非常重大。它可以培育公民的美德，这些美德包括守法、勇气和忠诚、相互协作和开放心态、发现和尊重他人的权利、监督官员履行自己的职责、积极参与公共讨论和献计献策等。一个自由民主政府必须依赖于范围广泛的、多种多样的社团来培育方方面面的公民美德。结社自由和集会自由还被认为是构成民主社会的基石。因为在一个民主社会里，为了使公民所持有的不同观点具体化和系统化，不同社会团体之间的协同和互动是必要的。公民非组织无以有序表达，结社在此巨变中实现了由自愿结社向自由结社的转换，成为捍卫民主与人权之重器。①

结社自由的权利已被列入了一些国家的宪法和人权文书，比如欧洲人权公约，美国宪法第一修正案有集会和请愿的权利，虽然其没有具体提到的结社权。然而美国

① 刘培峰著：《结社自由及其限制》，社会科学文献出版社2007年版，第3~8页。

最高法院在有色人种协会诉阿拉巴马州（NAACP v. Alabama）的判决中说，结社自由是言论自由的重要组成部分。

要实现罢工权，分散的个体是难以达到目的的，罢工权的前提是组织的存在，罢工的组织有企业有行业协会，不管是组织还是行业协会，罢工的前提就是结社自由。由于在市场劳资双方的博弈中，劳动者往往处于弱势地位，这样就需要宪法的另外一个设置来平衡双方的力量，劳动者依靠宪法规定的结社权组织工会，由工会来代表单个的劳动者与资方博弈，这样的契约才有可能是平等的。因此，我们说与劳动合同法直接有关的是工会的权利，从理论上说，工会权利本质上与宪法所保障的结社权有关，以美国为例，美国一般不通过政府立法规定雇主应该做什么雇员应该做什么，而是通过承认工会的合法权益，给双方搭建一个对话的平台，当然这个事情在美国是20世纪30年代才提到议事日程上的。所以从历史发展的历程来看，美国从1776年建国到1930年开始通过工会的法律，这个历史长达160年。它已经是全世界最发达最强大的国家了，它才认真地来构建这个平台。通过法律搭建平台但是它不规定具体内容，这是德国的做法，德国法律的精神是通过双方协商，就是劳资双方通过利益博弈而不是一味地去索取，一方把另外一方逼垮了自己也完蛋了。这个自由定价互相讨论的过程，是在西方发达国家法律体制中最精髓的东西，政府搭建平台当事双方直接对话来签署劳动合同。它也不规定你一个合同有多长时间，它也不规定你一个合同中应该有什么内容，法律只是规定，双方通过谈判来协商合同的细节，具体内容法律不强制规定。①

（二）我国的工会立法

工会是经济性结社自由的重要组织保障，中国工会立法始于1924年孙中山领导的广东国民政府颁布的《工会条例》，该条例宣布工人有组织工会的权利，确认工会有集会、结社、言论、出版和罢工的自由。此后，国民党政府1928年颁布的《工会组织条例》，1929年颁布，1932年和1947年分别修正的《工会法》，对工会运动作了种种规定。真正代表中国工人阶级利益和意志的工会立法，始于1922年中国劳动组合书记部制定的《劳动法案大纲》。1930年，中国共产党领导的中央革命根据地制定的《赤色工会组织法》，用单行法规的形式规定了工会的性质和任务，明确了工会的宗旨。此外，中国各革命时期根据地的劳动立法中，也不同程度地包括了工会的内容。

中华人民共和国1949年10月1日成立后，于1950年6月颁布了《中华人民共和国工会法》，明确规定了工会是工人阶级自愿结合的群众组织，还规定了工会的任务、组织原则、工会的权利义务、工会与国家的关系、工会与企业的关系、工会的组织机构

① 参见董保华："对话——劳资新格局"，资料来源：http://dongbaohua. fyfz. cn/blog/dongbaohua/index. aspx? blogid = 304174。

和领导机关、工会经费的来源等。工会法的颁布,对中国工会在社会主义革命和建设时期发挥着人民民主专政的支柱作用,在维护职工的合法权益方面,提供了法律依据,促进了工会自身建设和工会运动的发展。除工会法外,1982年宪法也规定:"中华人民共和国公民享有言论、出版、集会、结社、游行、示威的自由。"1992年4月第七届全国人民代表大会第五次会议通过颁布施行《中华人民共和国工会法》,进一步肯定了改革开放时期中国工人阶级和工会组织在国家政治、经济和社会生活中的地位,并就工会的性质、任务、权利、义务、活动准则和组织原则等重大问题作出了明确规定。2001年10月27日第九届全国人民代表大会常务委员会第24次会议通过的经过修改的《中华人民共和国工会法》(以下简称新《工会法》)是在中国顺利跨入新世纪,中国政治、经济和社会状况都发生了巨大的、深刻的变化,建立和建设社会主义市场经济新体制、实行依法治国的新形势下颁布的。新《工会法》进一步突出了工会的职能,进一步保障了职工组织和参加工会的权利,进一步加强了职工民主权利的法律保护,进一步健全了劳动关系协调机制,进一步保障了工会工作的物质基础,并确定了违反新《工会法》应当承担的法律责任。

工会是职工自愿结合的群众性组织,工会组织的组建应具有民主性和群众性,这样工会才能更好地代表和维护职工的利益。中国的工会法也规定劳动者"都有依法参加和组织工会的权利"。当然,"依法参加和组织工会"是指参加中华全国总工会,这与《国际劳工公约》关于"结社自由"的定义,即"工人和雇主应毫无区别地有权不经事先批准建立和参加他们自己选择的组织,其唯一条件是遵守有关组织的规章"相比较,是存在着差别的。但需要明确的是,第87号国际劳工公约,在文字上或含义上,都没有要求各国必须承担实行工会多元化的义务,而只是要求各国应当允许工会组织多元化,即应当保证本国工会有实行多元化体制的可能。只有当一个国家用法律强制实行只许一个工会存在的情况下,才构成违反第87号公约。[①] 但如果单一的工会体制是一种实际存在,或是工会自身自由决定的结果,则与第87号公约的精神没有抵触。

(三)现实困境

由于中国的政治体制决定中国只能有一个工会(中华全国总工会),不能推动工会多元化。这样就导致了劳工行使罢工权应当如何由工会组织来加以行使的问题。在实际运作中,假如劳动合同法没有能够很好地保护工人的权益,是否可以寻求另外的制度设置和制度创新呢?我们认为可以在现有的法律体制内部寻求到保护劳动者合法权益的制度。这个制度就是工会制度。实际上,在诸多的罢工事件当中,工会已

① 丁胜如:"加入WTO对我国劳动立法和劳动关系的影响及对策",载《安徽警官职业学院学报》2002年第3期。

经形成了很好的处理模式。比如,当罢工发生时,工会处理罢工的主要原则反映在以下一些方面:立即赶赴现场;迅速控制局面;充分听取参与罢工的劳动者的意见;组织劳动者与雇主协商对话;促进达成协议;积极组织复工;防止连锁反应;总结经验教训。

《工会法》第3条规定:"在中国境内的企业、事业单位、机关中以工资收入为主要生活来源的体力劳动者和脑力劳动者,不分民族、种族、性别、职业、宗教信仰、教育程度,都有依法参加和组织工会的权利。"参加和组织工会的权利本质上是结社自由。① 虽然有法律规定,但是目前在工会组建工作方面存在的问题较大,新建企业的工会组建工作难度较大,工会组建率和职工入会率都比较低,特别是在全国240余万家外商投资企业、私营企业以及乡镇企业中,大多数都还没能建立工会组织。造成上述情形的一个重要原因就是,一些用人单位,特别是某些外商投资企业和私营企业的投资者对工会工作存在误解,把工会看作是企业的对手,限制、阻挠甚至禁止职工依法参加和组织工会,如有的公开扬言谁参加工会就开除谁,有的则是对工会会员、工会干部进行打击报复或者人身伤害,致使大批职工难以实现自己组织和参加工会的权利,职工的合法权益难以得到保障,违法侵权现象严重。从我国近几年发生的一些严重侵害劳动者合法权益事件的情况看,问题大多出现在没有建立工会组织的企业,由此引起的劳动争议和劳动纠纷也呈上升趋势。因此,这次工会法修改对工会结社权增加规定,任何组织和个人不得阻挠和限制,并在法律责任一章中规定了法律责任。所谓任何组织和个人不得阻挠和限制,不能理解为对非法组建第二工会的行为不能干预。

在工业化市场经济国家,所有的合法罢工都是由工会来代表的,没有工会的所谓"野猫罢工"对维护劳动者权利也不易产生良好的效果。② 工会在劳动合同中发挥关键性作用,这是平衡劳资双方关系的最重要的环节,国家权力山高皇帝远,更可能好心变坏事,劳动者只有依靠自己的力量组织工会,而工会要真正独立运作,其不再是资方的一个工具,这样,劳动者的权利才可能真正有保障。最近的出租车罢运风潮使政府认识到出租车司机集体维权的重要意义,有的地方政府领导人还承诺支持出租车司机组建工会。这是落实我国宪法规定的公民结社自由的积极动向,值得关注。

五、路在何方

国家统计局2008年公布的数据显示,中国城市拥有的出租车达到96万辆,年客

① 在海南三亚的6家大型出租车公司里,只有一家建立了工会;这个城市的出租车行业协会的常务理事都是由上述公司的负责人担任,日常的经费开销也仰仗着公司。当出租车司机的权益受到侵害时,他们只能"罢运"。

② 参见"重庆出租车停运事件与劳工权益保护:政府'促和'手法值得赞赏",资料来源:http://yq.people.com.cn/Forum/postDetail.aspx? ID=000002291。

运总量达213亿人次。因此,出租车行业涉及的人数特别多,利益特别大,处理不好会影响社会的和谐稳定。结合前面的理论,我们试着提出下列解决问题的方案。

(一)工会组织多元化

2008年11月13日,中华全国总工会办公厅发出通知,推进出租车企业组建工会。全国总工会特别强调在企业中建立集体协商和集体谈判制度,特别是签订工资集体协议或集体合同,以此来建构和谐劳动关系。中华全国总工会的通知事实上承认了罢工首先是一项劳动者的权利,应当加以保障,它是工人在市场经济条件下进行有效抗争的手段,也是集体协商制度的保障。帮助企业建立健全职代会制度、平等协商集体合同制度,畅通职工参与企业民主管理、民主监督的渠道。但组建工会在法律上是个问题——中国的工会法一方面赋予了职工"依法参加和组织工会的权利";另一方面却又有诸多限制。按照该法的规定,中国工人是无法组织和参加非"中华全国总工会及其各工会组织"系统外的任何工会团体的。在中国是一个工会的体制,也就是说下级工会的建设应当经过上级工会的批准,全国组成为一个全国总工会。也正因为如此,有人表示疑虑:"即便真的成立了司机所要求的那个协会,是否又会成为'二政府'的角色,受制于政府和资方,无法真正代表劳方的利益呢?"如今在社会各界的努力下,中华全国总工会发出通知,推进出租车企业组建工会,这也意味着工会组织多元化的局面将有可能出现。"这是落实我国宪法规定的公民结社自由的积极动向,值得关注。"①

全国总工会同意组建出租车行业工会是一个契机,可以借此推动和完善产业和行业组织组建多元化的工会,使其在维护职工权益方面发挥更大的作用。

(二)有限制的罢工自由

基于罢工自由作为基本权利的主张,部分学者主张通过修改完善《宪法》、《劳动合同法》,制定《罢工法》等方式,一步到位地实现出租车工人的罢工权,这是一种自上而下的制度构建模式,我们称之为修法说;还有部分学者认为对待罢工权应该采取较为审慎的态度,认为我国目前以法律形式直接规定罢工权的时机尚不成熟,不可以贸然将罢工权提升到法定权利的高度,进而主张出租车司机的罢工权应该缓行,我们称之为缓行说。②

我们主张出租车行业有限制的罢工自由,参照胡星斗教授对于如何立法规范经

---

① 王军:"出租车业的企业形态和行业治理",载《中国新闻周刊》2008年11月24日。

② 对于罢工权的法律制度可以参见赵德淳:"关于我国罢工现象的立法思考",载《财经问题研究》1999年第1期;葛少英:"我国罢工立法问题初探",载《法商研究》1996年第3期;史探径:"中国劳动争议情况分析和罢工立法问题探讨",载《法学研究》1999年第6期;马红军:"试论罢工权入宪的必要性",载《山东行政学院山东省经济管理干部学院学报》2008年第2期。

济罢工权的建议,我们提出对于出租车行业的罢工自由进行限定:(一)限定罢工目的和罢工主体。罢工仅限于经济目的,如减少份儿钱以提高收入等。(二)限定罢工时机和罢工方式。罢工之前必须经过协商、谈判、仲裁等前置程序,其他手段都穷尽之后,作为迫不得已的最后手段,才能组织罢工,禁止突袭性罢工,禁止在特殊时期和地点罢工。另外,罢工必须遵循和平、非暴力原则。(三)赋予出租车行业协会或者其他代表性的机构组织(如工会)罢工的权力。(四)保护罢工参与者的权益。不得以参与罢工为由剔除某人的出租车营运资格。(五)限制行业协会阻碍罢工的行为,同时保护公司的合法利益。(六)诉讼权。相关者有权向法院提起诉讼,法院为最终裁决者。学者苏苗罕与姚宏敏也从立法角度对罢工权的行使进行了规范研究,他们认为在保护合法罢工的同时,法律也应为罢工权划定合法的界限,避免罢工权的滥用,规范其行使,从而将其风险、损失减少到最小限度。①

(三)改革出租车管理体制

出租车管理体制出现的问题已经是国内不少城市普遍存在的问题,解决这些问题当然不能等到罢运事件"相逼",而各种利益关系的存在也使得单个城市的改革面临诸多困难和压力,因而,对普遍性的问题,需要从全国着眼,由主管部门出台相关指导性意见,循序渐进,逐步推进且方向一致,这样才能稳妥并彻底地解决出租车管理问题。我们认为改革出租车管理体制可以从下面几个方面入手:

首先,废除出租车行业的特许经营。

学者认为对于全国出租车行业,当前最缺的不是法律,而是有关部门对法律的敬畏和服从,最缺的是严格依法管理。《行政许可法》明确规定,市场能够自行调节的,不必设行政许可。出租车是适合个体经营也是很容易由市场调节的行业,但现有的管理模式,却把它变成了特许经营(一是配额的总量控制,二是排斥个体的公司化经营)。特别是一些城市管理部门和出租车公司有千丝万缕的联系,导致了出租车特许经营问题积重难返。

废除出租车行业的特许经营之理由在于其弊端太多:(1)非法寻租。经济学早已证明,政府管制必然会产生"经济寻租"。而对一个不重要的行业实行管制,更会因缺乏有效监督而致使各种寻租和腐败泛滥。出租车市场的寻租是从三个方面展开的,即政府管制出租车牌照、政府特许经营的管制权力以及"份儿钱"收入寻租。比如,企业为获得牌照或经营许可权而进行的公关,为管理机构高价出卖营运证敛财创造了机会;而不允许个体经营出租车的准入歧视,则为出租车公司盘剥出租车司机创造了条件。(2)导致腐败。由于缺乏对政府获得的有关出租车的各项收入的有效监管,也不可避免地存在贪污、挪用、浪费等情况。从实际情况来看,一些城市一张出租车营

---

① 苏苗罕、姚宏敏:"法律对罢工权的确认及规范",载《法学》2001年第5期。

运证少则十几万元,多则几十万元;出租车公司则依靠出租车经营牌照垄断获取高额“份儿钱”。就全国来看,出租车司机交给公司的“份儿钱”平均每车每月3000元左右,多的要达五六千元,重庆出租车的“份儿钱”则占到司机毛收入的50%～60%,除了“份儿钱”,有的地方还要交管理费。(3)黑车成灾。禁止个体经营的结果,就是黑车市场的泛滥。比如北京的黑车曾多达7万多辆,超过正规出租车的数量。黑车的猖獗也给某些政府机构寻租创造了机会。这些年来,由出租车“份儿钱”导致的司机罢运事件时有发生。重庆这次引人注目,是因为它的规模比较大罢了。这一问题之所以迟迟得不到解决,很大原因是多数出租车公司都直接或间接与管制部门和管制者有关联,它们要么是管制部门隶属的公司,要么是管制部门有人入股。因此,不放弃对出租车的数量限制和许可权限制,一般的小修小补是解决不了出租车行业的寻租和腐败问题的。①如果不废除出租车行业的特许经营,出租车行业罢工不止的局面是可以预见的。

其次,出租车行业的市场化。

中国经过改革开放30年,人们收入大大提高,私家车越来越多,现今出租行业计划经济管理模式应该而且可能被打破。事实上,其他先进国家已经为我们提供了很好的经验:出租车行业市场准入的国际通行情况是,在制定最基本的准入标准下,所有通过资格考试的出租车司机可以自由进出,政府和行业管理组织只负责行业监督管理。

目前出租车行业的全面市场化,条件已经完全具备:一是出租车驾驶技术和经济能力的准入门槛都较低,尤其是购车有了一个成熟的车贷体系后,私人完全可以大规模加入这一行业;二是具备放开市场竞争的条件,市场已经认识到“政府部门必须是中立、权威、公正的,而公司也必须是真正市场化竞争,才能保证效率和公平”。② 把出租车行业的配额全面还给市场,是出租车改革的关键。因为利益关系,一些地方政府对这样的改革可能会消极观望,宁可事后周旋和危机公关,也不拿出决心来主动化解目前出租车的现实困局。这样的局面需要出租车行业的整体变革,国家主管部门此刻应拿出决心和勇气,把应当由市场管的事还给市场,通过自由准入和竞争,实现出租车行业发展、动态的平衡。

最后,出租车运营个体化。

在美国,出租车经营者以小型公司和个体经营者为多主。1998年的统计显示:59.7%的出租车企业是车辆数少于25辆的小企业和个体业主,100辆车以上的企业只占企业总数量的16.7%。企业的组织形式主要有两类:一是股份不公开发行的闭锁型公司或家族企业;二是个体营业者或合伙。在英国,出租车经营者多半是“自我

① 邓聿文:“出租车特许经营体制该改了”,载《江西日报》2008年11月12日。

② 杜榕:“统一改革出租车管理体制正当其时”,载《新京报》2008年11月13日。

雇佣”的车主型司机。荷兰出租车大多由小型公司和拥有车辆的司机经营。2003年的报告指出,全国范围统计平均每个经营者拥有5辆出租车,在阿姆斯特丹,这个平均数接近于1。在欧洲其他国家——如挪威和爱尔兰,还包括日本、新西兰和澳大利亚,出租车行业同样主要由个体司机和小型企业组成。[①] 虽然出租车行业的各种行业形态(比如公司制、合伙制等)都有可能存在,但是,出租车企业普遍小型化或者个体经营(即企业所有权由司机拥有)却是普遍现象,究其原因,可以从企业所有权成本的角度予以解释。出租车营运的独立性和流动性,决定了出租车司机如果仅仅是领取定额工资的雇员的话,则公司的监督成本将处于失控状态:公司既无法准确核算司机的工作量,也无从实施有效的监督。监督成本的失控将拖垮企业。而降低此类所有权成本的办法就是,让司机本人成为企业所有者。从节省所有权成本的角度看,出租车的个体经营应该是效率最高的。

学者认为从出租车行业本身的属性来看,出租车其实不仅完全适合于由司机自主运营,对出租车的管理,也只需客运管理处便已足够。这就好比小本生意人开一家门店,只需到工商管理部门注册并遵纪守法即可,而不必非挂靠什么行业协会并缴纳不菲的会费。从这个角度来看,出租车公司完全是多余的中间环节,而这个中间环节恰恰抽取了出租车司机相当比例的血汗钱。但是,由于既得利益群体的把持,出租车“份儿钱”这一明显不合理的制度却看似风平浪静地每日运行着。然而,表面的风平浪静之下,其实早已云谲波诡。当“份儿钱”制度不仅毫不收敛反而愈演愈烈时,正常渠道无法求解的矛盾,必然会引发更为激烈的冲突。从这个角度来看,看似突发的出租车司机罢运事件,其实是不合理制度长期酝酿的结果。只有实现市场化的个体经营才可能从根本上解决当下出租车行业突出的矛盾。

① 王军:“出租车业的企业形态和行业治理”,载《中国新闻周刊》2008年11月25日。

作者简介

徐振东,厦门大学法学院副教授、硕士生导师,法学博士,中国法学会宪法学研究会理事。主要研究领域为宪法学。

胡超宏,北京中医药大学讲师,法学博士。主要研究领域为宪法学。

上官丕亮,苏州大学王健法学院宪法学与行政法学教研室主任、宪法应用研究中心主任,副教授、硕士生导师,法学博士,中国法学会宪法学研究会理事。主要研究领域为宪法学、行政法学。

张步峰,中央民族大学法学院讲师,法学博士。主要研究领域为宪法学、行政法学。

秦奥雷,中国政法大学法学院讲师,法学博士。主要研究领域为宪法学。

沈跃东,福州大学法学院副教授、硕士生导师,法学博士。主要研究领域为宪法学。

张献勇,山东工商大学法学院副院长,副教授、硕士生导师,法学博士。主要研究领域为宪法学、行政法学。

尤晓红,黑龙江大学法学院讲师,法学博士。主要研究领域为宪法学。

陈雄,湖南工业大学法学院副院长,副教授、硕士生导师,法学博士,中国法学会宪法学研究会理事。主要研究领域为宪法学。

图书在版编目(CIP)数据

2008年中国十大宪法事例评析/胡锦光主编.—北京:法律出版社,2009.10
ISBN 978-7-5118-0009-1

Ⅰ.2… Ⅱ.胡… Ⅲ.宪法—案例—分析—中国 Ⅳ.D921.05

中国版本图书馆CIP数据核字(2009)第183450号

责任编辑/沈小英 陈 妮　　装帧设计/汪奇峰

出版/法律出版社　　编辑统筹/财税出版分社
总发行/中国法律图书有限公司　　经销/新华书店
印刷/固安华明印刷厂　　责任印制/张宇东

开本/787×960毫米 1/16　　印张/12　字数/230千
版本/2009年11月第1版　　印次/2009年11月第1次印刷

法律出版社/北京市丰台区莲花池西里7号(100073)
电子邮件/info@lawpress.com.cn　　销售热线/010-63939792/9779
网址/www.lawpress.com.cn　　咨询电话/010-63939796

中国法律图书有限公司/北京市丰台区莲花池西里7号(100073)
全国各地中法图分、子公司电话:
第一法律书店/010-63939781/9782　西安分公司/029-85388843　重庆公司/023-65382816/2908
上海公司/021-62071010/1636　北京分公司/010-62534456　深圳公司/0755-83072995

书号:ISBN 978-7-5118-0009-1　　定价:33.00元